東方大港

蕭風題

1977 年 12 月，镇海港区煤码头初步建成，举行剪彩仪式后投产

1979 年 1 月 10 日，北仑港区 10 万吨级矿石中转码头建设打下了第一根桩

图书在版编目（CIP）数据

东方大港 / 陈崎嵘著．-- 北京 ： 红旗出版社，2021.10

ISBN 978-7-5051-5180-2

Ⅰ．①东… Ⅱ．①陈… Ⅲ．①报告文学－中国－当代 Ⅳ．①I25

中国版本图书馆CIP数据核字(2021)第189344号

书　　名　东方大港
著　　者　陈崎嵘

责任编辑	赵　洁	责任印务	金　硕
责任校对	吕丹妮	装帧设计	戴　影
书名题词	萧　风	特约编辑	周婷婷
出版发行	红旗出版社		
地　　址	北京市沙滩北街2号	邮政编码	100727
	杭州市体育场路178号	邮政编码	310039
编 辑 部	0571-85310198		
E－mail	498416431@qq.com	发 行 部	0571-85311330
图文排版	杭州美虹电脑设计有限公司		
印　　刷	浙江国广彩印有限公司		
开　　本	710 毫米×1000 毫米	1/16	
字　　数	350千字	印　　张	24.5　　彩插　6
版　　次	2021年10月第1版	印　　次	2021年10月第1次印刷
ISBN	978-7-5051-5180-2	定　　价	72.00元

图片提供：浙江省海港投资运营集团有限公司
　　　　　宁波舟山港集团有限公司

1981 年 10 月 5 日，装载着 82630 吨矿石的“宝清海”号首次成功靠泊北仑港区 10 万吨级中转码头

1978 年 5 月，“北仑港第一爆”林大山爆破现场

2006 年 1 月 1 日，“宁波一舟山港”名称启用

2018 年 5 月 1 日，《中国港口代码》中涉及港口名称“宁波一舟山”的文字全部修改为“宁波舟山”。这标志着宁波舟山港一体化迈出了新的一步

世界千万标箱级穿山港区同时靠泊 3 艘巨轮的壮观画面

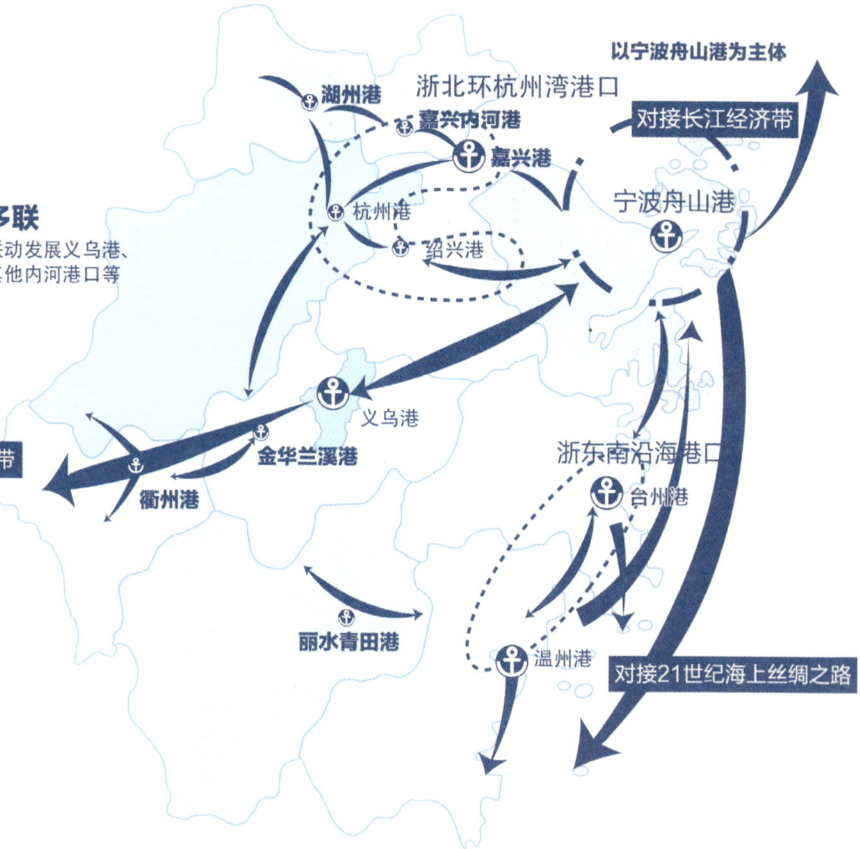

一体两翼多联”港口发展格局

·目　录·

第一章

奠基者的足迹与回声

江山留胜迹，我辈复登临。

——孟浩然

内河小港的新生、徘徊与转折

宁波港新生之役，发生于1949年春天。

解放大军百万雄师过大江，以风卷残云之势、挟雷霆万钧之力，一路南下，挺进浙江。5月25日凌晨，解放军第22军以3个师的兵力攻占宁波，国民党军残部溃逃舟山。

江南重镇宁波的历史翻开了崭新的一页。

已显衰落的宁波港由此获得新生。

当年解放大军入城时有无经过宁波港已不可考。但有案可稽的是，5月30日，由宁波军事管制委员会派出军代表小组一行5人，由组长杨仲起带领，一脸严肃地抵达宁波三江口外马路，奉命接管上海招商局轮船公司宁波分公司和上海航政局宁波办事处，也即宁波港的前身。

宁波港码头、航政处办公楼、仓库、浴室等散落在甬江北侧外马路上，凸凸凹凹地占了一长溜。宁波人习惯将此马路叫作老外滩。据说，宁波老外滩开埠的时间比上海外滩还要早。

春夏之交，时近端午。宁绍一带农谚云：端午杨梅夏至李。连绵的江南梅雨，把宁波这座古城淋得湿漉漉的。与宁波人相依为命的姚江、甬江、奉化江，在此处汇合，汹涌着浑浊的波涛，匆匆流向东海。沿着三江六岸，一排排低矮陈旧的老式民居，檐头上露出长年雨水浸润留下的绿苔杂草。岸边停泊着几十艘大小不一、破旧不堪的船只，有几艘竖着桅杆、斜着风篷的小木船，在江面上漂浮。只有紧邻的天主教堂，在静穆中发出清脆的钟声，似乎在宣告一个旧时代的谢幕。

军代表杨仲起面对三江口，陷入沉思之中。

这位眉目俊朗、身材适中的山东汉子，随大军南下来到宁波，似乎还没有完全适应江南的闷热气候。杨仲起虽只三十出头，但他二十来岁就在老家莱芜参加党领导的地下武装，担任过人民政府区长、区中队长、县粮食局长、南下干部中队队长，算得上是一位老革命了。此时，他习惯性地紧了紧军用绑腿，右手抬了抬军帽帽檐，顺便用衣袖把额头上悄悄沁出的汗珠擦去。少顷，他朝身后另一位军代表、老乡李传孝回望了一眼，高大瘦削的李传孝此刻正全神贯注地盯着这位组长。

面前的宁波港就像一台散了架的手风琴，支离破碎。

国民党军队在逃离宁波时，大肆破坏。全市多家轮船公司没有一艘船能行驶外海，宁波人熟知的江陵、江和、江静、江太等8艘3000吨级客货轮，悉数被国民党军劫掠去了舟山，11艘小型客货轮均被沉入江底。在中国航运史上曾称雄一时的太古、怡和两家外轮公司，也只剩下一座破烂不堪的码头和几间漏雨的仓库。

6月12日，杨仲起与留守的国民政府上海航政局宁波办事处主任许祖衡进行交接。

许祖衡是宁波当地人。上海航政局宁波办事处主任这职务看上去很光鲜，其实是个虚职，实际权力掌握在码头老板周厚斋手中。不过，解放大军尚未踏入宁波地界时，那位周老板早已“哧溜”跑路，逃往舟山。许祖衡留了下来，成为资方代表。

许祖衡小心翼翼地给军代表小组组长杨仲起递上一份交接清单。清单大致内容是：全港计有1座铁壳木面趸船，3座浮桥；5幢面积共1959平方米的仓库，2幢办公用房；铁制和木制船舶17艘，总运力1635吨；航运处管理人员11人，船员175人，其中19人跟随周老板逃往舟山；公司尚存银元800元，半新旧雪佛莱小车1辆，已破损电台1部；全年货物运输总量为4万余吨，运送旅客约27万人次。

这，就是国民政府惨淡经营宁波港20余年，留给新中国的全部资产。

当笔者从尘封的历史、泛黄的档案中淘挖出这些数据时，都有点不敢相信：宁波港是在这样近乎一穷二白、一无所有的基础上起步的。

不过，历史真相就是如此。

面对衰败不堪的港口、惊疑不定的员工，军代表杨仲起、李传孝并没有畏难，更没有气馁。他们拿出共产党干部的看家本领，立即深入码头工人家中，访贫问苦，调查研究，发动群众，开展生产自救。经过一段时间筹备，宁波市搬运公司在同兴巷宣告成立，公司工会随之设立。当家做主后的职工被动员组织起来，迅速修复11个简易码头，随后逐步启用。工人们对宁波至镇海的主航道进行检查，重新点燃所有航标。公司同时组织力量打捞，先后将大大小小的沉船打捞上岸，经检修后投入使用。一俟定海解放，宁波—定海—沈家门航线随即复航。待肃清了大陈岛残敌后，宁波至上海航线旋即开启，“民主3号”轮、“民主4号”轮“呜呜呜”鸣着汽笛，欢快地往返穿梭于甬沪线上。

短短两三年时间，宁波港很快走出困境，航运全面恢复，货物吞吐量增加到45万吨，港口呈现勃勃生机。1953年1月1日，上海港务局宁波分局成立，开始统一管理宁波港事务。

中国进入社会主义建设时期，宁波港随着中国社会的政治风云而跌宕沉浮、坎坷前行。

对于那个时期宁波港的状况，现尚健在的宁波港“老码头们”历历在目、记忆犹新。他们或撰写回忆文章，或口述历史，介绍他们经历过的、记忆中的宁波港。

那个时期，南来北往宁波港的大多是农副产品，加上水泥、煤炭、矿石、木材、百杂货等。全港没有一台装卸机械，运输工具是最原始的扁担、箩筐、手拉车，主要依靠人工手拉肩扛背驮。典型的劳动场景是：烈日下或风雨中，摇摆不定的船只上，工人们猫腰站着，挥动铁锹，尽快将煤炭、矿石等装进箩筐，然后踏着跳板，挑货出船，摇摇晃晃地走过浮动的趸船，沿着码头台阶，咬着牙、冒着汗，一步一步走上岸，再慢悠悠地挑进临岸仓库。有些较为笨重的水泥、钢材，则用手拉车装载，靠人工拽拉着，攀登斜坡，送进仓库。仓库内的货物早已垒成小山般高。于是，工人们又咬着牙，顺着陡直的梯子，把肩上的水泥袋送到更高处。稍有不慎，或恐高，就会从梯子上跌下来……

那时，码头工人可以与脏与累画等号。

当然，宁波港在漫长的孕育期也不是没有一点进步。1956年，萧甬铁路修复延伸，之后，白沙码头建成，宁波港运力有所增长。还有，工人们怀着摆脱繁重体力劳动的强烈愿望，开展群众性技术革新和技术革命，发明了木结构帆布传送机、“少先式”起重机等。这些革新成果在一定程度上缓解了工人的劳动强度，提高了工效，港口进入半机械化阶段，港口年吞吐量上升到90万吨。

与笔者同时代的人，大概都会记得，若干年前，有一部现代京剧《海港》曾红遍全国。该剧反映了这一时期上海港码头的景象和码头工人的生活：基本作业方式仍是手拉肩扛，一辆平板车拉6袋稻种，1台吊车吊起1吨货物。膀圆肩宽的码头工人。为抢在台风到来前装船完毕，充满豪情地喊“2000包小麦，我们扛”。退休工人马洪亮重回码头，看到码头变化，兴奋异常。他抚摸着“码头工人的老伙伴”——杠棒，深情地唱“大吊车，真厉害。成吨的钢铁，它轻轻地一抓就起来”！这句唱腔，一度成为“流行歌曲”，响遍大江南北，表达着那个时代人们对海港机械化的全部认知。在马洪亮和人们眼中，吊车一次能抓起成吨钢铁，已是非常了不起的事情。这与眼下宁波舟山港卸船机三五十吨的抓斗自然不可同日而语，但从中似可窥见，当年群众性技术革新活动的确曾推动过港口发展。

然而，这些革新活动，只是激起几朵微小浪花，很快被后来一波波政治运动的汹涌浪潮所淹没。到1966年，席卷全国的“文化大革命”爆发，连这样缓慢的发展也戛然而止。

宁波港自然未能幸免，被人为地打上了休止符。加上因姚江建闸而带来的泥沙淤积，三江口江底急遽上升。开港1200余年的内河港口宁波港，似乎走到了自己历史的尽头。

但人类社会发展史已证明，并将反复证明：物极必反，否极泰来。任何人为力量终究不能阻遏社会生产力发展。

在紧要关头，历史出现转折。

宁波港的转折，出现在“文化大革命”后期的1973年。

从20世纪70年代初开始，中国采取灵活外交政策，逐步打破外界的围追堵截，我国在联合国的合法席位得以恢复，外贸也随之快速复苏。至1973年，与中国建立贸易关系的国家和地区增至140多个，全球有550多个港口与中国有了运输往来，每天平均来华外轮达190多艘，还不包括中国自己拥有的远洋货轮。而交通部直属的15个港口，只有35公里海岸线、200多个泊位。港航之间比例严重失调，港口堵塞、压船压货情况十分普遍。每天能进港装卸作业的船舶只占三分之一，三分之二的船舶需在锚地排队等候，有的外轮停泊时间竟长达月余。外轮叫苦不迭，港口频频告急。这些情况，自然会通过层层报告，直达国务院领导案头。

是年2月，国务院明确提出，要争取在3年内改变港口面貌！

国务院港口建设领导小组办公室和交通部负责人沿线沿岸考察，跑遍了长江沿线和沿海主要港口，如湛江、黄埔、杭州、镇海等，听取当地领导和专家们的意见，比较、选择最佳港址。最后，国务院港口建设领导小组选择宁波镇海作为华东海岸线上的重点建设港口区。1973年9月27日，全国港口建设工作会议明确了东南沿海的港口布局。

这个选择，改变了宁波舟山港的走向。

当时没有留下影像资料，只留下了一张黑白老照片，记录下国务院港口建设领导小组考察镇海时的情景。

用历史唯物主义观点观照，顾及当年的环境条件，选择镇海作为宁波港选址无疑是正确的。

镇海港区地址位于甬江口北侧、招宝山外侧。距宁波港老港所在地三江口约22公里，是镇海老城区与海滩接壤的节点。从地理平面看，镇海西部与陆地连接，宛若一个插入东海的锐角，而招宝山就在这个锐角的顶端，往东就是甬江入海口。港区规划是：将小招宝山至外游山的全部缺口围填成陆域，形成约140万平方米的港口用地；岸线总长3080米，布置顺岸式泊位16个，年吞吐能力620万吨。整个工程计划分两期进行，一期工程建设2个万吨级煤码头和3个杂货码头，年吞吐量210万吨，同时建设进港公路和铁路。

如果规划完成，这个有着1200余年历史的古港，将第一次实现由内河港向河口港的跨越。

在盛夏酷暑的滚滚热浪中，浙江省宣布成立宁波港建设领导小组，并组建指挥部，由宁波地委副书记张兆万担任指挥部总指挥、党委书记。

镇海港区工程就此拉开序幕。

交通部调集部属最精锐的力量——第三航务工程局和广州航道局炸礁工程队参战。建港指挥部从新安江水电站、富春江水电站、乌溪江水电站等抽调工程技术人员，并发动组织当地人民公社社员，会战镇海。

建港，需要将甬江口大小招宝山、虎蹲山、大游山等4座山连成一片，作为新港区的基础。其中招宝山，亦称候涛山，意谓此处波涛汹涌、浪潮进出。

它与金鸡山对峙，地势险要，素有“浙东门户”“海天雄关”之誉。后因“商舶所经、百轸交集”，改为招宝山，寓“招财进宝”之意。明朝抗倭名将卢镗称之为“六国来王处”“平倭第一关”。中法战争镇海之役即在此进行，中方三战三捷，成为中国近代战争史上唯一一次在海岸保卫战中打的胜仗。

工程决策者们决定将大招宝山完好无损地保留下来，留给后人登临游览。这样，工程立足点只能放在另外3座山头上。总指挥张兆万带着工程技术人员，乘坐小舟，一次次到这些岛礁上实地踏勘，与大家一起商量设计方案。最后敲定在后海塘构筑一条防浪大堤，把4个岛礁连接起来。由此，工程指挥部提出了“劈山、填海、筑坝、建码头”的工程思路。让人没有想到的是，这话后来居然成为鼓舞人心的响亮口号。

1974年2月，春寒料峭，镇海港区正式开始劈山围堤。工地上红旗招展，人山人海。小招宝山、虎蹲山的爆破声，还有水下炸礁声，犹如新年的爆竹声，此起彼伏。进港公路和铁路开掘工程同步展开，配套的供电供水系统超前布局。昔日荒凉偏僻的镇海沿江滩涂，一时成为热火朝天的大工地，令人惊叹。

时人为当年镇海煤码头围填滩涂、建设拦海大坝的大会战场面留下了一些黑白照片。今天的我们，从那些洇润了历史痕迹的旧照片中，仍可想见当年热火朝天的场面。拍照的摄影师大概为追求画面的美感，往往把背景选择在旭日初升、朝霞满天之时，波涛汹涌而来，在朝阳照耀下，金光闪烁；长长的队伍，装满石块的手拉车，在大堤上雄赳赳气昂昂地行进；已被炸平的山头上，一群年轻力壮的建港人在用手搬动石块。其实，工地现场更多的是寒风冻雨，是赤脚挖土挑担的建港民工，是手脚被石块划破、压伤甚至流血的年轻人。笔者喜欢端详那些老照片。有时端详久了，那些照片会发生变化，照片中的人物似乎活动起来。恍惚间，笔者成为他们中的一员。笔者自然没有参加过镇海煤码头建设工程，但在差不多时间段，曾参加过跟码头建设前期工程差不多的围海造田大会战，地点就在距离镇海不远的杭州湾南岸。因此，对围填滩涂、抛拉石块的劳动强度和危险程度，有过切身体会。寒风冻雨中，赤脚走在被宁绍人叫作“蟹壳冰”的泥潭里，薄冰破裂时发出窸窸窣窣的声音；挑着上百斤的石渣，精疲力竭地爬上高高海塘的疲乏感，似乎至今犹在。真的没有照片中那么美，没有诗文中那么富有诗意。

第二年，招宝山西北侧经虎蹲山至大游山的拦海大堤筑成。大堤长3160米、高5.5米、面宽9米、基宽16米，防浪墙高3米。这道高堤，硬是把滔天巨浪挡在外面，为码头建设提供了坚实平面。

时任镇海港区党委书记张国民，属于第一批建港者。他在后来的回忆中说，建港首先要炸掉小招宝山，用石块填海造堤。在那个严重缺乏工程机械的年代，工友们人工开山，漫山遍野地用铁锤、钢钎开凿炮眼，负责搬运从衢州化工厂弄来的炸药包，炸山队专业人员负责爆破。民工们靠手拉车、靠肩挑背扛构筑起码头。这么危险的活，当时居然没有人害怕，没有人喊苦喊累，也没出什么事故，真是奇事。

在建设码头工程的同时，建港指挥部着手从下乡知识青年和复退军人中招收新职工。第一批招收了212名，被人戏称为“212部队”。后来的镇海港区工会副主席王靖和镇海油库副书记翁继学就在其中。

王靖当时做斗轮机操作工，至今还保存着那件喷有“浙宁港指77—313”字样的工作服。笔者在镇海港区史展览室采访王靖时，瘦高个的他已退休多年。只见他上身穿一件红蓝T恤，人显得十分精神。他回忆刚到镇海港区的情景，说当时自己与另外16位工友赴上海学习斗轮机操作，用3个月时间学会全部操作技术，成为镇海港区技术骨干。然后，他指着那件工作服的展览照片解释，说，“浙宁港指77–313”的意思是浙江宁波港指挥部1977年313号。

翁继学当年是正儿八经的装卸工，担任装卸班班长。他个子瘦小，身高1.60米，自嘲与水泥包差不多高。有时，他刚把水泥包竖起来，自己却先倒下。

住的地方条件很差，过得也很艰苦，但职工们没有畏难叫苦。唯一信念是：以最快速度把港口建起来！

1979年1月15日，是一个值得被永远铭记的日子。那天，镇海码头试投产。当得知镇海港区新码头将试生产的消息后，王靖、翁继学他们兴奋得一夜未眠。当天薄暮时分，港口迎来了首艘轮船——“战斗39号”。这艘连名号也带着那个年代特有印痕的煤轮，载着5699吨煤炭，小心翼翼地靠泊上新建的码头。王靖、翁继学和工友们在镇海港区党委书记张国民带领下，连续两天两夜工作，完成试验性接卸。

一时，人们沉浸在装卸万吨轮的喜悦之中。觉得煤炭虽然是黑的，但天空是蓝的，码头工人的心里是甜的呢。

谁知好景不长，一种意料不到的现象出现：海水涨潮时挟带着大量泥沙涌入甬江口，产生严重淤积。这种淤积的泥沙蛮特别，当地老百姓称它为“铁板沙”，极易沉淀，难以疏浚。边疏浚，边淤积，淤积快过疏浚。镇海港区码头水深逐渐下降，设计水深负10米，很快只剩下负3～4米。这样的水深条件，别说万吨轮，连5000吨级轮船也难以进港。

航道泥沙淤积，岸线水深下降，是港口建设和使用的大忌，也是痼疾。许多沿海城市，之所以没有大港口，主要原因也在于此。宁波镇海港区碰上了这种情况，眼看着刚刚建成的码头开始“晒太阳”，宁波港人那个焦急呀，真是没法形容。

社会上一时议论四起。对镇海港区的选址和建设提出种种质疑，有人甚至讥讽说，花了一个亿，建了个“死港”。原交通部也发来了港口建设暂停，万吨级煤码头降为3000吨级的指令。

这，几乎将新建的宁波镇海港区宣判为“死缓”。

宁波港人自然不认、不甘、不放弃。大家坚信镇海港区不会由此搁浅，更不会一直“晒太阳”！

建港指挥部立即组织专家和工程技术人员开会，研究镇海港区航道疏浚整治方案。40多名专家聚集在一起，对潮汐、风浪、地形等要素作了分析，发现新建的煤码头正处于泥沙淤积区，码头远离主潮流200多米，这才造成航道淤积和难以疏浚。经过无数次技术论证和小型试验，专家们大胆提出了整治方案：采用釜底抽薪之法，在煤码头对岸修筑两条丁字坝，迫使淤积区转移到码头对岸，让主潮流驯服地从码头前沿经过，冲刷掉淤泥。

整治方案敲定后，40余艘各类船舶陆续开进甬江口，近千名职工日夜奋战，用时63天，清淤近百万方，镇海港区各段航道均达到了万吨级轮通航的水深条件。

1980年11月4日上午10时，在人们的期盼与等待中，镇海码头终于迎来首艘万吨级煤轮“红旗110”号。正是人逢喜事精神爽，连煤轮的名字都那么红彤彤、革命化。工友们在敲打完锣鼓、挥舞够彩旗后，带着微笑上船作业，仅用25小时，就一口气把8730吨煤炭卸完。

直到今天笔者采访时，翁继学还清晰记得当年在“红旗110”号轮上卸煤的细节。煤轮分为5个船舱，抓斗机抓完上层煤炭后，还剩下4000余吨时就再也无法继续作业，翁继学就带着全班人马跳进船舱内，用人工起煤。他们先用刮扒机把煤炭往一起汇拢，然后装进大型网兜，再用吊机吊出船舱外面。船舱内还有包裹螺旋桨的“地笼”，“地笼”高仅2米多，空间又低又窄，两边塞满了煤炭，翁继学和工友们干脆用铁锹铲、手工挖，硬是把那些煤炭弄出来。累了，就在煤堆边上打个瞌睡，醒来后便继续干。

待把全船煤炭卸完，大家对视时才发现，自己早已成为“黑猩猩”，除了眼白之外，一身漆黑。当时港区处于初创时期，生活设施不配套，还没有浴室。港区领导心疼这些变成“黑猩猩”的工友们，就用一辆大货车，把这些人拉到镇海城关镇上的浴室，想让大伙儿舒舒服服洗个澡。谁知，等这一大群黑乎乎的人抵达浴室门口时，原先“欢迎光临”的浴室管理人员却担心这些人把浴室弄脏，竟严词拒绝。

“后来怎么办呢？”笔者忍不住追问。

“那能有什么办法呀？浴室是人家的呀！”翁继学不无遗憾地回答道。

翁继学和工友们没有办法，只好灰溜溜地回到港区，用几瓶热水“意思”了一下。

今天，说完这些往事，翁继学自己先忍不住笑出声来。

初战告捷后，工程科技人员继续探究出海口泥沙淤积的原因，向大海口投入数十万方块石，建起一条580多米长的拦海大堤，一举解决了泥沙淤积的难题。万吨级煤轮从此可以欢快地鸣叫着，随时进出。

1981年11月30日，装载着9500吨煤炭的“森海4号”轮顺利靠泊镇海港区码头，完成装卸。

镇海港区终于活了过来，并通过国家验收。经历了一番波折，昂首挺胸，迈入了万吨货轮时代。能不高兴吗？镇海港区开埠，标志着宁波港，不，宁波市，不，浙江省，由此结束了没有万吨级码头的历史。

1983年5月27日，《浙江日报》在头版头条发表镇海港区的好消息《科学整治三年“死港”变成活港》。

之后的镇海港区，似乎顺风顺水。一个个泊位出现在招宝山下、甬江口岸。今天，镇海港区已成为可装卸中转煤炭、散杂货、件杂货、液体化工产品、国际集装箱的多功能、综合性港区。当你乘坐港区的巡道车周游港区1～16号泊位时，仿佛穿行在港口博物馆一般。它们按照时间先后顺序排列着，最早建成的泊位已略显陈旧和老态，而后来者，一个比一个先进，一个比一个时尚。

这，大概就是宁波舟山港发展史的现实图解。

配角北仑港横空出世

从中国地图上看，雄鸡造型的版图，颔下和腹肌部位是漫长的海岸线，沿线大大小小的港口星罗棋布，宛若镶嵌在美女裙摆上的一串串珍珠。而在杭州湾南侧与东海岸交汇的地段，天台山余脉向东北奔腾而来，四明山基神秘地潜入东海，形成逶迤起伏的岛礁地貌，人们叫它舟山群岛。而在舟山群岛半环式的亲切怀抱中，有个泊位、桥吊、龙门吊、集装箱极度密集的所在，那，就是现在世人熟知的北仑港区。

如果说，中国海岸线上的大小港口是美女裙边上镶嵌的明珠的话，那么，北仑港无疑是其中最闪亮的一颗。

如果说，镇海港区是宁波舟山港发展的序幕、预演的话，那么，北仑港区建设，可以算得上是正剧和第一波高潮。

而有趣的是，这正剧的主角，却是由配角转换而来的。仿若某台戏剧开演后，主角配角先后登场，配角临场发挥得好，演得异常精彩，获得观众热烈而持久的掌声，在一定程度上遮蔽了主角的光彩。

北仑港区1978年登场时，的确是个配角。

事情缘起于宝钢，过程有点复杂。

建设宝钢的时代背景是这样的：1976年10月，党中央公布粉碎“四人帮”的消息，“文化大革命”结束。经过一段时间的揭批查活动，全国局势趋于稳定，发展经济被提上议事日程。针对当时中国钢铁行业严重落后于世界水平的实际，中央领导层决策，计划拿出300亿元人民币，全套引进最先进的日本炼钢设备及技术工艺，建设一个特大型钢铁厂，一举缩短中国钢铁行业与世界钢铁行业的差距。

这，自然是一个空前绝后的重大决策，也是中国钢铁行业飞跃的一次历史性机遇。

这消息，犹如一块巨石投入东海，掀起一层层冲天大浪。浪柱落下后，还产生一圈圈大大小小的涟漪，波及远方。这一消息一时成为一个全国性话题。

这个超大型钢铁厂花落谁家，显然就会带动谁家的GDP噌噌噌地往上升。各地领导各显神通、竭力争取，各路专家各抒己见、众说纷纭，广大群众也跟着街谈巷议，争得面红耳赤。

据说，在纷纷攘攘的议论中，选址方案最终指向了上海和宁波。力主落户上海的意见认为，上海是中国工业重镇，具有完善的配套设施，再加上上海拥有大量人才，可用于将来钢铁厂的经营管理。力主选择宁波的意见则认为，坐落在黄浦江上的上海港并不适合装卸大吨位、大批量的矿石，而宁波具有漫长的深水岸线，建港后能靠泊大型船舶，可满足大型钢铁厂的矿石之需。

两个方案，各有利弊。最终，在上海宝山建设大型钢铁厂的方案胜出。这就是后来人们口中的“宝钢”。既是宝山之钢，又是中国宝贝之钢。好名字、好寓意啊！

选址方案尘埃落定，没了宁波的戏。但中国本地没有大批量的优质铁矿石，需要从澳大利亚、巴西等国进口1000万吨铁矿石，必将采用10万至15万吨级海轮装运，而长江沿岸和上海港水深有限，进不了大吨位海轮。如果用2.5万吨级货轮直接运抵宝钢，每年要多花1.2亿美元。1.2亿美元，在当时是个天文数字。笔者记得当时中国外贸总额大概是134亿美元。因此，能否在宝钢附近寻找到一个优良港湾，建设起深水泊位，成为宝钢上马的关键问题之一。

难题再一次出现在决策者面前，客观现实把宁波北仑港推到前台。

有老同志再次提出当年全国港口建设方案，提议在宁波深水岸线处建设大型铁矿石码头，用水水中转的办法，将大型进口铁矿石船舶减载后，再运往宝钢。这一思路得到高层领导和专家们的赞同。1978年1月，中央作出在宁波建设宝钢配套港口的决策，并批准了宝山钢铁厂水运建设的方案，要求尽快开工建设。

养在深闺人未识，一朝闻名天下知。自此，宁波北仑港以配角的身份登台。

北仑港所处地理位置非常独特和优越。它位于甬江口门东侧、金塘水道南岸。舟山群岛1300多个岛屿形成半圆圈的天然屏障，仿佛把北仑一带紧紧抱在自己温暖而平静的怀里。北仑港区廓呈长方形，东西长52公里，南北宽29公里，海岸线长达170余公里，岸坡陡峭，适宜建港。当年曾有专家算过一笔账，如果将北仑港岸线全部开发利用起来，可建各类生产性泊位285个，其中万吨级以上泊位152个。宁波人向外人介绍港口时，总是说，北仑港水深流稳，不冻不淤，天然良港，世界少有！这既是自豪，也是实情。

北仑港的名称不是与生俱来的。据知情者向笔者介绍，最早并没有北仑港这个名称，而笼统称为宁波新港。后来，领导觉得新港自己应该有一个叫得响的名号。叫什么呢？新碶港吧？因为，港址所在地叫新碶镇。不好，不像港口的名字，被人否定了。那叫毛礁港吧？因为港口对着的海域中有座岛屿叫毛礁岛。叫了一段时间，觉得这名字太粗糙太老土了吧，配不上我们大港的气派。人们又自己把自己否决了。此时，负责设计的工程技术人员，在一张五万分之一的海图上仔细寻找，并实地巡海踏勘，发现港口海域内还有一座面积不足两亩的小岛，叫北仑岛。东海涨潮时，小岛大部分会被海水淹没。退潮时，它又顽强地浮出水面，屹立在海中。北仑？北仑！这个北仑岛的风貌形象、精神气质、名字读音都很好呀，何不把新建的大港叫作北仑港呢？于是，一传十、十传百，北仑港就被传开了。传到决策者那里，决策者也认为北仑港名称很好，有形象、有气势，又叫得响。就这样定了，新建的大港就叫北仑港！

关于北仑港，还有一则流传甚广的笑话故事，笔者曾听不少宁波人复述过，但凡听到的人，都会捧腹大笑。故事说的是，当时担任宁波市主要领导的一位老同志，只会说宁波话，连洋泾浜的普通话也不会说。有一次，宁波市在北京举办一场新闻发布会，介绍宁波改革开放所取得的成就。那时，此类新闻发布会，还没有后来“新闻通稿”之类做法，全凭记者耳听手记。这位领导在概括宁波改革开放经验时，把文字上要表述的一靠政策、二靠机遇、三靠北仑港，用宁波方言说成一靠“警察”、二靠“妓女”、三靠“不能讲”。这方言土语，把在场的媒体记者说得一脸愕然。这个“不能讲”，是指什么呢？警察、妓女都讲了，还有什么不能讲的呢？莫非是走私军火，抑或是贩卖毒品？哎哟喂，这个宁波可不得了，可了不得啊！会议主持人明白记者们听岔了宁波领导的方言，只得用字正腔圆的普通话复述一遍，又作了些解释。原来，“不能讲”其实是“北仑港”呀！哈哈，哈哈，顿时，整个发布会会场爆发出一片笑声，不少人笑得前仰后合，笑出了声，还笑出了泪。

这个故事，后来成为笑话宁波话的经典桥段，却在无意之中扩大了北仑港的影响。

这，自然是后话。

横亘在建港人面前的道道难题，并没有故事那般轻松和幽默。

彼时，宁波港务局属于交通部为主管理、浙江省协助。部省联合发起北仑港建设大会战。交通部从全国各地工程队和科研院所抽调精兵强将，组建起北仑港建设指挥部，还特派交通部基建局局长子刚担任总指挥。

子刚是典型的燕赵汉子，早年参加北京大学地下党组织。后因革命需要而肄业，专职从事交通行业领导工作。他身材高大，方脸浓眉，平时喜欢游泳，戴白色凉帽和太阳镜。戴凉帽是因为他想遮挡南方的太阳，戴太阳镜则是由于在广州一个工程现场一位职工操作不慎，致使钢筋弹跳，造成他左眼损伤失明。

作为建港总指挥，子刚了解北仑港一期工程全部内容和工作开展的艰难：他们要在一片滩涂上，建设1个10万吨级矿石码头泊位、2个2.5万吨级矿石码头泊位，岸线总长1315米，年通过能力2000万吨。码头采用引桥式布局、高桩式结构。码头前沿水深18.2米。然后，在一块晒盐场上构筑7.6万平方米堆场。同时配置装卸设备，诸如卸船机、装船机、取料机等。

这么重的担子，压在了子刚和建港人肩上。

子刚习惯紧抿宽厚的嘴唇，反背着双手踱步。他不苟言笑，特别廉洁，对己对事要求极其严格，甚或近于苛刻，这是子刚留给同事们的印象。当年他已五十挂零，仍与职工一样住临时房，白天办公，晚上住宿。没有地方游泳，他就在附近找条小河浜过过瘾。食堂炊事员心疼他，偶尔在他的清汤面上盖个荷包蛋，他都会严厉批评，并把那个荷包蛋退还给食堂。他有时回京，搞后勤的同志准备点宁波当地土特产，他一律拒绝，且严肃批评。不久，为接待日本专家，指挥部凑钱造了一个档次稍高些的外宾招待所，但子刚从来不在外宾招待所吃饭。一段时间下来，谁都知道了子刚总指挥的人品和风格，再也没有人那样做了。后来，子刚回京，担任交通部副部长，建港副指挥邵尧定曾到过子刚副部长家，真的空空荡荡、破破旧旧。邵尧定形容子刚副部长家就像一户穷人家。

建港人说，当时人们那么拼命，那么吃苦，与子刚这样一批领导干部严于自律、以身作则分不开。

那时，真的什么条件都没有。放眼看去，北仑港址是一片荒凉滩涂，滩涂上长着茂盛的芦苇。在诗人眼里，芦苇好浪漫，吟诵出诸如“芦苇萧萧吹晚风，画船长在雨声中”“芦苇晚风起，秋江鳞甲生”等诗句。在建港人眼里，芦苇却是需要消灭的对象。一潮一汐，带来浑浊的海浪、漂浮的杂物，还有四处乱窜的螃蟹、跳跳鱼。指挥部号召学习大庆“干打垒”精神，用的住的全是临时房。这些临时房，用红砖砌毛墙，外面不刷石灰。用毛竹做屋架和椽子，然后覆盖上油毛毡，就算屋顶。门窗用芦苇编织而成，室内铺石渣作地。有时，蚂蟥会爬进人的鞋子内。外面下大雨时，房内下小雨，人们只得穿着雨鞋进出。最高兴的自然要数那些花脚蚊子，屋内室外，白天晚上，它们嗡嗡嗡地叫着，似乎一万余名建港人的到来，为它们提供了取之不尽的吸血对象。

但人们全然不顾艰苦的物质条件，全身心投入北仑港大会战之中。那种工作状态和精神风貌，令后来者叹为观止。

笔者在宁波舟山港采访时，非常幸运地找到了《北仑战报》第一期。这是一份油印小报。说它为“报”，其实有点勉强，它只是一份用钢板蜡纸刻写、用油墨印刷的文字。而今的年轻人可能不知油印小报为何物，其实，在铅字印刷尚未普及的20世纪七八十年代，油印小报是基层的主要媒体。笔者就曾在农村生产大队刻写油印小报多年，向人民公社社员宣传当时的形势和方针政策。

《北仑战报》创刊于1978年5月1日，由浙江北仑港建设指挥部党委政治部编印，8开2版，不定期发行。唯一让笔者感觉惊讶的是，它的报名和付印日期为红色，在当时林林总总的油印小报中，格外引人注目。这说明这份油印小报需要套印，那就意味着多一道工序，多花些钱。

现在再来阅读创刊号上类似发刊词的《见面话》，我们仍可看出彼时的环境、氛围和语言风格，感受那个激情燃烧的岁月以及青春燃烧时发出的火光。“东风万里舞战旗，神州四海春潮急。各路大军下北仑，立志海港创新业。”

还有人还在《北仑战报》上发表了一首顺口溜：

北仑山，好地方，
屹立东海旁。
前有金塘作屏障，
后靠新碶为依傍。

北仑山，好地方，
天然深水港。
港区水深无淤积，
港岸连绵十里长。

北仑山，好地方，
今朝真兴旺。
各路大军来奋战，
两年建成北仑港。

北仑山，好地方，
来日更辉煌。
千万巨轮穿梭来，
北仑连接五大洋。

新闻大标题是《会战干部进点抒豪情，誓在新长征中当尖兵》。

从这则新闻中，笔者了解到，为高速度高质量完成北仑港建设工作，浙江省委当时又抽调150多名干部和技术人员参加建港大会战，于4月中旬先后进点。参加本次大会战的有交通部三航局设计处、水运规划院、交通科研院、一航局二航局四航局设计院及浙江省交通局等。科研设计人员仅仅用35天时间就初步提出设计文件，创造了高速度。

受访者还告诉笔者，军人出身的交通部领导，自己用电话召集码头水工工程承建单位三航局、四航局负责人，要求确保码头水工工程于1981年底竣工。“这工期也太紧张了吧！能否……？”接电话的人有点犹豫。“不！不容商量，这是命令！你不知道吗？我是军人，你没在部队待过吗？军令如山！干，也得干！不干，也得干！”

以上这些，都是当时人们的真实想法和做法，带有那个时代的特征与洒脱。如果我们拂去时间旧痕，就能从中感受到当时人们火一般的热情和大干快上的迫切心理。

气氛归气氛，要求归要求。采用直径1.2米、长60余米的大型钢管桩建造10万吨级高桩式矿石码头，在中国还是首次。

从日本进口的20米钢管，又长又重。建港人面临的难题是，怎样将它们从镇海港口运抵施工现场。子刚总指挥准备向交通部申请要几辆40吨平板大卡，用来运输这些笨重家伙。但这个方案是否可行，子刚自己也觉得没有把握。

对工程建设，子刚的作风是民主的，他找分管工程技术的副指挥邵尧定商量。邵尧定来指挥部前在宁波地区行署工业局任局长，是高级工程师，熟悉工业交通行业。

邵尧定听了子刚提的方案，略一思索，说那样恐怕不行。为啥？北方汉子子刚一时不解。邵尧定给子刚解释道：“部里给不给车先不说，即使给了，得有大型载重卡车能行驶的路吧。现在我们通往码头施工现场的，仅是一条窄窄的低等级公路，大型车辆无法跑呀！”“对呀！”子刚一拍脑门，蓦然意识到问题所在，说：“那……怎么办？”邵尧定说他也在思忖这事：“子刚同志，我们找些人一起商量商量吧。”

子刚、邵尧定找人一商量，结果还真的想出了一套土办法。他们采用普通卡车加拖车，将主车与拖车连接起来，但彼此隔开一段距离。然后在两个车板内设置钢管支架，再把钢管放在支架上，这样就可以拉着跑路。待把钢管拉到附近一个小山坡后，先让焊工按照工程要求，将3截20米长的钢管焊接成一根60米长的钢桩。尖桩一头，用电焊焊死，另一头用木塞封住。这一来，钢桩成为空心物件，可漂浮在海上，只要用条小舢板就能拖动，让钢桩听话地到达施工方位。然后，用打桩机吊起这些钢桩，砰砰砰地嵌入海底。

一个看似无解的难题，被众人巧妙化解。

难题，一个接着一个。码头施工在露天海岸边展开，潮水高低不定，水深近20米，底下潮流湍急。打桩船漂浮在海面上，受潮流撞击和牵引，容易发生颠簸、晃动，甚至移位。一不小心，打桩机就会打偏。原本自以为码头施工经验丰富的三航局、四航局，在第一次试验性打桩时，采用常规施工技术，谁知钢桩在抵达海底岩石层时，方向把握不准，钢管底部开裂，结果铩羽而归。

总指挥长子刚、党委书记程精业要求两个航局领导冷静下来，组织攻关。航局领导于是静下心来，组织工程技术人员在试桩中不断摸索。大家根据北仑港码头的海况和地质条件，调整试桩方案和工艺技术，创造了“十缆驻船法”，使打桩船在大海风浪中保持稳定，采取“中心开花”打桩顺序，还研究出适合嵌岩式打桩法的半封闭桩尖，改善挤土效应，终于一举攻克打桩难题。

在举国同庆新中国成立29周年那一天，北仑港码头第一根管桩试验成功。

1978年底，初冬季节。远离宁波的北京城里，正开着一次后来影响到中国历史进程的特殊会议。在这次会议上，中央最高层一致决定，将全党、全国的工作重点转移到经济建设上来，中国实行改革开放政策。这就是载入史册的中共十一届三中全会。

大会闭幕后一天，是12月23日，上海宝山钢铁总厂在这个具有历史意义的日子动工兴建，从而将自己的开工与党的重要会议紧紧联系在一起。

那天，宝钢工地激越的锣鼓声，似乎漫过初冬的江南田野，传到了宁波北仑港。

1979年1月10日，宁波北仑港工程正式开工。庆祝仪式简短而热烈，彩旗在朔风中飘拂，映红了半边天空，映红了金塘水道。万众瞩目下，为北仑港而新组建的中交三航局四处的员工们，带着满脸喜悦与自豪，奋力打下了北仑港工程第一根管桩。

北仑港建设，不但要与技术较劲、与时间赛跑，而且因地处东海沿线，还要与自然周旋、与风浪搏斗。抗台风抢险情，是北仑港建设的“保留项目”。

1979年8月下旬，一场罕见的12级强台风正面袭击舟山、宁波地区，北仑港工程刚刚完成F形框架围囹，耸立起来的码头迎来严峻考验。

从空中俯瞰，北仑港F形码头，犹如一把弓箭同时射出去的两羽箭镞，顶端距离岸线有一两百米，最易遭受风暴潮的冲击。

天空不知从哪里召集来如此厚重的乌云，也不知从哪里借来如此强烈的大风。狂风卷起小山般巨浪，哗哗哗，轰隆隆——像疯狂的野牛群，嘶叫着，又踢又咬，向平台冲来，一波又一波地扑向簇新的顶端泊位，似乎铁定了心，要将坚固的堤坝撕开一个个口子。

建港总指挥子刚和指挥部人员、抢险队员此时早已赶到风浪第一线。为了谁到第一线，子刚还与指挥部党委书记程精业争执了一回。程精业认为自己是浙江人，在省计委工作过，对台风海潮比较熟悉，心底里又想到子刚总指挥左眼失明、右腿受伤，不能让他去海边。而子刚则认为自己是总指挥，哪有总指挥不上前线的道理？最后，程精业拗不过倔强的子刚，只好由着他去。但对身边陪同的工作人员再三叮嘱，务必保证子刚总指挥的安全。

此刻，子刚用自己仅有的一只眼睛，十分艰难地观察台风变化和潮水水位，一边冷静地指挥大家抢运抗台物资。

上午9时许，台风借助潮水，潮水借着风势，轮番进攻。很快，潮水淹没了堤坝外作为标记点的毛礁岛。但它们似乎并没有收兵之意，而想乘胜追击，一举把F形码头攻下。突然，“哗”的一声，巨浪把毛礁岛西侧50米处的海堤撕开一个缺口。决口周边，立刻形成一个个旋涡。还未等人们醒过神来，一块块砌石被一波波浪涛卷入海底。瞬间，决口迅速扩大。海水似乎庆幸自己终于找到了出路，嚷嚷着涌过决口，向堤内倒灌。

情况万分危急！子刚不由自主地冲前一步，但很快他被身边同志拉住：“子刚同志，危险！”

危险？他子刚难道不知此时此地危险吗？自交通部决定派他担任北仑港建设总指挥起，他就没有考虑过自己的安危。此刻，他更是责无旁贷。大堤后面，不远处就是指挥部，附近仓库里堆放着国家用外汇购置的设备。还有，稍远处，是一个个村落，住着几千户农民兄弟……

想到这些，子刚连一丝犹豫都没有，他用尽全力喊出："同志们，随我来！"话未喊完，他早已顶着风浪，带头跑向决堤处。

"跟上子刚同志！""跟上子刚同志！"一大批人跟在他身后，义无反顾地冲向决堤处。然后，站成一长列，组成人工"传输带"，将一块块石头传送到前面，丢进缺口。还有一拨拨工人，背起百斤重的沙包，一路小跑，然后将沙包投向决口……

台风狂浪似乎要考验建港人的意志。一包包泥沙、一块块石头，丢下去，溅起一点浪花，瞬间即被吞没。子刚有点焦急。这样不行，得改变战术！

正在此时，只听他身后响起一个嘶哑但仍显高亢的声音："共产党员，共青团员，大家都快下去！快！"风声雨声中，这声音似一个响雷，让大家震惊，子刚回头一看，这不是三航局四处401队党支部书记杨居仁嘛！

子刚刚想阻止，但已来不及了！只见杨居仁纵身一跃，跳入潮水中。紧接着，"扑通""扑通"，汪明华、汪惠君、叶建超、陈良骅等人相继跳了下去，用自己的身体挡住汹涌扑来的潮水。他们腰间拴着白棕绳，把绳子另一头交给岸上的人。子刚一再叮嘱堤上的人们千万注意抓牢绳子，确保海水中人员的安全。同时，他继续指挥堤坝上的人向海中抛甩沙包、槽钢。杨居仁指挥水中的众人，借着潮水的劲，调整物件方向，稳固基础。

经两个多小时激战，决口终于被堵住，潮水乖乖地后退回东海。

在距离此事41年后的2020年10月22日，在凉爽的秋风中，笔者坐在中交三航局宁波分公司会议室里，采访了当年迎战台风恶浪的杨居仁、许凤宝等老同志。

杨居仁今年已77岁，脊背笔直、鹤发童颜、慈眉善目、思维敏捷，他至今还记得当时的许多细节。回忆起1979年抗台抢险那些事，他显得风轻云淡。他坦言，事情过去，也曾有过后怕。当时跳下去，万一被潮水冲走了呢？那就真完了。但想想因自己和工人们这么做，保住了工程，保住了设备，保住了村庄和人们，他又觉得自己当年那样做是对的，非常值得。谈到北仑港建设总指挥子刚，他说子刚同志工作抓得很紧，对己对人要求很严。谈到港口建设，他的口气明显变得自豪。中交三航局宁波分公司是交通部专为建设宁波港、舟山港而新组建的。宁波港、舟山港，包括部分上海港码头都由他们修筑，他们被赞誉为“筑港劲旅”。仅这一点，就可以让他觉得一生无憾。

然后，他向笔者讲述了两件小事，使笔者感慨万端，略觉酸楚。一件是，当时抗台抢险之际，他穿着一双塑料凉鞋。跳水之前，忘了脱鞋。后来不知那双鞋什么时候掉的，掉在哪里？回到家后，因而受了爱人批评。现在想起此事，他还感觉有点委屈呢。另一件是，台风过后，公司表彰抗台抢险先进集体和个人，但不知什么原因，被表彰的名单里竟然没有杨居仁。也许是人们当时搞混了，也许是公司党委认为杨居仁是支部书记，带头跳进海里是应当的，不必表彰吧。

这是一位多么勇敢坚毅又谦虚真实的老同志啊！笔者的心，被深深地击打了一下。

笔者的心另一次被深深击打，是在采访北仑港矿石码头第一任党委书记肖群的时候。

肖老的家，在一个普通居民住宅小区。那天，笔者和海港集团文化新闻中心的小葛等人轻轻推开了他家的门。

令人意外的是，这位1930年出生、今年已满九十高龄的老人，竟站在客厅里等候我们。他身穿一套极其素朴的旧衣衫，胸前佩戴着一枚共产党员徽章。脸色红润，动作敏捷，说话中气十足、绝不重复。他亲切地拉着笔者的手，打开话匣子，从当年参加地下党、担任武工队长说起，一直到北仑港矿石码头建设的全过程、小细节，滔滔不绝，一说就是半天。

1978年开建北仑港时，肖老已在镇海码头干了3年。时任交通部领导与肖老熟悉，曾称赞肖老“文武双全、人才难得”。这次交通部提出要调集全国精兵强将会战北仑港，肖老就被列为“精兵强将”之一，调往北仑港。肖老至今还清晰记得，部领导居然亲自打电话“命令”他，马上到北仑报到，不带行李，不带家属，住集体宿舍。肖老本来就是军人脾性，二话不说，立马赶到北仑港指挥部。

所谓的指挥部实在不像指挥部。眼前一片荒地荒滩，长着密密麻麻的芦苇。不知谁在这块滩涂上种过甘蔗，留下一个破旧小糖厂。于是，几间旧厂房，临时成为指挥部办公室。那时，唯一的文化生活是每两周放一场露天电影。放电影的那个周末晚上，人们拿个小板凳或小竹椅，散坐在临时开辟出来的一块空地上，一边与芦苇荡里飞来飞去的蚊子群徒手“战斗”，一边有滋有味地观看那些老电影。

条件艰苦些真的没啥，肖老他们这些老革命都是从枪林弹雨中滚出来的，死都不怕，还怕苦吗？当时担心的是怕完不成组织上交给的任务，怕辜负了部领导的信任。工作自然是夜以继日，连轴转，根本没有什么周日、休息日的概念。记得有一次他去外地出差，走之前那个晚上，一连开了5个会，吉普车就等候在边上。等会议开完，已近半夜，他匆匆忙忙和大家打个招呼，让司机赶紧出发。他自己一屁股坐进车里，整个身子都瘫软下来。

北仑港工程开局还算顺利。指挥部对领导力量重新作了调整分工，肖老在邵尧定副总指挥分管下，具体负责工程设备谈判和采购。彼时，中国港口设备设施和工艺技术非常落后，与世界先进水平差距极大。宝钢的定位是世界上最先进的钢铁企业，为宝钢配套的北仑港矿石码头的设施设备也要求世界一流，国家决定从日本引进成套设备，武装北仑港矿石码头。这个引进采购的具体任务，就落到以肖老为主的团队身上。

肖老坦率地说，由于10年“文化大革命”，闭关锁国，外界信息不通，他们与国人一样，把万吨级轮船看成是“巨轮”。不要说10万吨级码头的成套设备，连10万吨级的船舶都没有见过。1979年的某一天，肖老带着谈判组人员远赴日本大阪港口考察，第一次看到靠泊在大阪码头的一艘10万吨级轮船。该船全长300余米，约有10层楼高。啊？10万吨级轮船有这么大呀，那才配叫“巨轮”呢！肖老和考察组的人都惊呆了，大家尽量仰起头，观赏着眼前这个庞然大物，瞬间感觉到中国港口与世界的差距，感觉到自己视野局限和知识缺乏，心里一点底都没有。古人还说过，知己知彼，百战不殆。而我们对人了解甚少，对己也准备不足啊。

谈判难度极大，但还得硬着头皮谈。北仑港等着安装成套设备，中央领导层也在关注着。肖老自己先定了定神，开始谈判的前期工作。好在还有中央有关部门的同志现场指导点拨，不至于出大错。

但凡与日本厂商打过交道的人都知道，日本人待人彬彬有礼，一见面，总是点头哈腰，嘴里一迭声说着“嗨，嗨（是）”“哟西，哟西（好）”，“由乐西戈（请多关照）”，说中国是日本人的老师，日本对中国很尊敬，等等。但在涉及实际利益的谈判中，日方往往寸步不让。

双方的差距和分歧显而易见。肖老他们对国际港口设施设备的制造技术和市场行情不熟，谈判时往往陷于被动。肖老还举了一个例子。当时每天上午谈判，下午交换谈判记录。一看日方记录文本，都用彩色打字机打印，规规整整、清清楚楚，装帧精致漂亮。而中方记录文本，却是用圆珠笔、复写纸誊抄，还要经各级领导审阅同意。审看的人一多，纸张都卷起了毛边，实在有点拿不出手。

拿不出手也得拿啊！肖老后来想通了，中国就这个现状，得承认差距，得向人家学习。但中方毕竟是买主，日方想着怎么把设备卖给中国，这就是我们最大的优势、最大的本钱。我们应当不卑不亢、有利有理有节，不能被他们带节奏。要掌握主动权，主导谈判，让日方作出尽可能多的让步。

就这样，半年时间，肖老团队与日方厂商团队谈技术、谈设计、谈标的、谈程序，一个环节一个环节地应对，一个部件一个部件地砍价，兵来将挡，水来土掩，最终以较为合理的价格和引进方式成功赢得谈判，并顺利签约。在签字前，日方代表团团长真诚地对肖老说，搞了几十年外贸，还没有碰到过像您这样的谈判对手。真服了您啦！哆洙，阿力额哆（谢谢）！

老将出马，一炮打响。肖老被港口人视为凯旋的英雄。

因第一次成功，肖老之后又受命领衔组建团队，开展北仑港二期工程20万吨级设备的谈判。

此时，宁波北仑港渐渐声名鹊起，从"不能讲"到天下讲。二期工程设备事关北仑港未来发展，国家有关部门高度重视，已担任宁波港业务顾问的肖老，自然信心更足、游刃有余。

采购团队由中国机电设备招标中心、交通部进出口公司和宁波港代表组成。他们采用国际招标方式，吸引8家国际著名港口制造商前来投标。经遴选，预留3家。然后，货比三家，进行压价。多数人认为，经过几轮竞价，余地已很小，最多就是去掉些零头碎尾。作为宁波港方代表的肖老，却不这么看。他对3家入选公司作了分析，把目标选定为芬兰柯尼公司，认为他们的报价还有较大压缩余地。肖老跟参与谈判的有关人员吹风，多数人都摇着头。有人甚至嘲讽肖老是土老帽，根本不懂国际谈判。

谈判在北京友谊宾馆进行。先由国家部门一些处长轮流上场，果如所料，双方谈判呈现胶着状态，没有什么进展。肖老却胸有成竹，看到时机已到，便跃马杀入。他把自己当武工队长时声东击西、各个击破的游击战术用到了谈判桌上。兵不厌诈，出奇制胜，详细分析对方报价上的漏洞和矛盾，戳中其软肋。见对方只有招架之功，毫无还手之力，肖老便进一步利用对方急于达成协议、害怕落标的微妙心理，提出谈判价位底线：在原合同总价不变的基础上，把原合同之外总计124万美元的备用件纳入本合同总价范围。“不，简直不可思议！这，不可能！”蓝眼珠的芬兰人连连摇头。

肖老看出了对方的犹豫和迟疑，反而把话说得斩钉截铁：“如果贵方不能接受这个条件，我们将考虑与别的厂商合作！”

整个谈判场地瞬间安静下来，空气仿佛凝固了。肖老当时想，此时如果有一根针掉在地上，人们也可以听见。

对峙。不知不觉中，已近午夜。

“不，不，我们要请示芬兰总部。”

“好，贵方可以选择保密地点与总部通话。我们静候！”肖老和颜悦色地对芬兰谈判代表说。

谈判暂时休会。

北京时间午夜，在芬兰恰好是上午。

漫长的等待。其实也就十来分钟。但在场的人却感觉等待了半个世纪。

参加谈判的柯尼公司代表出现在门口，大家屏住呼吸，且听他说出什么话来。

“我受权向贵方声明：我方总部接受贵方要求。但——”谈判代表拖长声调。

难道，还有什么变故？肖老心里咯噔一下。

“但，请贵方理解，我方是以泪和血来接受这个价位的！”说罢，那位谈判代表还耸了耸肩，作出一个痛苦状。

哦哦，这不是演悲情剧吗？肖老释然后开怀大笑，大家也跟着一起笑了，谈判会场响起经久不息的掌声！

谈判结果很快通过有关部门报到国务院。不久，《经济日报》特刊头版头条刊发长篇报道《招标之星》，介绍此次谈判过程，并予以高度评价。此后，肖老即被人们称为“谈判之星”。

说到这里，年事已高的肖老露出欣慰的笑容，就像当年打了一场胜仗一般。

在肖老的记忆里，1980年1月，码头结构施工完成2万余方混凝土的现场浇筑。同年11月，码头平面混凝土预制构件安装完毕，11榀钢引桥顺利合龙。

设备安装紧锣密鼓地同步进行，调试完毕。

1981年10月5日下午，中国远洋上海公司的“宝清海”号10万吨级巨轮，从澳大利亚丹皮尔港装载82630吨铁矿砂进入虾峙门航道，港监引航、拖轮助驳，顺利靠上泊位。

我们成功啦！我们成功啦！这是北仑港10万吨级泊位第一次试用！北仑港人会永远记得当时的场景，还有不少老码头至今保留着自己与“宝清海”轮的合影，不时拿出来翻看一下，回望北仑港的历史和自己的青春。

至1982年5月，宁波港北仑矿石中转码头正式竣工，具备试生产条件。我国第一座现代化大型码头惊艳亮相。《北仑战报》曾为此发表评论，用充满激情和略带自豪的笔触写道：“早在60多年前，孙中山先生期望建设的‘东方大港’，如今在共产党领导下，人们已经逐步把它变为现实。苍茫大地，装不下人类的智慧和力量，人们还得借用浩瀚的大海，再把千古历史谱写。”

但后来发生的事，肖老和所有港口人都无法预料到。

宝钢因各种原因停缓建。

犹如晴天霹雳。消息传来，把宁波港人震蒙了。对于彼时的北仑港而言，就像一位已涂脂抹粉、梳妆打扮完毕，静候着新郎上门迎娶的新娘，突然说新郎停在途中不来了。又如一位马拉松运动员，竭尽全力赛跑，已遥遥望见终点，却被勒令在原地踏步。也仿佛一部宏大的交响乐已演奏完序曲，即将进入高潮，所有乐器突然崩坏，造成集体失声。

怎么形容都不为过。肖老当时的心情，焦急、紧张、疑虑全有，还有一点点小愤怒：这不是跟我们开了个大玩笑嘛！他们说停就停，我们怎么办？虽然，时任交通部部长彭德清亲口告诉肖老：设备封存，工人工资照发。如果全国普调工资，北仑港工人一样跟上。设身处地，将心比心，站在交通部部长位置上，彭部长这个态度应当说很不错了啊！

“生存还是毁灭？这是一个问题！”中学时代曾阅读过五六十部中外名著的肖群，想起了莎翁《王子复仇记》中的哈姆雷特之问。

显然，北仑港面临着两种选择：一种思路是按照交通部方案，暂时封存设备，等到宝钢投产后再启用。由国家下拨设备养护费和人工工资，每年约需700万元。这样做，自然安耽消停。但肖老不想这么做。另一种思路是北仑港开展多种经营，找米下锅，自己养活自己。

北仑港如何选择，能不能经受考验，不仅是时任港埠公司党委书记肖老苦苦思索的问题，还是宁波港决策层要考虑解决的问题。

肖老力主自救的思路。国家经济上还不富裕，绝不能让国家把我们和港口养起来。我们这些人，不缺胳膊不缺腿，怎么能捧着金饭碗，却向国家开口讨饭吃呢。这么大的投资，这么好的港口，闲置三四年，多可惜呀！那些在港口建设中牺牲了的战友，如果在九泉之下得知这一情况，肯定会骂我肖群没有出息，对不起他们。再说，港口封存以后，设备会烂，人心会散。到时候，真的需要刺刀见红时，这支队伍还拉得出、打得胜吗？不，不能这样。

下定决心的肖老，向建港指挥部也向交通部提出了自己的想法和方案：综合利用，多种经营，尽早投产，搞活港口。他的方案，很快获得建港指挥部的全力支持和交通部的同意。

同意，不等于成功。思路，更不等于现实。北仑港到底可以搞什么？大家一时议论纷纷，意见并不一致。肖老组织人员开展市场调查和设备论证。他们发现，我国每年进口的大宗商品，除矿石外，粮食、化肥数量最多。而粮食的装卸、储运、熏蒸、防火、防爆等工艺较为复杂，且建设周期长、投资大，不太适合北仑港来做。那就选化肥吧？对，化肥，就是那一撮撮白花花的化肥。化肥是农业生产必需品，我国每年进口量极大，且大多在国外包装，国家每年为此要多支付上亿美元。国内只有上海港、烟台港有化肥灌包设备。化肥灌包中转工艺并不复杂，投资少，见效快，创汇多，正符合北仑港的现状和需求。当然，这样做，风险不是没有，主要风险是化肥易散落，弄不好会腐蚀港口设备。不过，世界上哪有没有风险的尝试？哪有十拿十稳的事情？我们战略上藐视，战术上重视，技术上跟进，就一定可以攻克难关。过去战争年代打敌人，不也是这样吗？肖老又提及了他的战争生涯。

决策之后的具体操作，似乎还比较顺利。北仑港通过中国外轮代理总公司，与美国阿索玛公司签订了化肥灌包中转合同。用补偿贸易方式，引进意大利灌包设备。以租赁形式，从香港租来一艘27万吨级的散货船，经过技术人员改装，作为海上化肥仓库和灌装平台。不到半年时间，一切准备就绪。

肖老记得蛮清楚，1982年11月，第一艘满载27万吨磷酸二胺高效复合肥的“云海轮”靠泊作业，由此宣布北仑码头综合利用迈出第一步。试产一年，北仑港没有向国家要一分钱，赚钱养活了自己，支付了港口养护费，还盈利300万元。

后来，北仑港港埠公司既做化肥，又做煤炭，一黑一白，被宁波人戏称为“黑白公司”。

宁波舟山港人又一次显示出与众不同。

说完这些，肖老颇显自豪。人家说我是港口老祖宗，坦率地说，这个标签当之无愧。之后，肖老朗声笑了起来。

肖老眼中闪烁着一种特殊的光芒，笔者明显地感受到了。这是一种为了信仰而终生奋斗、历久弥新的目光，是回首一生无怨无悔、自信坦荡的目光，是一种令后辈不敢直视，但又不得不直视的目光。笔者由衷感佩肖老和与肖老同辈，甚至更早一辈的人，他们真是一群了不起的人。他们用步枪和鲜血砸碎了一个旧的世界，又用热血和汗水开创了一个新的世界。宁波舟山港史，不，中华人民共和国史，应当清晰地录下他们的步履、眼泪和笑声！

笔者还采访了一批当年参加过北仑港矿石码头大会战的宁波舟山港人，他们从不同侧面印证和补充了肖老的这些叙述和回忆。

初夏的一个上午，笔者与“老码头”张贤彪、李建华、陈亚光师傅等一起走进北仑港区矿石码头，来了个“第一次亲密接触”。

说是“第一次”并不准确，笔者其实在1987年到过建设中的北仑港。其时，笔者任省青联主席，陪同一批港澳青年企业家参观北仑港码头。

久雨初霁。天气难得晴朗且凉爽。蛛网般交叉的立交桥，使当地司机都找不到北。一长溜猩红色的集装箱车辆，成为一道流动的红色。高架两边，都是密密麻麻的工厂群。北仑区同志告诉笔者，北仑港区建成后，迅速催生了临港产业，形成了石化、钢铁、造纸、电力和交通运输等产业门类，2019年，全区临港产业产值超2000亿元、利润超140亿元、税金超60亿元。谁能想象到，40年前这里还都是稻田或是荒滩。

张贤彪师傅是宁波当地人，1972年插队到市郊半浦公社，当了3年知青，1975年被招收进宁波港，全程参加开挖林大山工程。林大山是北仑海岸线边上的一座小山，当年填埋北仑港矿石码头的石头，大多来自此山。炸完拉平后，林大山作为港口堆场地基。因此说，林大山为北仑港牺牲了自己的全部，值得人们尊敬和怀念呢。

张师傅在煤矿码头展厅里，指着一张拍摄于1978年5月的老照片对笔者说，这就是当年爆破林大山的情景。笔者凑近一看，只见照片正中两个巨型馒头般的烟雾凌空腾起，两边是波浪般延伸的烟尘。镜头近处，聚集着一大群戴着草帽的人，正在爆破现场观看。照片抓住了爆破瞬间，还拍出了围观者惊奇、欣喜的表情。透过照片，似乎仍能听到当年那声“轰隆隆”的巨响。

林大山第一爆，意味着兴建北仑港矿石码头工程的战斗正式打响。它与深圳蛇口第一爆具有类似的标志性意义和历史价值。

张师傅几个就在照片上那些围观的人群里，亲眼见证那个历史性时刻。只是，张师傅后来搞机电维修，成为创新工作室带头人，李师傅担任了装卸班班长，陈亚光则一直开装卸机。

3人你一言我一语，相互补充，相互纠正，把已显得有点久远的历史拉近，给笔者描绘了建港初期的大致情形。

北仑港区所在地，叫新碶镇。这是一个新建的小镇，镇上最大的店铺是粮站，此外只有一家杂货店，卖卖烟酒。入夜，唯一的一盏路灯发出幽暗的光，当地农民用的都是煤油灯。港址周边，或是棉花地，或是海涂。爆破林大山、安装卸船机时，农民们都觉着新奇，经常搬个板凳，坐在旁边观看。大部分建港者从镇海港区过来，多少都有点实践经验。早期使用的机械车辆、手拉车、铁锹之类，有不少也来自镇海港区，真是因陋就简，艰苦创业。后来，建港指挥部从日本买回来一批旧车，这种车有两个方向盘，相比手拉车，还是先进不少，因而极受工人们喜欢。

港口的全套设备是日立株式会社制造的，自然由日本专家负责安装。港口一下子来了30多名日本专家。因设备和技术都是人家的，人家就免不了有点傲。他们只允许中国技术人员在边上看，不许插手。但有一次，装卸船的电源分配出了问题，日本专家一时调试不好。学机电专业的吴金坤一边观察，一边学习，看出了问题所在。随后，他与张师傅等人一起商议琢磨，居然把这卡脖子难题给解决了。他们兴冲冲地拟订了一个分配改进方案，希望得到日本专家的认可。日本人哪能认可呀，他们好像受不了这个气，后来改变图纸，自己贴钱更换配件设备，才算把这事对付过去。

自然，也不是所有日本专家都这样。譬如有位被港口人称为“三好先生”的日本专家，就很不一般。一天，装船机调试完成，人们正打算收工。这位“三好先生”突然发现总控室出了问题，十分着急，叽里呱啦说了一大堆话。

恰巧那天日语翻译不在身边，一起施工的中国工程人员听不懂日语，不知这位“三好先生”为何着急。正在人们疑虑之际，只见这位“三好先生”转身骑上摩托车，直往总控室疾驰。也许实在是太心急了吧，他在砂石路转弯处，重重摔了一跤。人们从远处都能看见他的手在滴血。但他仍不管不顾，发疯似的冲进总控室，用受伤的手进行调整，由此避免了一场事故。中国工程人员颇为震动，大家感受到了日本人的敬业精神。直至今天回忆起来，张师傅还忍不住有点感慨。

1985年，宝钢开始投产，北仑港矿石中转码头正式启用，步入正轨。

随着工程进展，装卸问题被提上议事日程，公司派陈亚光等4名工人到上海港培训抓斗操作技术，回来后试着自己动手。先易后难吧，日本专家在旁指导，陈师傅他们趁着涨潮时水位高船位也高之际轮班上位，练习抓取技术。

高个方脸、肤色黝黑的李师傅，穿着一件蓝领汗衫，显得朴实厚道。他着重向笔者介绍了自己首次邂逅“大凤凰”轮的难忘经历。那时，李师傅是二班班长。1995年12月6日，他对这个日期记得清晰而准确。因为，那天是北仑港矿石中转码头第一次接卸30万吨级巨轮的日子。当李师傅得知这个消息时，一段时间内，真的很兴奋。这说明，阿拉北仑港相当了不起，能接卸那么大的船。这不是阿拉港口人的梦想吗？有时，睡梦中也会出现巨轮身影。李师傅当时的心情，有点像临战前匍匐在战壕里的战士，有点紧张忐忑，但更多的是期待与亢奋。

装卸前夕，公司领导专门召开“工前会”，把40多位司机叫到一起，进行专题动员，群策群力，研究接卸具体方案，把每一个环节、每一个因素都考虑进去，确保万无一失。当时北仑港有4台卸船机，为加快卸船进度，决定4台设备全开。为此，从与会人员中挑选技术最棒的13位师傅准备轮班作业。

转眼之间，巴拿马籍“大凤凰”轮终于来了。李师傅至今还记得，这艘船全长333米、宽62米，船舱平面比3个足球场还大，实际装载量26.1万吨，船身吃水18.6米。据说，这么大的货船，当时全世界只有7艘，而“大凤凰”轮是其中的No.1。

李师傅从桥吊上俯瞰，一时觉得眩晕。乖乖，真是个庞然大物呀！

装卸船队按照事先制定的方案开始实际操作。李师傅他们不是没有卸过大船，但这船实在太大了，大到桥吊的悬臂都够不着。彼时，李师傅他们驾驶的桥吊悬臂，最远距离只能伸到离岸38米处，而这条“大凤凰”轮外仓是一艘多用途货轮，上层分隔为三，下层是联通仓。桥吊悬臂不够长，抓斗甩不过去，自然无法抓起矿石。

不过，李师傅他们事先研究过这个难题，已想好了对策。他与其他司机一道，采用抛掷抓斗法，把抓斗抛远、抛准，准确落在最远处的矿石堆，高效完成抓举。白天黑夜连轴转，李师傅轮了3班，终于如期完成接卸任务。

听完上述故事，笔者一时兴起，极想体验一下高空桥吊的感觉。张师傅自告奋勇担任向导。

说走就走，戴上一顶安全帽，检查一下鞋子，紧一紧鞋带、裤带，免得关键时刻掉链子。

北仑港一期矿石码头全长760米、宽45米。笔者知道，描写码头，其实不必用那么精确的数据，但张师傅对这些数据随口就来，可谓烂熟于心。不用，似乎对不起这位已退休了的“老码头”。

一艘香港籍的“大宋号”轮正在卸货。今天卸装的是最低等级的矿石，张师傅叫它“屙矿”，输送带快速地奔向前方，偶尔见到有些细微矿砂掉落。对比笔者后来考察的几处矿砂输送设备，北仑矿石码头输送设备已显露出老年人般的陈旧和疲惫。是啊，毕竟已过去40个年头，它们能坚守岗位，表现已相当不错了！

来到2号泊位电梯口，张师傅娴熟地打开门。电梯极为简陋，空间狭窄，仅能容纳三四人。张师傅说，桥吊司机和维修工每天都坐这电梯上下，有时断电，又急于维修，维修工就得徒步爬梯。因此，爬桥吊对于他而言是家常便饭。他让笔者和陪同采访的小葛先进，自己进入后，关上门，揿一下开关，电梯突然一震，抖抖索索地往上升。

电梯在桥吊悬臂尾部停住。然后，张师傅带着我俩，一路上如履平地，健步如飞。笔者扶着安全栏慢慢爬着楼梯，那楼梯用钢条构成，中间是空的，将脚下海面分隔成一个个细长条小格子。当停下脚步时，张师傅告诉笔者，脚下离货轮船顶35米左右，离海平面约50米。说完，他让司机陈师傅开动吊机，进行正常作业。

他话音未落，我们所在的8L4号卸船机就轰隆隆地抖动起来，抓斗准确地插入船舱矿砂堆，然后悬臂昂起，卸放进巨大料斗内，料斗下方，矿砂犹如一道黑色瀑布，奔涌着倾泻在传输带上，被迅疾送往码头堆场。

天哪！一下子站到那么高，真的来到了“海上”。如果卸掉钢铁护栏，笔者整个身子是悬空的。耳畔，海风呼呼吹刮着，脚下是剧烈震动的踏板。那种凌空的感觉与坐飞机不一样，与乘坐轮船也不一样。这是一种全新体验。笔者一时心中有点发怵，竟不敢直视脚底下的海面。过了好一会，才恢复常态，开始观赏这独特海景。

阳光下，微澜细波，海面显得十分平静，犹如一位温顺的女孩。稍远处的海面上，几十艘轮船相继扑入笔者眼帘，又渐渐离笔者远去。输送带的隆隆声，伴随着哗哗的海浪声，形成港口特有的音乐组合。

此时，矿石码头已全景式呈现在笔者脚下，像煞一个英文大写字母F。F的一竖是700多米长的钢铁引桥，外侧较长的一横，是大型船舶卸货泊位；内侧较短的一横，是中转船舶装货的泊位。也就是说，水水中转可在一个码头上完成。从上往下看，成排的卸船机、装船机，极有气势，犹似巨型的铁臂阿童木。

在半空中俯瞰良久，笔者眼中的F形突然发生了变化。这哪里是一个F字母呀？从陆地视角看，这F仿佛是一把巨大锁匙，表达着中国人尝试打开海洋宝库的热情与渴望。从海洋视角看，这F分明是海洋射向陆地的一羽响箭。它夹带着呼呼的风声，撞击着漫长的海岸线，飞向广袤的大地，提醒人们关注海洋、重视海洋呢。

站在半空中，笔者遥想当年开港的决策者、建设者、参与者、见证者，一时思绪飞翔，想得很多、很远……

为大港梦奔走呼号的“浙东四杰”

如果竖立一块宁波舟山港建设功勋碑的话，碑上必然会有一长串名字。其中定会有四位宁波、舟山人：卢绪章和包玉刚，张志飞和王家恒。笔者姑且称他们为“浙东四杰”。

话题，自然还得从卢绪章聊起。

卢绪章是一位传奇式人物。

笔者年轻时，是个电影迷。但凡有新上映的影片，必欲先睹为快。那时，珠江电影制片厂拍摄了一部《与魔鬼打交道的人》，风靡全国。影片描写中共地下党员张公甫与敌顽作斗争的故事。这位敢于在“刀尖上跳舞”的勇者，出入于商场、舞厅之中，周旋于中统、军统之间，智勇双全、处变不惊。观众观看完影片后，记住了那位方脸、浓眉、天庭开阔的主角张公甫。后来，笔者才知晓，这位张公甫的生活原型就是宁波人卢绪章，转而十分敬佩这位地下斗争的英雄。

卢绪章于1911年出生在宁波鄞县城区小沙泥街一户商人之家，14岁即去上海一家轮船公司当学徒，21岁时与人合资设立光大行，开始他的经商生涯。受到当时革命风潮影响，卢绪章积极投身社会进步活动，“七七事变”不久，他加入中共地下党，并受派遣去国民政府临时陪都重庆。

此后，卢绪章西装革履，像模像样地当起资本家，跟社会各界头面人物保持密切关系，与国民党上层人物打得火热。他利用宋美龄的航空委员会的飞机倒卖黄金、美钞，拉拢蒋介石侍从室专员，获取了少将参议头衔，通过孙科的太子系与苏联做生意，甚至把国民党CC系头子陈果夫拉进自己的制药厂当董事长。在波诡云谲的政商两界，卢绪章如鱼得水，为党筹措了大量活动经费。电影《与魔鬼打交道的人》，讲述的就是卢绪章在1947年的上海滩做地下工作的一段故事。

上海解放后，卢绪章参与上海军管会工作，后长期在经贸系统，直到担任外贸部常务副部长。“文化大革命”中，这位老革命也免不了受到冲击。运动结束，卢绪章复出，担任国家旅游局局长。

其时，远在香港的世界船王包玉刚注意到了卢绪章复出的消息。由此，两位名人共同创造了一段历史，留下了一段佳话。

原来，包玉刚与卢绪章是表亲关系，按照辈分、年龄，包玉刚应叫卢绪章一声表兄。此时，包玉刚已是闻名天下的世界船王。他早年以10万元资金起步，从事海上运输事业，后来生意越做越大，创立了环球航运公司，不断购置新船，拓展航运业务，生意遍及世界五大洲四大洋，终于在1978年坐上世界七大船王的第一把交椅，被美国人冠以“海上的统治者”雅号，创造了商界另一个传奇。

包玉刚虽然身在海外经营航运，但他有着浓烈的祖国情怀、故乡情结。他从内地报纸上看到表兄卢绪章复出的消息，自然十分欣喜，立即试探着给卢绪章修了一封家书。卢绪章及时回复，并诚邀包玉刚访问内地。此后，两人飞鸿往来，更显亲近。

1978年秋，在卢绪章的牵线搭桥下，包玉刚致函有关部门，希望赴内地“探亲”。有关部门迅即复电，邀请包玉刚来访。卢绪章对包玉刚的行程作了精心安排。是年11月，包玉刚偕夫人秘密抵达北京。

不久，73岁高龄的卢绪章，受党中央委派，回到故乡宁波。随后，他被浙江省政府、宁波市政府聘为特邀顾问，协助开展对外开放工作。卢绪章见到省市领导就说，他是给家乡来跑腿的。他的任务是把全世界的“宁波帮”发动起来，建设宁波，建设宁波港。

卢绪章第一个“发动”的对象是他的表弟包玉刚。

在卢绪章的提议下，1984年8月上旬，包玉刚向家乡领导发出访问香港的邀请。宁波市委原书记葛洪升后来在一篇回忆文章中对此次访问作过生动描述。这是他第一次见到包玉刚。葛洪升转达了中央的指示。包玉刚设宴招待访问团全体成员。席间，他们介绍了宁波的情况，包括北仑港，还谈到偌大的宁波至今没有一所大学。卢绪章作了精彩概括。他说，宁波的发展，归根到底是一个“才（财）”字：无贝之“才”和有贝之“财”。包玉刚频频点头，深表赞同。葛洪升代表宁波市委、市政府，诚挚邀请包玉刚先生回故乡探亲，包玉刚一口答允。

1984年10月28日，包玉刚在表兄卢绪章的陪同下，乘坐包机经杭州抵达宁波庄桥机场。庄桥恰巧是包玉刚祖宅所在地。据当时同机人员说，回到阔别几十年的故乡，包玉刚和他夫人在飞机即将降落庄桥机场的刹那间显得异常兴奋。夫妇俩半站半蹲，脸颊紧贴着舷窗，从半空中一睹家乡面目，探亲团全体成员发出一片欢呼声。

包玉刚回到梦里思念的故乡，故乡人热情地接待包玉刚。

第二天，包玉刚在卢绪章顾问和宁波市主要领导陪同下，首次登上北仑港10万吨级码头。

那天，胖墩墩的包玉刚穿着一套浅色西装，系着棕色斜纹领带，右手斜插进西装襟边，跑前跑后，看个不够，差点手舞足蹈。他脸上满是惊喜之色，浓黑的三角眉似要飞离脸庞。他不时发出爽朗的笑声，引得在旁的人员也开怀大笑。

作为航运巨子，包玉刚对港口有着浓厚兴趣和特殊情感。此时已初具规模的北仑港，在世界船王包玉刚面前，展现了它的风姿。包玉刚被这个有着巨大潜力的港口吸引住了。他几乎跑遍了世界上所有大港，想不到自己家乡竟有这么理想的天然良港。他对陪同的宁波市领导说，宁波的潜力很大，特别是宁波港，是中国最有前途的港口。深水良港好比一家大银行，如果能充分开发，就会财源不断。因此，建设宁波港是造福子孙的大事啊！

陪同的市领导频频颔首。第二天，大家试探着询问世界船王有何打算。包玉刚兴致勃勃、眉飞色舞地说出了他的大胆计划：建造一个能靠泊30万吨级货轮的超大型港口，同时开发一个20平方公里的临港工业区，利用港口便利，兴建一个大型钢铁厂。

宁波北仑港就这样进入了“世界船王”包玉刚的视野，成为他逢人必讲的话题。

机会再一次降临。

1985年12月，国务院成立宁波经济开发协调小组，卢绪章、包玉刚为顾问，并在国家计委专门设立宁波开发办公室。为一个地区设立专门协调小组，多次开会协调解决重大问题，这在中华人民共和国历史上绝无仅有。

卢绪章对北仑港念念不忘。他充分利用协调平台，继续为家乡奔走呼号、出谋划策。他在几个场合对人说过，他的下半生就是要争取时间，把北仑港建设好。卢绪章上书中央，为进一步发挥北仑港作用，建议国家将北仑港二期工程建设列入“七五”计划，同时抓好交通配套，沟通北仑港与长江中下游沿江各港口运输，为上海港分流。1990年4月，卢绪章不顾年事已高、身体衰弱，又一次跑遍宁波，与当地领导商讨宁波对外开放和港口建设问题。

返京后，卢绪章一连几日默默坐在自家书桌前。面对窗外每天升起的朝日与落山的夕照，欣赏着窗台上的鲜花和勤劳的蜜蜂，思绪翻滚，不能自已。“人生自古谁无死，留取丹心照汗青”。他自知已进入暮年，觉得有必要再次上书中央，提出或许是自己人生中的最后的建议。只有这样，才能对得起中央的信任，对得起故乡人民的重托。于是，他用已略显僵硬笨拙的双手，铺开红格信笺，以习惯的竖写格式，一笔一画，认真书写着每个字。他在信中提出，宁波这几年来，以发动“宁波帮”、发挥宁波港优势，带动宁波经济发展，已经形成几种开放模式。但确实缺少一个大型国际中转港。为此，他看过沿海很多港口，确信唯有宁波港才是最佳选择！过了两年，国家计委批准建设北仑港区20万吨级大型货物码头，北仑港跨上新的台阶。

当然不能说，北仑港后来建设20万吨级码头，是卢绪章凭一己之力拿下的，恐怕世界上没有一个人有如此伟力。但在北仑港发展进程中，卢绪章做了他能做的事，尽了他该尽的心，这恐怕也是不争的事实！笔者今天行文至此，还是略作停顿，由衷地向这位传奇式先驱表示敬意！

然后，笔者再来描写另外两位令人尊敬的“浙东四杰”：张志飞和王家恒。

张志飞是地道的舟山人，1913年生在海岛上。年幼时割草放牛，人极聪慧，一上学就是四年级。家里见他与书籍有缘，就卖掉耕牛，悉心培养他。后来，张志飞考取免费的上海吴淞商航学校，两年后到一艘英国船上实习。他英文好，航海技术不错，一段时间后，先后被晋升为二副、大副。抗战爆发，国民政府实施“沉船计划”，爱国热情高涨的张志飞，主动请缨。他站在甲板上指挥炸船，岸上日本兵用机枪对着沉船扫射，张志飞镇定自若、潜水逃脱。但是，日本人的军舰和轮船最终还是开进了黄浦江。国民党地下组织物色合适人选，计划炸掉日本旗舰。张志飞闻讯，准备献身。国民党地下组织认为张志飞不是国民党员，就没有让他去，但张志飞还是遭到日伪机关通缉，被迫逃离上海，返回宁波。一个偶然机会，张志飞结识了国民政府的宁波专员，便加入了抗日活动，居然得到这位专员大人赏识，被提拔为县政。共产党地下组织还以为张志飞是延安派遣来的人。不久，张志飞即与中共地下党组织建立联系，参加抗日武装。1946年，他随三五支队北撤山东，后转战东北，担任通化专员。不久随解放大军南下，担任浙江省第一任航务局长。笔者曾在宁波舟山港档案馆中，见过这位老局长龙飞凤舞般的印戳和潇洒的签名。

1973年，国务院港口建设领导小组同志来浙江沿海考察港口，时任浙江省交通厅副厅长张志飞全程陪同。张志飞在中华人民共和国成立前经常跑东南亚航线，对宁波、舟山群岛一带海况非常熟悉。他摊开一直带在身边的几张东海海图，其中最早的一张海图由英国人于1893年测绘。张志飞向国务院港口建设领导小组的同志汇报自己所熟知的东海沿岸情况，还和盘托出了自己酝酿已久的开发建设“东方大港”的设想：将宁波和舟山两地将近200多公里长的深水岸线开发出来，建设中国最大的港口群，从根本上改变浙江乃至中国的航运格局。

国务院港口建设领导小组的同志也被张志飞的宏伟设想所震撼，慎重地问张志飞，此处会不会淤积？张志飞蛮有把握地回答，现在距英国人测绘时已80多年，此处航道没有淤积，说明不会再出现淤积现象。

也许囿于当时的国力和航运现状吧，国家最终选择在镇海建设煤炭码头。但此次的考察与提问，却像一颗种子，埋进了张志飞心里，成了他日后的心病。自此，他寝食难安，一直记挂着开发建设宁波舟山大港。他逢人便讲，有文必说，差点成为鲁迅先生笔下那个念念叨叨的祥林嫂。但也许张志飞这个设想在当时人们看来过于宏大、过于超前、过于新奇，甚至是太离奇、太夸张了吧，阳春白雪、曲高和寡，空谷传音、应者寥寥。

直到1985年，另一位传奇式人物王家恒的加盟，使呼唤“东方大港”的声浪陡然掀起一波高潮。

王家恒时任舟山市人大常委会副主任，他也有着传奇般的革命生涯。他是浙江岱山人，1918年生于盐民之家，抗战初期即加入共产党。日寇侵占岱山后，组织上派遣王家恒打入国民党刚组建的定海自卫队，潜伏12年，当上自卫队中队长兼指导员，掌握了一支武装力量。有一段时间，电视剧《潜伏》风行，王家恒就被人们誉为“舟山版”余则成。新中国成立后，王家恒出任舟山地委委员、行署副专员。20世纪80年代，他被选为全国人大代表。

张志飞关于建设东方大港的呼吁，激起王家恒这位在舟山土生土长，又为舟山解放流血流汗的老战士的强烈共鸣。他极为赞同张志飞老厅长的方案，希望努力促成国家尽早开发建设“东方大港”。

1984年5月15日至31日，六届全国人大二次会议在京隆重举行。王家恒除认真听取大会报告、参加代表团审议外，集中精力起草了一份《建议把“东方大港”的建设列为国家开发项目》的议案。在议案中，王家恒分析道，浙江舟山地区位于我国南北海运和长江航运交点，正处于东西太平洋交通要冲。宁波北仑所联结的舟山定海、普陀进港航道水深13米至21米，超过大连、秦皇岛、天津、青岛、连云港、上海、福州、黄埔和香港，可供15万吨级载轮顺利进出，20万吨级重载轮候潮进出。港区内水域宽广，达106平方公里，可建10万吨级以上泊位的深水岸线长达30余公里，回旋余地极大。由群岛环抱所成的封闭式天然避风挡浪屏障，能避东西南北方向风浪，既可确保海运安全，也无须耗巨资人力筑防浪堤。且此处常年水暖，不冻不淤，又可节省大量航道疏浚费用。此外，舟山海域的岩基、气象、地质、激流等均适宜建港。

在议案中，王家恒还认为，在宁波北仑至舟山定海、普陀间建设一个洲际性深水港，近期可为上海港分流，缓解我国外贸运输严重挤港、压船、赔汇的现状，在国际经济竞争中取得主动地位；远期将可使上海港北至南通、张家港，南至北仑、舟山港，发展成环球集装箱船母港，成为国际海运枢纽和贸易金融中心。

在议案最后，王家恒大声疾呼：尽快决策，绝不能让舟山海域再沉睡下去，更不能让这么好的天然良港废弃了！

多么清醒理智、科学周详又充满热血激情的一份议案啊！即使在事过36年后的今天读来，还是让人血脉贲张、激动不已！

为加重议案分量，王家恒联络了浙江代表团37名全国人大代表，一起联署，提交大会。经大会审议同意，该文被列为六届全国人大二次会议第73号议案，交给交通部答复处理。

于是，便有了同年7月那次声势浩大的考察论证活动。

7月19日至25日，时值盛夏酷暑。浙江省科协受交通部委托，组织了“东方大港”考察团，来自京沪杭三地的50余名专家学者齐集宁波、舟山两地，张志飞、王家恒参与其间。考察团实地踏勘考察了舟山定海、普陀两县和宁波镇海县北部环抱的海域、陆域。参加考察的，还有驻岛海军首长。

那也许是张志飞、王家恒一生中最兴奋的几天几夜。彼时已年逾古稀的张志飞，仍担任着浙江省交通厅顾问。他精神矍铄、情绪亢奋，一登上考察艇，就如数家珍、滔滔不绝地向同行的专家学者介绍附近海域情况，畅谈着他构想中的“东方大港”。海浪跃过船舷，溅起的浪花冲湿了裤腿，他全然不顾，仍沉浸在自己的叙述之中。张志飞那头被海风拂起的霜花般的头发，还有那张因激情或炎热而变得通红的脸，被永远定格在同行者的脑海里。

考察艇围着海岛绕圈，当驶入双门屿时，张志飞让舰长把舰艇靠近岸边。他指点着六横岛上的涨起港和隔港相望的佛渡岛说，这里离大陆最近。明代时，葡萄牙人在侵占澳门前，就在这里建过商埠，人们称之为双屿港。现在，岛上还留有教堂哩！在他看来，建设东方大港的条件，数六横岛最好。

专家们召开了论证会，各自发表见解，有的热情洋溢，有的声调高亢。大家一致认为，镇海、定海、普陀间海域辽阔，正处于全国水运干线交叉点，面向太平洋，背靠沪杭甬，海域内波平浪静，长年不冻不淤，可同时锚泊万吨级至20万吨级的船舶数百艘。舟山岛南岸、金塘岛东南岸、六横岛西北岸，桃花岛南岸以及岙山、册子、盘峙诸岛，部分岸线水深均在10米以上，甚或20米以上，是一个世界罕见、我国唯一的天然深水良港，是建设东方大港的理想之域。

专家们的看法和评价，让张志飞、王家恒兴奋不已。在这个人群中，他俩找到了知音，似乎看到了建设东方大港的曙光。王家恒还为此次考察写了一首旧体诗：

宿耆名流荟瀚州，
共商宏图大港筹。
踏浪攀登穷海隅，
实现孙周遗远谋。

诗中所谓孙周者，当指孙中山、周恩来。

后来，由于体制？由于投资？由于理念？总之，建设东方大港这个话题，一段时间里竟尔销声匿迹。

惜乎？运乎？时乎？

张志飞老人早已驾鹤西去，惜不得见矣！

2020年初夏的某个阴雨天，笔者在浙江省交通运输厅一间狭小的活动室里，采访了张志飞老人的儿子，现已75岁的张东苏先生。当年，他任《浙江交通报》总编，曾陪同老父参加考察东方大港活动。说起老父的宏伟构想，张东苏仍激动不已。他给了笔者一批其父提出建设“东方大港”的资料，然后非常惊奇地告诉笔者，他父亲遗存的资料、他自己搜集的报刊书籍，重重叠叠地压在家里，一向没有整理。当厅老干部处同志请他找这些资料时，他自己都觉得是大海捞针，估计没有什么希望。谁知，他打开第一堆书刊时，竟然欣喜地发现，正是笔者要的那些资料。你说，是不是与它们蛮有缘分呢？

也许，这是缘分，也是天意。

采访王家恒老人，颇费了一番周折。笔者只是从前几年的媒体报道中获悉，王家恒老人还健在，但不知近况如何。于是，委托舟港公司的小谭帮忙联系。小谭好不容易找到了王老的儿子。王老今年102岁，已过“期颐之年”。王老的儿子也已是“小王老”。联系了几次，“小王老”婉言谢绝。不得已，笔者一行来了个先斩后奏，先出发，再在路上与“小王老”联系。“小王老”还是婉谢，说他父亲年事已高，记忆不清，无法接受采访。笔者见采访一事将黄，便接过小谭电话，把王家恒老人当年提议建设“东方大港”的始末约略说了说，然后告诉“小王老”，我们不是采访，也不用王老回答什么问题，我们今天只是想见一见王老，献一盆鲜花，表达一下我们的敬意。大概是笔者的诚意感动了“小王老”吧，他在电话那头犹豫片刻，终于勉强同意。然后，他告知其父居住小区的名称，并说，到了那个小区，只要一提王书记的家，小区居民都知道。

真是那样。笔者一行进入小区，一打听王书记家，几位居民就指着方位说，喏，就那边。一个热心人还执意领着笔者，走到王家恒老人家门口。

进得门去，见到了老人家。他坐在沙发上，状态不错，正拿着一张报纸在翻阅。102岁的人，居然可以不戴眼镜翻书读报看电视，实在令人惊叹不已。

照顾他的保姆在旁说，老人身体尚好，语言表达没有问题，只是耳朵重听，可用文字交流。

随行的小葛把我们带来的一盆鲜花放在地上。谁知老人家却特意让保姆把鲜花端到电视机边上，说这样他随时可以看见。

笔者坐在老人家身边，拿出一张纸，随手写下：“尊敬的王老：我是中国作协陈崎嵘，正为宁波舟山港创作报告文学《东方大港》。知道您是舟山地区第一位倡导者，特来拜访您，表达我们的敬意！”

老人家接过这张纸，看了一遍，用笔在人名、地名和书名下划了一道杠杠。然后，他断断续续地说了一些情况，大体与先前媒体报道差不离。

我们准备告辞，老人家却不愿我们离开，执意让我们参观他二楼的书房。老人家居然不用人搀扶，自己抓着楼梯，拾级而上。

书房里，挂满了老人的照片和书法作品，他一一指点着给笔者介绍。特别指着那幅六届全国人大二次会议的长幅照片，兴奋地接连朝笔者示意，嘴中说着简短的词语：嗯嗯，就是它！就是它！然后笑起来。在笔者看来，这是一种坦然而从容的笑，是人生满足而无憾的笑，也是明净而无邪的笑，宛若窗外那成熟的秋色、澄明的秋风，无法乔装作假。

跻身世界亿吨大港俱乐部

1987年3月17日，初春季节，万物滋润。温文儒雅、风度翩翩的宁波市副市长叶信虎，兼任交通部宁波港务管理局局长，接替已调任省交通厅厅长的前港务局长邵尧定。

温文儒雅、风度翩翩这两个词，不是笔者的杜撰，而是采访中人们对印象中的叶信虎局长的回忆。据说，叶信虎局长爱穿一套灰白色西装，再配上一双白色休闲鞋。在当时还是一片灰或一片蓝的人海里，叶信虎的穿着的确使人眼睛一亮。

对于兼任宁波港务局长一职，叶信虎没有思想准备，就像之前他每次提职时一样。

叶信虎的人生经历有点特殊。

人们在注视这套灰白色西装的同时，更注重新来的局长的思路与作为。他出生在象山石浦渔港，似乎生来就是吃鱼虾、跑码头的命，而事实上，他的前半生与鱼虾、码头半毛钱关系也没有。1955年，叶信虎考进清华大学机械系。1958年，由于国家发展国防工业之需，清华大学开设了若干新专业，并抽调一批高年级学生担任这些新专业的教师，叶信虎便是其中的一员。他被分配到机械和精密仪器系810教研组，从事教研工作，后被推选为教研组党支部书记。他教的那个班，叫09工厂810专业班，教研组就跟着叫810。从名称上根本看不出老师教什么、学生学什么？当时，连他自己都不知道潜艇为何物，只好在苏联专家及留苏人员引领下，边学边教、教学相长。其中有个精密陀螺，有点像大家孩提时代玩的那个木头转盘。当然，此陀螺非彼陀螺，叶信虎老师教的这种陀螺，属于潜艇自动导航系统中方向定位的关键零部件之一。

"文化大革命"开始，学校停课闹革命，清华大学也乱成一锅粥。叶信虎为照顾家庭，不得已请调回宁波老家。有位"识货"的老组工干部，觉得人才难得，拟安排叶老师进机关，而这位叶老师却偏偏不领情，自己要求去工厂。成为宁波拖拉机厂叶工程师后，他搞设计、搞科研，得过省市科技奖，忙得不亦乐乎！正当叶工带着一个团队，忙于四轮驱动拖拉机研发时，省委组织部来人找他谈话，于是，叶工成为宁波市机械工业局局长、党委书记。之后，几乎半年一换岗，"小步快跑"成为宁波市委副书记，后改任市委常委、副市长。叶信虎形容自己当时对这些官位一点概念也没有，只是不管什么岗位，总是尽心尽力去做。

恰在此时，全国开展港口体制大改革。但凡大的港口，均被交通部下放给地方管理。1986年，宁波港货物吞吐量1795万吨，达到交通部规定的"大港"标准，也在下放之列。据说，交通部在将宁波港下放给浙江省时，提了一个"条件"：要浙江选派一位德才兼备、资历相当、风度优雅的领导接任此职。前面两点恐怕是真的，后面这点显然是坊间的附加，因为这后一点，似乎是专为叶信虎量身定做的。

不管正道怎么举荐考察、坊间怎么编排传闻，由宁波市委常委、副市长叶信虎兼任下放管理权后的宁波港务局局长，最终成为事实。令人惊奇的是，这位从未在港口待过的局长，自公布之日起，却爱上了港口这一行，直至延期退休，乃至退休后若干年，他仍在为港口操心操劳。也许是港口的魅力实在太大，也许是叶信虎内心就潜伏着石浦渔港情结，连他自己也未必清楚，这一情结一旦唤醒，便如烈焰般熊熊燃烧，一发不可收拾。

叶信虎到任时，镇海港区万吨级码头已投入使用，为镇海电厂和浙南地区供煤；北仑港区10万吨级矿石码头也已启用，为宝钢中转矿石。港口稳步发展，叶信虎按照省委、省政府要求，贯彻宁波市委、市政府“以港兴市、以市促港”的发展方针，把宁波港管理得井井有条。

大概自1991年10月始，党和国家领导人连续不断考察宁波港。

那些天里，叶信虎显得格外忙碌而紧张。他向中央领导同志汇报宁波港的现状与发展，并侧重汇报了他们争取建设30万吨级码头的设想。

叶信虎心里清楚，建设30万吨级码头一事，正是中央领导同志脑海中久久盘旋的一大课题。放眼当时世界，巴西、南非、澳大利亚、荷兰、日本等国都已有30万吨级码头，荷兰鹿特丹港更是有2个，而我国却一个都没有。内地没有，香港也没有；大陆没有，台湾地区也没有。没有30万吨级码头，巨轮就进不来，就很难称得上真正意义上的大港。

在平时，叶信虎经常思考怎么让自己管理的宁波港更好地服务国家战略和国际竞争。此刻，中央领导同志就站在他面前，叶信虎觉得是个千载难逢的机会。虽然，事先没有请示过，也还没有来得及向交通部领导汇报，会显得有些许唐突，但与建设宁波港30万吨级码头这样的大事相比，那些顾虑和压力又算得了什么呢？古人不是说过，天下兴亡匹夫有责吗？自己青少年时期，不是朗诵过岳飞的《满江红》和文天祥的《正气歌》吗？不是崇拜过苏联英雄保尔·柯察金和卓娅吗？阿拉叶信虎豁出去了，必须抓住这个难得的机会。

豁出去的结果大大好于叶信虎的预期。中央领导同志表示“原则上同意”。

这太好啦！叶信虎高兴坏了，陪同的省、市领导也都很高兴。

叶信虎牢牢记住了这个“原则上同意”的表态。在中国现行体制和惯性思维下，有了领导同志这个基本态度，事情就会好办得多。

心中有了底，叶信虎立即调集力量，赶紧上马30万吨级泊位。根据原先程序，需要一级级报批，先报项目建议书，等批复后，再报预可行性研究报告；等专家和领导同意了，再报工程可行性研究报告，再等专家领导们审议批复；然后申请开工。这样一个大项目，来来回回至少得三五年呀。在当时，一个项目需要盖上百枚公章的怪事就是这样发生的。

但叶信虎等不及了，宁波港等不及了，国家也等不及了。叶信虎一边抓紧上报工程项目，一边催着中交三航院设计图纸，并让中交三航局准备施工方案和设备。有人提醒叶信虎：万一上面来检查、追究怎么办？叶信虎想也没想就回答道，如果今后上面来追究责任，就由他叶信虎一个人承担；汇报是他叶信虎讲的，没有什么人授意，也没有什么人提议；工程建设安排是他叶信虎做的决策，其他人没有责任！那时的叶信虎，内心还真有点舍身成仁的打算呢！

当然，事情并没有那么糟。那年，在邓小平同志南方谈话精神鼓舞下，全国都在“大干快上”。大家比着谁上得更快，没有多少追责的事例发生。记得那年，笔者任职的县GDP增长百分之四五十的消息，还登上了中央权威媒体的重要版面。那种氛围由此可见一斑。

叶信虎和同事们的超常规思路和做法，为宁波港后来居上抢来时间、赢得机遇。这年年底，设计20万吨级、兼靠30万吨级的泊位工程就“砰砰砰”地开始打桩。

想到中央领导同志牵挂的大码头，面对着世界少有的自然禀赋条件，叶信虎和他的同事们也着急。中央领导的目光和思路，强烈地刺激了叶信虎的心，加深了叶信虎对国家战略的理解、对全国四大深水港口开发布局的理解，他更加看清了国内外市场对航运业提出的新要求。叶信虎清晰地认识到自己的角色定位，觉得自己有这个责任和义务、北仑港有这个资格和条件，把这副重担挑起来。

自那时起，叶信虎忽然觉得自己“高大上”起来。

为开拓市场，叶信虎带着一批人进行市场调研，拜访大客户。他们沿着长江，跑到湖南长岭炼化厂、武汉石化厂、武汉钢铁厂、九江炼化厂、安庆石化厂、南京石化厂、南京钢厂、上海宝钢集团等。一家家调查，预测估算对矿石、化工原油的需求量。市场调查结果，使叶信虎更为确信：20世纪90年代的中国，需要有个与时代发展相适应的东方大港。这个东方大港，不仅要适应华东地区、长江流域、长三角区域经济发展的需要，而且要适应亚太地区国际经济发展的需要。

1993年2月26日，宁波港召开六届一次职代会，叶信虎在会上作了行政工作报告。为凸显此次讲话的重要性，一向不用讲稿、口若悬河的叶信虎，破例用3张纸，列了一份提纲。他代表港务局，充分阐述了宁波港建设东方大港的必要性，明确提出建设5个基地、开辟5条通道的发展思路和港口布局，并确定初期目标是到20世纪末成为亿吨大港，然后再经过二三十年努力，跃上3亿吨的高峰，努力接近当时鹿特丹港的水平。

那天，叶信虎是否穿着灰白色西装，人们已记不清了。但他在台上充分展示了大学老师的功底，激情四溢、滔滔不绝，讲得会场上的人热血沸腾。

令职工们热血沸腾的还有一件事：在叶信虎的力主下，港务局领导班子决定，每年为全局职工办几件实事，做到事事兑现、件件落实；职工工资与港口效益增长挂钩、基本同步。

哇！这多好啊！职工们的干劲被调动起来，港口建设和装卸工作热火朝天，三年三大步，每年递增1000万吨吞吐量，跃上了新台阶。

经过近两年时间的建设，北仑港区设计20万吨级、兼靠30万吨级的矿石中转码头，于1994年10月顺利落成。

“记得是在1995年12月6日吧。”25年后接受笔者采访的叶信虎，从随身带来的一大沓材料中挑出一张照片来，向笔者证明。那天，宁波港迎来当时世界上最大吨级散货巨轮——满载30万吨澳洲铁矿砂的“大凤凰”轮首次靠泊宁波港，这也是中国港口第一次靠泊世界最大吨级散货巨轮。

翌年，码头工程顺利通过国家验收。这表明，中国港口的深水航道和优良的码头条件已能通过彼时世界上最大的散货船，也表明宁波港口接卸能力进入世界港口先进行列。叶信虎很兴奋、很自豪，也很欣慰。他觉得在自己任内建成这个码头，算是初步回应了中央领导同志的期望。他组织举行了隆重的庆祝仪式，并召开新闻发布会，向全国，不，向全世界，宣布了这一振奋人心的消息。然后，他与员工们一起，以卸货的“大凤凰”轮为背景，拍了不少靓照。从照片里，人们见识了那艘巨轮的雄姿，还有，叶信虎那套漂亮时尚的灰白色西装。在暖洋洋的冬日下，那灰白色显得分外耀眼。叶信虎的脸笑成了一朵花，像个新郎官。

转眼便是1997年底，叶信虎61岁，到了他人生转换频道的年龄。叶信虎退出宁波港务局领导岗位，转到上海组合港办公室工作。一眨眼，叶信虎跟着全球人一起跨过了新世纪。

新世纪送给艰苦奋斗、奋发进取的宁波港人一个大礼物：2000年，宁波港货物吞吐量超过1亿吨。宁波港昂首挺胸，跻身世界港口1亿吨成员俱乐部。彼时，这个俱乐部共有12名成员。

宁波舟山港历史，期待着人们翻开新的一页。

第二章

站在高山之巅眺望大海

天若有情天亦老，人间正道是沧桑。

——毛泽东

按照“两港一体化”战略搭建四梁八柱

这是一个值得宁波舟山港人永远铭记的时间节点：2002年12月21日。

这天，时任浙江省委书记习近平同志首次考察调研港城宁波及宁波港。

对习近平同志主政浙江时关心港口发展的情况，人民日报记者曾在《书写新世纪海上丝绸之路新篇章——习近平总书记关心港口发展纪实》一文中作过简要描述：

在浙江任职时，习近平把港口作为全省发展海洋经济的引擎，紧紧抓住这一“牛鼻子”。他把目光投向相当于全省陆地面积2.6倍的蓝色海域，多次深入舟山群岛调研。他指出：“新世纪新阶段浙江经济进一步发展的天地在哪里？在海上！”他要求浙江“争取发展成为海洋经济强省”。习近平力主推进宁波、舟山港一体化，建设舟山连岛工程，加快浙江省港口资源整合。2005年12月20日，宁波－舟山港管委会挂牌。习近平在挂牌仪式上说，港口建设将是浙江省经济发展中的大手笔，港口建设的重点在宁波、舟山港一体化。实现宁波、舟山港一体化，有利于上海国际航运中心建设、促进中国沿海港口的良性互动。

宁波－舟山港管委会挂牌后一年，港口集装箱年吞吐量即达到700万标准箱。2006年12月27日，习近平同志亲赴宁波港吉集装箱码头，出席庆贺仪式，揿下第700万标箱的起吊按钮。

习近平总书记第14次跨海登岛、重访舟山是在2015年5月25日。他在考察中指出，舟山港口优势、区位优势、资源优势独特，其开发开放不仅具有区域性的战略意义，而且具有国家层面的战略意义。①

2015年元旦刚过，浙江省政府副秘书长夏海伟又开始夜以继日地工作。人们形容他就像一架上紧了发条的摆钟，在一刻不停地转动。

一大早，夏海伟走进时任常务副省长袁家军的办公室。袁家军的办公室就在他的斜对面，彼此找起来十分方便。

夏海伟一进门，袁家军就站起来："老夏，你来得正好，我刚巧有急事找你！"

急事？夏海伟一下子有点茫然。

袁家军似乎看出了夏海伟的疑虑，便直截了当地告诉夏海伟，省委交代他一项极其重要的工作：宁波港、舟山港要实质性一体化。这事非常重大。袁家军要夏海伟和省政府办公厅好好分析分析此事，协助他做好前期研究，为省委、省政府决策提供方案。

闻听此言，夏海伟心里也是"咯噔"一下。这位已58岁的"老机关"自然知道，宁波舟山港一体化战略是习近平同志主政浙江时提出来的，至今已过去十余年，应当说，历届省委、省政府做了大量工作，两港一体化取得了积极进展。当然，推进难度也极大。两个港口就像两个准备结婚的年轻人，看上去订了婚，还签了婚约，但始终一方不娶、一方不嫁，悬而未决。作为协助分管

① 参见《习近平在浙江调研时强调 干在实处永无止境 走在前列要谋新篇》，《人民日报》2015年5月28日。

该项工作的副秘书长，他心里着急，但感觉使不上劲。现在好了，省委下了决心，常务副省长发了话，他们马上执行就是。

夏海伟的风格是闻令而动、雷厉风行。

他受命领衔，频繁邀请有关人员到他办公室，或带着人员走访。一个个部门、一个个专题、一个个细节，研究、探讨、交换、妥协、变通、落实。

三易其稿？五易其稿？九易其稿？连夏海伟自己也记不清到底写了几稿。总之，一稿稿向省委、省政府领导呈报，然后，根据省委、省政府领导的意见，再一次次修改。

习近平总书记再次考察舟山后，浙江省委迅即传达贯彻总书记重要指示精神，抓紧完善宁波舟山港一体化实施方案。

正当方案快形成时，出现了一个意想不到的情况。

那天是6月30日中午，夏海伟对此日印象特别深刻。按照计划安排，夏海伟要陪同袁家军去嵊泗县调研。此时得到消息：舟山港股票上市的申请被国家证监会发行审查委员会通过啦。不出意外，几天后就可以正式上市。

“嗡”的一下，久处政坛，面对过多少难事烦事的夏海伟，一时也觉得脑袋发蒙。

作为全市国有企业第一家也是唯一一家上市公司，舟山港对于舟山市而言意味着什么，这价值和分量，谁心里都明白如镜的呀！舟山港一旦上市，按照上市公司规则，两个同业的上市公司相互之间不准整合或合并。这是为防止市场垄断而立的法律，谁也不能违反。但那样，不就意味着宁波港舟山港的整合遥遥无期，甚或是再无可能了吗？不就意味着之前所有关于宁波港、舟山港整合的方案功败垂成了吗？不就意味着省、市领导，那么多部门单位也包括自己在内日夜加班加点的所有努力、辛劳，都付之东流了吗？

孰轻孰重，何去何从？一个两难抉择的事项，考验着浙江省和舟山市领导，也考验着宁波、舟山港人。

省领导反复沟通商量，省金融办又与证监会联系协商，为了港口整合大局，决定停止舟山港上市。

省委、省政府的意见传达下去，很快得到贯彻执行。原舟山港集团董事长孙大庆在接受笔者采访时，不乏幽默地说，舟山港股票过会，相当于提前作了合规审核，为后来并入宁波舟山港打了基础呢！当然，孙总没有说他当时的心情，可以推测他当时的心情肯定五味杂陈吧。

陡然而起的舟山港IPO风波暂时平息，一体化进程按照原定节奏快速推进。一个集中各部门意见、兼顾各方利益、相对完整的宁波舟山港一体化方案形成。

8月3日上午，省委找宁波、舟山两市主要领导谈话，征求意见。

8月6日下午，省政府常务会议讨论方案，方案获得通过。

8月7日上午，省委常委会讨论方案，方案获得通过。会议决定，根据中央指示精神和浙江省实际，整合统一全省沿海港口及有关涉港资源和平台，组建省海洋港口发展委员会和省海港投资运营集团。提出通过行政手段和资产纽带，理顺沿海港口管理体制和开发建设机制，建立涉海涉港资源管理、资本运作、港口运营及海洋和港口经济发展的新模式。

8月10日，省委集体谈话，宣布浙江省海港委、浙江省海港集团筹建组正式成立，提出工作要求。

从方案稿正式提交讨论，到浙江省海港委、浙江省海港集团成立，并确定宁波、舟山两港整合成集团，仅仅用了11天。这，就是浙江节奏、浙江效率、浙江风格！

在结束采访时，刚办理退休手续、现应聘担任省政府参事的夏海伟，收拾起眼前一沓工作笔记本，连声感叹道，谁知道，后来省委竟决定他去兼任海港委党委副书记、常务副主任，感觉他给自己设了一个套，然后不由自主地钻了进去！哈哈，哈哈……

小小会议室里，全是夏海伟爽朗的笑声。

在夏海伟合上笔记本之际，另一位领导悄悄进入笔者视野。他，就是孙景森，时任浙江省副省长兼舟山市委书记、舟山群岛新区党工委书记。

8月6日上午，省委找孙景森正式谈话，明确孙景森回省政府工作，要求尽快完成舟山市委书记的交接事宜。省委决定由孙景森兼任浙江省海港委（筹）党委书记、主任，省政府副秘书长夏海伟为海港委（筹）党委副书记、常务副主任，毛剑宏为海港委（筹）党委委员。

省委同海港委领导班子集体谈话后的当晚，孙景森即返回舟山，移交工作。

之后，连续开会、交流意见、找人谈话、分配任务……

8月28日，浙江省海港集团在舟山挂牌成立。

9月29日，宁波舟山港集团在宁波环球航运广场宣告成立。

快马加鞭，马不停蹄，马到成功！

过程中，不是没有矛盾、没有利益冲突。这么大的体制变革和利益调整，没有风波，才不真实呢！

兼任海港委主任、党委书记的孙景森就处于风波中心。

挂完牌子后，孙景森的“苦日子”才真正开始。

海港管理体制调整和港口资产整合，涉及宁波、舟山及温州、台州、嘉兴等多地利益，更直接关系到宁波舟山港职工的切身利益。

孙景森手擎“尚方宝剑”，带着夏海伟、毛剑宏等人，一个地方一个地方协商，一个码头一个码头拜访，一个环节一个环节调查研究。有省委、省政府的决定，也毕竟有副省长的官帽戴在头上，又分管全省交通行业，各地还是给了孙景森等人不少面子。

对浙江海港体制和资产关系，省委、省政府已有原则意见和基本设想。摆在孙景森面前的课题是：如何落实细化，搭建起浙江海港的四梁八柱。

整合后的浙江海港，将是一个什么样的格局？这是孙景森那时考虑最多的问题。这个格局，要体现宁波舟山港的主体地位和作用，更要符合全省一盘棋战略。它既是浙江港口现状的形象描述，更是浙江港口未来发展总的框架。既要有前瞻性，更要有可操作性。孙景森当过多年领导，深知再好的方案设想，如果在实践中操作不了，那就是纸上谈兵，而那张纸，一定是废纸。

毫无疑问，宁波舟山港是浙江海港的顶梁柱。那么，东南面的温州港、台州港呢？还有北面的嘉兴港呢？不止这些，还有义乌的陆港，也就是人们通常所指的“无水港”，甚至，还包括与港口相关联的内河运输、铁路运输、航空运输、信息网络。要理出一个头绪来，描绘一张适应海港特点、符合浙江实际的新版“港图”，形成浙江海港发展新格局。

孙景森由此开展专题调研，找沿海城市分管港口工作的副市长、内陆县市分管交通的县市长、各大港口主管，还有一些专家学者，开了一个个“神仙会”。各路“神仙”海阔天空，舌战、笔战。闪光的灵感，如夏夜半空蜿蜒闪亮的雷电，照亮天际；创新的思路，如盘旋上山的公路，直冲云霄。

去粗存精、去伪存真，由此及彼、由表及里。孙景森像一位虚心的小学生，仔细倾听着，认真记录着，夙夜思考着，慢慢形成了一个完整想法。他理解，习近平总书记力推宁波舟山港一体化，省委、省政府下那么大决心、花那么大代价实施两港一体化，绝不仅仅是为了让两个港口一年增加多少吞吐量，也不是盯着每年可能增加的多少个亿利润。

曾经担任过浙江发改委主任、了解全省宏观经济的孙景森，自然知道港口与当地经济的关系。经济学界不是有一种“港口经济圈”理论嘛，港口每万吨货物吞吐量能为地方创造200万元GDP、带来12个工作岗位。省委、省政府旨在整合全省港口资源，发挥宁波舟山港的辐射效应，带动港口经济圈，借此助推浙江乃至长江经济带快速发展，服务于国家长三角战略和“一带一路”建设，成为中国“走出去”的桥头堡和辐射极。与这样的大目标、大战略相适应的，必然是浙江港口业的大格局。宁波舟山港实现一体化后，是这个大格局中的龙头和主体；温州港和台州港毗邻相连，应该视作鸟的一翼，位置在南，可以叫作“南翼”；嘉兴港，尤其是乍浦港，基础条件不错，是当年孙中山曾考虑过的“东方大港”港址，也是重要一翼，位置在北，可以称作“北翼”。主体加上南北两翼，这只大鹏就可以飞起来啦，就可以扶摇直上九万里啦！当然，当然，仅仅是大鹏本身还不够，还应该有多种形式的联合联动联手联展。譬如，没有海水，但有巨量小商品流的义乌港，还有全省密如蛛网的内河水系，还有铁路、航空，统统连起来，真正做到港港相连、万物互通。对！应该这样！

秋天的一个凌晨，睡梦中的孙景淼似乎灵感突现。他一骨碌从床上爬起来，才发现天还未亮，他所住的机关干部住宅区内万籁俱寂，只有几盏明亮的路灯在尽职值勤。

孙景淼走进书房，卷起窗帘。此时，带着热度的晨风，满是初开桂花的香味，缓缓吹进来，使人顿觉清醒而惬意。孙景淼拧开台灯，铺展开稿纸，奋笔疾书起来：优化港口布局。“十三五”期间，全省港口总体布局是“一体两翼多联”，即以宁波舟山港为主体，以浙东南沿海港口和浙北环杭州湾港口为两翼，联动发展义乌国际陆港及其他内河港口。犹如一只振翮高飞的大鹏，也似一个组合完整的航母编队。

这个“一体两翼多联格局”的提法，后来被写入浙江“十三五”港口发展规划，再后来，化为浙江省委、省政府的指导性文件。当下，它正逐步变成浙江港口发展的现实图景。

思路厘清、框架明晰之后，接着就进入实际操作阶段。

首先是宁波。港口发展离不开当地政府和群众的支持。宁波港是宁波人含辛茹苦养大的长子，宁波人对他倾注了大量心血。抚养他、培养他、打扮他、扶持他。别的不说，光是构建甬舟一体的区域港口集疏运体系，形成公、铁、水、空、管道网络，宁波市就建了十六七个大工程，为此投入上千亿元资金。宁波港刚刚成为一个顶天立地的壮小伙，刚刚能回报父母，如今竟然要把他带走。宁波港也是宁波市的利税大户，一家产生的利润，占宁波市国有企业利润总额的一半多。升格为省属企业，不就是被省里拿走了吗？虽然从资产关系看，宁波市并不吃亏，而且应当说是赚大发了：拿出100多亿元，买了700多亿元资产，宁波市控股。但省里明确，经营权上收到省国资委。这就相当于名义上还是自己的儿子，但却要交给别人管教。宁波人情感上一下子转不过来，有点依依不舍。据说，在市委征求意见的会上，有老同志闻听消息后，禁不住老泪纵横。

当然，宁波人识大体顾大局，大家拥护省委、省政府的决策。宁波市主要领导态度鲜明、积极支持，个别有点想法的同志忍住不说啦。大多数宁波人最后也是忍住热泪，欢送这个“大儿子”转户。大家在割舍不了父子亲情的同时，又庆幸儿子找到了一户好家庭，期待着他今后更好地发展，有个辉煌前程。

舟山市也有舟山市的想法。虽然，与宁波港相比，舟山港体量并不大，人们形容它是个没有长成的儿子。但儿子实力再不济，也是自己的儿子，自己生、自己养、自己管、自己疼。更何况，舟山市本来国有大企业就不多，舟山港是所有儿子中身材最高、最会赚钱的那个长子。本来可以自己说了算，现在要让别人来做主。哪一个做父母的不肉疼？

孙景淼想，舟山有舟山的道理，也有舟山的难处。他思考良久，与毛剑宏、宋越舜等人商量，注意兼顾当地政府税收，算是暂时“摆平”。

一些港口所在地政府，没有多少资格能与省里讨价还价。他们都一致地拥护组建省海港集团。但他们对本地港口成建制划入宁波舟山港，却持保留态度。也有地方领导趁此机会，将港口优质资产和不良资产捆扎打包，一并作为“礼物”，送给省海港集团。诸般风景，孙景淼自然看得清清楚楚、明明白白。他多次与毛剑宏研究，决定根据人们的觉悟程度和心理情感，将各地港口资产划归工作分成两步走。先将资产划转给省海港集团，待以后条件成熟时，再并入宁波舟山港。对裹挟进来的不良资产，只要不算太过分、太有水分，孙景淼就劝毛剑宏认了账。谁没有一点小心思、小算盘。水至清则无鱼，人至察则无徒啊！先稳定大局要紧，先搭起四梁八柱要紧，其他的以后再慢慢处置吧！

企业也有企业的算盘。宁波港股票为此停牌两次，股价波动，股民人心浮动。舟山港股票停止发行，筹备股东退股还钱，这直接影响到发起单位股东的收益预期。浙江省内几家民营企业还好说，大家毕竟是一个省的，比较好商量，说句对不起也就过去了。江苏省一家参股企业就不干啦！股票上市，人家眼巴巴等了多少年，真是望眼欲穿、望断秋水呀！就像一块即将到嘴的肥肉，你要硬生生夺走，这样的事，谁会答应？不答应！一千个不答应！一万个不答应！除非黄河干涸长江断流，除非太阳不出月亮不明。要他们退股，门都没有！退股还钱？这几年筹备上市所花的钱怎么办？股本利息怎么算？发行后1∶12的溢价谁来支付？要退也可以，那就把花的钱还给他们，把同期利息算给他们，把1∶12的市盈率补偿给他们。否则，法庭上见！

对方都把话说到这个份上，确实有点难办。但细心的孙景淼在与同事的商讨中发现，对方在气壮如牛、得理不饶人的背后，也有一个“软肋”，就是这家企业今后仍然需要从宁波舟山港中转大量的铁矿砂。双方剑拔弩张总不是办法，长期对峙也不是办法。再难办，也得硬着头皮往前推、往下办啊！谁让你是牵头人、责任人呢？孙景淼再次跟毛剑宏、宋越舜和舟山市有关同志商量，人家合理合情的诉求，譬如，花了人家的钱，银行同期利息，我们应当还给人家；有的要求合情但不合理，譬如，1∶12的市盈率，这是不可能支付的。但是，我们可否换个思路？这家企业今后不是还要从你们宁波舟山港走矿砂吗？看看能不能在码头装卸上给予优先并适当优惠，作为对这家企业股票预期盈利的补偿？这样也有利于稳固一家大客户。你们看，怎么样？

毛剑宏干脆利落地回答：听景森副省长的！

于是，双方兵来将挡、水来土掩。孙景森和毛剑宏等人晓之以理、动之以情，喻之以利、明之以害，对方权衡再三，认账签字。

一个看似不可能解决的难题，在孙景森和毛剑宏等人的共同努力下，终于化险为夷、云消雾散。

一团乱麻，被孙景森这把快刀三下五除二、一退六二五，嘁里咔嚓、稀里哗啦，该斩断的斩断、该厘清的厘清了。

这为即将上任的浙江省海港集团党委书记、董事长毛剑宏及其班子扫清了障碍。

鼓荡起“二次创业”滚滚热浪

习近平同志关于宁波舟山港一体化的战略理念和部署迅速传达贯彻至浙江各地，人们宛若登上高山之巅，眺望远方的大海。

这些人中，自然包括时任宁波港务局局长、后因交通体制变革而改任宁波港集团总裁的李令红。

请允许笔者把时钟拨回到2000年底，李令红出任宁波港务局局长那一刻。

将近新年，年富力强的李令红被一纸调令调到了宁波港，开始他长达14年的海港职业生涯。

李令红至今清晰记得，局长办公室由20世纪70年代建设的招待所改造而成。办公桌用两张小桌拼凑起来，靠墙一侧，两条板凳支起一张旧棕绷床作午间休憩用。没有大的墙面可以张贴地图，他干脆把海图摊铺在地板上。

对办公室环境，李令红毫不在意。他在意的是港口的发展。

宁波港建设成什么样，怎样建设，成为李令红思考的焦点。

在相当长一段时间里，李令红几乎一言不发。局里工作该怎么办就怎么办，人们爱怎么说就怎么说。

李令红走出办公室，深入码头，着手调查研究。毛主席不是说过，没有调查就没有发言权嘛!

一调查，一摸底，李令红的心情显得沉重起来，深感忧虑。

李令红看到，20余年来，在港口历任领导努力下，宁波港发展迅速，港口吞吐量已跨上亿吨大关，排在全球第11位，全国第8位。但与港口行业的“广大上青天”（指广州、大连、上海、青岛、天津港）还有不小差距，甚至落后于厦门港。且这种吞吐量都是散货，对港城经济发展作用不是很大。作为世界港口重要指标的集装箱量，宁波港差距更大，全港全年仅90多万标准箱，还不到人家的一个零头数，排在全球第67位。如果是人排队，67位会在哪里？李令红想，恐怕站在头几位的人，未必能看得见。这与宁波港这么优越的自然禀赋和悠远历史不相符，也与他李令红的目标和心气不相符呀。

还有，李令红看到了作为国有企业的宁波港多年累积起来的弊端和问题。一个小小港务局机关，竟然有24个部门、270多号人，机构重叠、职能交叉，免不了相互扯皮、人浮于事。港口也像其他国有企业一样，企业办社会，自己开设招待所、小学、幼儿园，居然还有一个55人的电信站，其中大部分是话务员，每天忙忙碌碌地接拨电话。天哪！这样的港口，怎么适应瞬息万变的国际航运市场?

港口现状不行，必须改革!

对于国有企业改革，李令红并不外行，而且可以说是相当内行。来宁波港之前，李令红是宁波市经委主任，负责全市国有企业的改革。他甚至亲自操刀，主持设计过几家大型国企的改革方案。李令红大刀阔斧、雷厉风行的改革风格，在宁波企业界广为流传，被人称为国企的改革家。

面对沉疴痼疾，李令红在港务局领导班子的支持下，砍下“三板斧”。

“第一板斧”，机构改革：港务局内设机构和下属单位该合并的合并，该撤销的撤销，该改制的改制。人家上海港四五万员工，局机关也就一百多号人，宁波港为啥需要那么多人呀？砍！局机关内设机构一下子从24个减至14

个，工作人员由270多人压缩至130余人。同时，将小学和幼儿园转至地方，将电信站转给地方电信局，同时引进程控电话系统。

“第二板斧”，全员聘任：港务局机关所有干部“全员下岗”，重新聘任。被聘人员留下工作；年龄接近到杠的，提前退休；未被聘人员，分流安排到下属企业。

“第三板斧”，薪酬改革：邀请国家人社部工资改革研究所专家来港务局帮助设计薪酬改革方案。按照多劳多得原则，重新设计岗位工资，明显加大绩效比例，拉开收入分配档次，以调动生产一线劳动者的积极性。

这些措施，在今天看来，自然是正确而必要的。经过这样的“三板斧”，宁波港犹如一个新生儿，充满了生机和活力，也像一名轻装上阵的战士，呼啸前行。实施后没有多长时间，宁波港就开始“核裂变”。但问题是，当时，受国有企业体制意识和运行惯性的长期影响，相当多的干部职工一下子不理解、不习惯、不适应、不明白。一些人茫然，一些人困惑，一些人委屈，一些人怨愤。你这个李令红，这不是把人往死路上逼吗？你还让不让人活了呀？随之，以诉苦和抱怨为主题的告状信，如雪片般飞向市领导办公室。一些小学、幼儿园的女老师，哭哭啼啼地找上门来，在李令红面前，一把鼻涕一把泪，哭得人心里酸酸的。电信站一些女话务员，则把党委委员们堵在会议室内，口口声声要到李令红家里吃饭。还有人扬言要送只花圈到李令红家里，那意思显而易见。局党委书记沈保清一次去铁路公司征求对改革方案的意见，竟被几名职工锁在会议室内，不给饭吃。集团办公室同志闻讯，赶紧前往送饭。

对李令红意见的总爆发，发生在港务局职工代表大会上。

宁波港务局有个好传统，职工参与企业管理和民主监督，主要形式是一年一度的全局职工代表大会。每逢此时，港务局领导要向参会职工代表报告一年的工作，并接受职工代表民主评议——画钩打分。

职代会前，开始有些传闻和议论。那些传闻和议论，已略带点火药味。主持会议的局工会主席唐仁美心里有点打鼓，参加会议的局党委书记沈保清也有点担忧。而李令红在工作报告中，又没有提及为全港职工办几件实事。是他的疏漏，还是有意为之？这一点，令在座的职工代表不满意。于是，会场上议论声四起。

待评议打分完毕，暂时休会，唐仁美负责收集汇总。不汇总也罢，一汇总，唐仁美陡然发现，其他领导班子成员得分正常，甚或偏高，而李令红得分偏低，优秀分不到40%。按照职代会原有规定，职工代表民主评议领导班子的得分要在会场上当众公布。这分数，还能公布吗？公布出来，李令红能接受得了吗？

唐仁美怀着忐忑心理，找在场的沈保清商量。沈保清已知晓评议打分情况，略一沉吟道：得票数必须如实向职代会公布，我们不能破这个规矩。不过，还有几位代表今天没到场，你晚上打电话征求意见，尽量把优秀票数往上提一提。关键在于我们怎么引导职工代表看待这个分数，反馈解释要实事求是，有利于今后工作。你先反馈，然后，我也讲一讲，把大家引导好。

好！唐仁美从心底里赞同沈保清的观点和做法。他把评议小组成员召集起来，统一认识，形成评议小组意见。然后，在会上公布了得分数据，实事求是地作了分析，代表职工向李令红提出了期望。

接着，根据惯例是沈保清讲话。这位擅长思想政治工作和理论分析的党委书记，面对台下一百七八十名职工代表，讲了一番深刻而富有辩证性的话。他分析了造成李令红得分较低的客观原因：主要是到港时间不长，有些情况还不够熟悉。他又说："但李令红局长的优点特长非常明显，许多地方，我沈保清不及他。那些改革举措十分必要，我沈保清是赞同的。如果说改革中有什么不足，那也有我沈保清的一份责任。不过，我相信，宁波港改革的方向和思路是正确的。随着这些改革举措落地生效，我们宁波港必将有一个更加美好的未来。让改革实践来检验吧！同志们，好不好呀？"

好！“哗哗哗”，会场上居然自发地响起了一片掌声。人们赞叹这位党委书记有水平、顾大局。

在热烈的掌声中，李令红向沈保清投去感激的目光。尽管李令红对宁波港体制机制改革的种种阻力和可能有的激烈反应已作了充分思想准备，但此刻对党委书记的理解和支持，他还是由衷感谢。

尴尬由此化解，改革重新启航。

若干年后，人们在最终认定这件事时说了公道话。李令红真的爱港如家，为宁波港发展作出巨大贡献，是绝对的功臣。现在如果再让这些职工代表打分，相信多数人会给李令红打高分。要不是当年李令红那几下“狠招”，宁波港后来不会发展得那么快。李令红真勇敢，真有魄力，能坚持改革不动摇。在那波改革浪潮中，他让一些老人腾出岗位，更让一批新秀脱颖而出。譬如，现任宁波舟山港股份公司总经理宫黎明，就是从那时起被聘任为港务局办公室主任，从而走上领导岗位；又如现任集团办公室副主任、“女笔杆子”周波，因起草集团第一次党代会报告而广受赞誉，而彼时的她，只是一位普通大专生，却凭真本事竞聘上岗，任港报副主编，迈上第一级台阶；再如那位笔名“远岛”、真名朱宏奇的人，是位爱写诗的军转干部，原本对竞聘不抱什么希望，但不知怎么的，李令红了解到他的才气，竟让组织部门动员他报名，然后把他推荐给沈保清书记，聘任“这座远方的岛屿”为党委办公室主任……这些人，今天谈起当年的改革和竞聘往事，仍记忆犹新，感慨如果没有李令红当年那些改革举措，就没有他们的今天。还有，之后宁波港迅速发展，每年集装箱量以百分之三四十的速度递增，港口效益明显，职工工资水涨船高，“噌噌噌”地往上长。几年下来，宁波港职工平均工资甚至超过周边大港。还有什么话可说呢？那些被“嫁”出去的小学、幼儿园老师，因国家提高教师地位待遇，她们拿到了比港口工人还高的工资。有的人饮水思源，带着赧色来感谢宁波港、感谢李令红。那时的李令红百感交集，只能说：用谢我，不用谢我！

李令红终于跨过了改革的激流险滩，开始聚精会神谋划港口发展大计。一段时间，李令红每天趴在那张铺展在地板上的海图前，目光一遍遍地巡视那些岸线，像入了迷、着了魔一般。

著名作家陈祖芬在《走进宁波》这本书中，曾描写过此刻的李令红。他睡着20世纪的大花床单，端着20世纪用过的大花脸盆，却在思考21世纪最新的难题。在那张已有皱褶的海图前，他一次次蹲下，又一次次站起。

也许，李令红明显意识到，宁波港走到了一个历史节点。

为什么宁波港大不起来？李令红在思索。第一是码头不行，专业化、现代化程度不高。第二是集聚能力不行，集装箱到不了港口。第三是集疏运系统不完善，关键环节掉链子。第四是市场占有率不高，没有什么名气。

李令红想起前不久发生的一件事。那天，他突然动了个念头，想去考察了解一下美国纽约—新泽西州港。就让宫黎明发函给对方，言辞恳切地表达拟前往考察交流的意愿。谁知泥牛入海无消息、黄鹤一去无音讯。为啥？还不是因为宁波港体量不够大，知名度不高。人家懒得理你！看来，共青团内常说的那句口号“有作为才有地位”在港口行业同样也是适用的。这位昔日的宁波市团委书记一时感慨万千。

恰在此时，习近平同志考察宁波港，说了那番鼓劲的话、提气的话、立意高远的话。那些话，在李令红脑海中不断萦回。还有，那道久久注视的目光，像一道探照灯光，照亮了他以前感觉迷惑的区域。他觉得自己提高了站位、开阔了视野、打开了思路。

对，前人已完成第一次创业，我们要进行第二次创业。对，宁波港要进行第二次创业！不光是为了自身，也为了浙江，更是为了中国！目标是建设世界一流深水强港，发展重点是集装箱！集装箱！集装箱！李令红在心里默默地念了三遍集装箱。

发展思路厘清后，李令红与沈保清商量，把港务局领导班子全体成员集中到东钱湖畔一个场所闭门学习讨论3天。会上，李令红向大家通报了习近平同志考察宁波港的指示精神，畅谈了他对宁波港历史、现实、未来的观点。那3天，按照现在的网络语言描述，就是头脑风暴。大家心无旁骛、敞开思路，讨论、议论、争论、辩论，大嗓门高分贝，唾沫飞溅、面红耳赤，慢慢形成了一份宁波港2003—2009年发展规划。李令红一锤定音。

这份规划不同于常规的是，规划时间长度为7年。为什么是7年，不是5年？这里藏着李令红的判断与选择：他从宁波港实际出发，将其分为两个发展阶段。前7年，是第一阶段，把宁波港做大；后7年，算作第二阶段，把宁波港做强。当然，那时李令红没有这么明确地说，人们也没有深究。

2003年1月20日。距习近平同志考察宁波港刚好一个月。农历腊月十八，马年已近尾声。宁波人开始准备过年。农村忙着杀鸡拔鸭，做饼舂糕。城里商场内外到处翻飞着促销的年货广告飘带，城乡弥漫着一股浓浓的年味。

就在这一天，宁波港务局九届三次职工代表大会隆重召开。近两百名职工代表，把不算大的港务局会议厅挤得满满当当，脸上绽开着即将过年的笑容。

李令红站在主席台讲席上。他西装革履、敦实健壮、精神抖擞，乌黑的头发折射着会场灯光，泛起一缕缕亮色，炯炯有神的双眸传递出他的自信和从容。

报告题目是：开展“二次创业”，营造竞争优势，为实现宁波港的跨越式发展而奋斗。在这份后来被称作宁波港“二次创业”宣言书的报告中，李令红开门见山地提问：进入21世纪后，建设一个什么样的宁波港，怎样建设宁波港，进而达到一个什么样的目标？他分析了时代背景以及宁波港面临的形势和挑战，要求自己和大家站高一层看形势、放大一圈看世界。他富有逻辑性地提出了宁波港“二次创业”的指导思想、目标、任务和举措。

李令红给代表们构建了一个数字体系，描绘了一幅蓝图。“二次创业”分两步走。第一步，基本建成国际一流深水枢纽港、国际集装箱远洋干线港。全面建成集装箱、矿石、原油、煤炭、液体化工五大中转基地，全港货物吞吐量达到2亿吨，力争进入世界五大港口。集装箱吞吐量达到500万TEU，争取进入世界港口前15名、国内港口前4名。然后，在此基础上，再经过两三年努力，全面建成国际一流深水枢纽港和国际集装箱远洋干线港，全港货物吞吐量达到2.5亿吨，集装箱吞吐能力达到1000万TEU，实际吞吐量达到800万TEU，港口地位进一步提升。

提升到什么位置？李令红没有说，他要给自己留点余地。

这个目标中，包含着几个港口行业专用术语，局外人未必能确切理解，允许笔者插补一下。譬如，TEU，是指国际标准集装箱，一般长度为20英尺（约6米）。超过这个长度，就叫特型集装箱，有时一只可能算作2个标准箱，也就是2个TEU。所谓枢纽港，就是中心港的意思，是相对于喂给港和支线港而言。还有远洋干线，特指跨洲际的远距离航线，洲内的航线不能算。在航运界，远洋干线是港口较量时的“硬通货”，蛮厉害的呢！

目标如何实现？李令红在会上提出增强“港口核心竞争力”这个概念，营造“五大优势”：深水码头优势、服务优势、机制优势、港口物流优势、人才优势。

李令红特别强调在“二次创业”中要发动职工、依靠职工。职工是“二次创业”的主力军，也是“二次创业”的最终受益者。要立足岗位成才，提倡岗位成才，千方百计引进人才，做到事业留人、制度留人、感情留人、待遇留人。最后，他讲了一句让全局职工听了之后怦然心动的话：在港口发展的同时，要让我们宁波港职工开着小车来上班！这句话，似乎比报告中所有的内容更动听，击中了职工心中的那点柔软处，很快不胫而走，传遍全港。

“二次创业”进军号由此吹响。

进军号吹响后，就要激励三军跃出战壕。

沈保清再次站出来，以港务局党委的名义，召开全局政工会议进行宣传发动。沈保清在会上作了长篇讲话，这篇讲话被与会者评价为“很有水平”。他在讲话中，布置开展“二次创业”主题教育活动，明确要求主题教育活动要为“二次创业”提供思想保证和智力支持。

作为曾经的团市委书记，李令红自然而然地想到，“二次创业”必须发动港口青年人，让他们投入“二次创业”的洪流。如何发动呢？李令红积累了多年青年工作经验，在他手里，不知发动过多少次“战役”，组织过多少拨“千军万马”，可谓驾轻就熟。他把港务局团委书记找来面授机宜。

3月24日下午，一个别开生面的誓师大会在北仑第二集装箱码头举行。会场背景是蓝天、白云、波涛、吊车，会议主席台由4只集装箱搭建而成，台两侧，鱼贯排列着8辆集装箱大型卡车，两幅大红标语，被气球高高地悬挂在会场上空。雄壮的进行曲响起，由码头迅疾地漫向海空，和煦的阳光洒在码头上，也洒进青年人心里。近千名来自各单位、各系统的青年职工列队进入会场，组成强大的青春方阵。瞧！镇海港埠公司青年职工们头戴白色安全帽，身着蓝色工作服，雄赳赳、气昂昂地健步走来。宁波外轮理货公司青年理货员们穿着笔挺的制服，肩披绶带，精神抖擞、靓丽帅气地走进会场。

参加大会的港务局领导向青年们报以热烈的掌声，投去羡慕“嫉妒”的目光。目光的含义，自然是对下一代青春的羡慕和略带点“嫉妒”。年轻真好！青春真美！

列队完毕，音乐暂停。宁波港青年投身“二次创业”誓师大会正式开始。

港务局团员青年作了富有激情的表态。随后，李令红快步走到16支青年突击队前，把一面写着“宁波港‘二次创业’青年突击队”的队旗亲手交给16位队长。当火红的旗帜迎着海风猎猎招展时，全场青年职工欢声雷动，整个码头顿时沸腾起来。那红色的旗帜，分明是海港青年火热的心，分明是老一辈海港人殷切的嘱托。

在翻飞的旗帜下，全场千余名青年职工庄重地举起右手宣誓：坚决拥护局党委的正确决策，积极投身“二次创业”的伟大实践，勤奋学习、忘我工作，团结一致、艰苦创业，开拓进取、勇攀高峰，爱我港口、甘于奉献，为早日建成现代化国际港口而努力奋斗！响亮的誓言、青春的声浪，回荡在港区上空，传向遥远的海际。

看着眼前的场面，李令红恍惚回到了共青团岁月，似乎从人群中找回了年轻时的自己。置身这样的现场，李令红也有点激动，甚至有点亢奋，他不由得提高了几个分贝，面对在场的青年职工，他动情地说，他为宁波港青年敢于争先、敢于拼搏的精神感到自豪、感到高兴。“二次创业”是在过去创业基础上的进一步发展，任务更重、范围更广、意义更为深远。希望宁波港团员青年用火热的青春、辛勤的汗水，创造“二次创业”新的辉煌，谱写“二次创业”新的篇章！

与此同时，宣传教育活动向纵深推进。在局党委统一安排下，党委宣传部、局工会组织“二次创业”大讨论及征文活动，举行“二次创业”演讲比赛，倡导干部职工为“二次创业”贡献金点子。一时间，成百上千篇文章、文学作品飞向港务局办公室。这些文章和作品围绕港口管理、港口生产建设、港口物流与信息化建设等方面，析现状、论短板、提思路、谋良策。譬如，《加快发展集装箱海铁联运》《打造诚信港口》《打造宁波港品牌》《加快信息集成，促进港口发展》《打造数字宁波港》《北仑第二港埠公司煤炭泊位改建成内贸集装箱专用泊位的建议》等，都是极有创见的好建议。港务局将其中63篇征文、70人次“大家谈”、17篇诗文、10篇演讲稿、6个金点子汇编成《宁波港“二次创业”文集》。更有价值的是，这些意见建议，成为后来宁波港领导层决策的先声和参考。

职工群众被充分发动起来，整个宁波港像一列呼啸前行的列车，如鼓满风帆的航船，开始加速。

李令红和班子成员考虑更多的是，群众积极性调动起来后，我们该怎么带领职工前进，该干些什么？

宁波港不缺深水岸线，北仑岸线是全国之最，甚至是世界之最。经过20来年的开发，大多已建成投产，却慢慢显示出不足。

李令红平时十分关心航运界动态。他多次参加国际航运论坛，听过不少领导和专家的预测，船舶大型化将成远洋运输大趋势。当时，已有国际干线开始使用1.8万标箱的巨型货轮。国际航运大鳄马士基，正在设计建造2万标箱的超大型货轮，据说，该超大型货轮2002年开建，2004年即可下水投产。这种超大型货轮，对岸线水深提出新要求：靠泊点水深须至少在负16米以上。而北仑港岸线一般只有负14米左右，无法靠泊那些已来或将来的超级巨轮。缺少深水码头，将成为严重制约宁波港快速发展的短板。

考虑至此，李令红有了忧患意识和紧迫感。既然看到短板，就要尽早补齐它，尽力延长它，努力转化它，使短板变为强项。李令红提出了“适度超前建设”的发展思路，开始寻觅水深达到或超过负16米的岸线。后来成片开发的穿山港区岸线，就这样进入了李令红及港务局领导班子的视野。

李令红彼时对港口快速发展的构想和做法，有点近于“贪婪”：建成投产一个，当下建设一个，手里规划一个，眼睛盯住一个，脑里想着另一个。在李令红14年任期中，经他之手建设、收购、规划的大型泊位竟多达43个。

建设码头泊位，并不像局外人看起来那么轻松简单。国家对码头开发管理特别严格，审批程序相对也多。国家规定，凡2亿元以上码头工程项目，都需国家发改委批准。一般而言，一个普通泊位，少则2亿元，多则10亿元。故几乎所有海港码头泊位工程，均须经国家发改委批准。开发建设一个泊位，短则三五年，长则七八年。再加上彼时航运管理体制改革尚未到位，宁波港身上捆绑着许多条条框框。

码头建设自然必须服从国家建设需要和集中管理，不能由着自己性子来。但如果一味墨守成规，那也不适应国际航运业日新月异的发展需要，会错失发展良机。有关部门要求每个港口建设港区或码头需要整体规划报批；工程项目批文下达之前，不能动工建设。但在实践中，统一规划是可以做到的，但整体建设却比较为难。资金自然是一个原因，谁有那么多钱？还有一个实际难题是，一下子建那么多泊位，货源跟不上，建成的泊位就会“晒太阳”。一个泊位10多亿元，一个码头几十亿元，那是多大的浪费呀。李令红和班子成员是这么认为的，更是这么实际操作的。他们的策略是：整体规划、统一设计、分步实施；化大为小、化整为零、整合而成。就像小朋友搭积木，一层一层地垒，然后变成高楼大厦。譬如，在项目意向同意后，港口就动手前期工程，把土地围填、通港公路等做好，为后续工程创造条件；待项目论证通过后，抢先浇筑码头平面，做好六通一平；等到工程项目批复，他们就开始打桩；最后，有关部门批准开工后，他们就一个泊位、一个泊位接续建设，建成一个，投产一个，然后再开工下一个，形成一个完整的码头体系。

宁波舟山港前期的不少码头，都采用此法建成。

如果用现在的眼光和标尺来对照、衡量彼时的做法，宁波舟山港人自己也承认，或有“违规”之处，但从当时的港口条件、资金实力和发展需要看，却也是没有办法的办法。

为规避风险，李令红给自己和港务局划了两道“红杠杠”：一是，技术质量上不能出任何问题，但凡宁波港工程项目，都交给国家队设计或施工，确保工程设计科学、质量过硬；二是，在廉洁上不能出任何问题，不准请客送礼，施工单位要送礼送物的免谈。李令红知道自己在推进一项略带“风险”的事，后院不能起火，战壕不能被突破。那样，即使在手续上有点不合程序之处，至少能站住脚、不掉队。

反馈回来的信息是：宁波港太抠门。那也就是说，李令红这个人太抠门。

在这个问题上，李令红我行我素，听不进任何人的劝，甚至可以说相当固执。也正是因此，才使宁波舟山港几十年没有被发现行贿受贿案件，避免了码头上马、干部倒下的现象。

不过，李令红这些规矩，却实实在在给申报项目的同志带来了难度和压力。

申报工程项目，必须跑“部”进京。当时，报批中的艰难、曲折、风险、辛苦，非亲历者肯定体验不到，也说不出来。在笔者采访时，当时负责项目报批工作的常务副局长王信念、项目部经理吴金坤，还有业务骨干韩路，就曾向笔者绘声绘色地叙述过他们亲历的小故事。

那年，宁波港申报一个泊位项目，因事先与主管部门汇报沟通不够，审批过程就有点长。但时间不等人呀！负责报批的王信念十分焦急，带上吴金坤和业务员韩路与规划处处长陈贤盛一趟趟往北京跑，跑的次数多了，弄得飞机上的空姐几乎都认识他们了。

审批关节点在一位副司长身上，这位副司长是广东人，性格比较倔。

吴金坤曾向笔者描述过他与那位副司长之间的一段“经典”对话：

“宁波港要建的明明是5万吨级集装箱码头，为啥水工工程要搞到10万吨级？你们花的是国家的钱，毛毛雨啦？”一口粤语，义正词严。

吴金坤嗫嚅着用宁波普通话回应：“阿拉想稍微超前点，为以后的10万吨级货轮留点余地。”

“10万吨级的船在哪里？”

“听说韩国已在制造中。”

“你敢肯定？人家会到你那里去吗？”

“这，这谁能肯定呀？”吴金坤心里打着鼓，但嘴上还在争取，“宁波港水深条件很好，不利用可惜啦。10万吨级与5万吨级水工工程相比，钱差得不多，但以后作用却大不一样啊！”

“那……我们再研究研究吧！”

在这种周旋中，很快进入隆冬。王信念他们再次飞到北京。也许是那位副司长实在感觉不好意思了吧？他勉强答应晚上在家见一见王信念他们。谁知那天晚上部里开会，这位副司长不能准时回家吃饭。王信念想，人家约了不容易，阿拉到人家门口去等吧。于是，王信念和陈贤盛草草吃了点东西垫垫肚，早早候在这位副司长家的楼下。

中央部门司局长的住宅，都极为普通且陈旧，楼梯水泥大多脱落，楼道里黑黝黝的，这位副司长家也不例外。

他们3人在楼道里候着。候着候着，天气忽然变坏，竟然下起大雪来。凛冽的西北风裹挟着雪片，一个劲儿往楼道内灌。“北风那个吹，雪花那个飘”，王信念蓦然记起《白毛女》中这句唱词来。一哼才恍然大悟，南方人其实并不知晓北方风雪的厉害。那种风刀，能刺入骨髓，那种雪花，会无孔不入。惯于南方穿着的他俩，感觉自己在真实的北方风雪中几乎像没穿衣服一般，一会儿就冻得双脚发木、手指僵直。为避免冻伤，两人只得被迫运动，在狭小的楼道间，一边使劲跺着脚，一边小跑着。

也不知过了多久，那位副司长终于开完会回家。走进楼道时，被两个黑咕隆咚、奔走着的身影吓了一跳。待看清是王信念等人时，才知道人家为了等他，竟然在风雪楼道口等候了几个钟头。这个广东人有点感动，便连声抱歉，审批事项办得非常顺利。

这样的遭遇，笔者在采访许多宁波舟山港人时得到印证、补充、重复，充分说明宁波舟山港人的执着、韧性、聪慧、刻苦，其中还包含着宁波舟山港人的一点点小狡黠。

2004年4月8日，宁波港务局改制为宁波港集团公司，与之相应，李令红改任宁波港集团公司总裁。开始时，李令红觉得这个“总裁”的称呼很别扭，有时有人叫他“总裁”，他还一下子反应不过来。

但在开疆拓土方面，李令红反应极快，连连出手。在谋划开发宁波当地岸线的同时，李令红适时提出一个口号：跳出宁波港，发展宁波港！他和同事们的目光开始跳出原有区域，向四周打量。蓦然发现，有不少货源和港口等待着宁波－舟山港。

第一个进入李令红视野的是嘉兴乍浦港。

乍浦港地理位置优越，自然条件良好，自不必说，否则也不会成为孙中山先生擘画“东方大港”港址的首选。但彼时的乍浦港，被人几番转手倒卖，投资商志不在航运，只想维持现状而已，故仍然亏损，全年集装箱量仅为3万标箱。曾有大港口用3年时间，与其洽谈合作事宜，但最后无果而终，不了了之。

慧眼独具、思路独特的李令红却敏锐地意识到乍浦港的美好前景，为宁波－舟山港捕捉到一个千载难逢的机遇。

看准了，该出手时就出手。他面对前来洽谈的乍浦港投资商，志在必得，颇显魄力和气度，提出分两步走。第一步，宁波港收购其75%股份，实现控股经营；第二步，再考虑全资收购。然后，他转而对地方领导表态，码头现有员工全部留用，一个不开。宁波港集团计划在3年内，向乍浦港投入10个亿，购买2000亩港口用地，确保集装箱量3年翻三番。

这样的买卖，这样的诚意，这样的气度，对方还有什么可说的呢？两个月下来，拍板成交！

2005年，宁波港集团一举收购嘉兴港乍浦码头，将腹地拓展至浙江北部地区。

之后，连下数城。2007年，宁波－舟山港收购温州龙湾码头，之后再入股温州七里码头。

到2008年底，李令红于2003年初提出的“二次创业”7年目标，提前两年实现。全港货物吞吐量达到5.2亿吨，集装箱吞吐量超过1000万标箱。

又过一年，2009年，在经历全球金融风暴之后，宁波－舟山港货物吞吐量达到5.77亿吨，傲然坐上世界第一大海港的宝座！

职工们都惊叹李令红的预测能力。李令红自己也感觉有点不可思议，那些在2003年初看来还有点遥不可及，甚至有点不可想象的目标，真的实现了吗？他掐掐自己的腿，痛的；捏捏自己的手指，酸的。这么说，不是在梦里，而是在现实中，这些目标真的实现了！

踌躇满志的李令红，开始按照他的既定方针，开始第二个7年规划，由大港向强港迈进。

关于李令红带领宁波－舟山港奋力建设强港的故事，笔者在后面还会频频涉及，此处暂且打住。

矗立世界一流强港的新标杆

毛剑宏在宁波舟山港的出场和亮相非常特别，有点类似于电影中的一组镜头。

在笔者看来，仿佛有位匠心独具的电影导演，采用独特的蒙太奇手法，推出电影主角。先是给毛剑宏以远景，然后，慢慢由远及近，摇近画面。此时，观众尚处于观察期，导演突然给毛剑宏一个大大的特写镜头，把他的五官轮廓、眉毛胡子，乃至皮肤毛孔，全部清晰地呈现在观众面前。

看上去颇具艺术构思的画面，其实完全顺其自然，是事物发展内在规律的推力所致。

毛剑宏第一次在宁波舟山港登台亮相，是2015年9月29日，港口人简称为“9·29”。那天，宁波舟山港集团揭牌仪式在宁波环球航运广场隆重举行，标志着宁波舟山港一体化迈出了实质性步伐。所谓十年磨一剑，今日终出鞘。省委、市委和海港委主要领导悉数出席。那个时刻，毛剑宏以浙江省海港集团党委书记、董事长身份，站在主席台上一个不太引人注目的位置。彼时，他心里还在想，自己只是宁波舟山港的一个配角。虽然，浙江省海港集团与宁波舟山港集团名义上是上下级关系，但两家集团上面毕竟还有省海港委，他的主要职责是管理好海港集团。因而，他一心一意地在海港集团所在地舟山安营扎寨，按照省里的决策和指示精神，着手谋划海港集团的发展。

但，角色转换之快实在出乎毛剑宏预料。

2016年11月24日，那天恰是西方人所谓的感恩节。小雪节气刚过，宁波初冬天气并不寒冷。宁波舟山港发展史上又一个标志性节点呈现：省委根据浙江海港运行的实际情况，决定进一步理顺海港管理体制和运行机制，省海港集团与宁波舟山港集团深化整合。

也有海港人干脆称之为合并。一夜之间，毛剑宏成了宁波舟山港的掌门人。

是呀，毛剑宏在海港集团工作时也有感觉。宁波舟山港实在太大了，大到占了海港集团百分之八九十的份额。海港集团领导宁波舟山港，有点小马拉大车根本拉不动的感觉。现在合并了好，用大马拉大车，车和马就可同步前行咯！

起始，宁波舟山港人以温和的态度，审视着这位新来的集团党委书记、董事长。人们彬彬有礼、恭恭敬敬、客客气气地对待他。当然，也有个别老熟人跟毛剑宏开玩笑逗乐子。毛董啊毛董，早知你今天要来宁波舟山港当家，当年我们向北仑电厂要堆场时，你应该更大方一些，给得更多一些呀！

毛剑宏自然记得，他在北仑电厂当厂长时，北仑港三期工程集装箱码头要扩大堆场，自身空间不够，于是他们找上门来，求助于接壤的北仑电厂，请时任厂长毛剑宏帮忙，让出电厂废置的一部分灰库，用作集装箱码头堆场。作为置换，北仑港区在附近找了块空地给北仑电厂。毛剑宏答应了，并让出了一部分灰库。据说，“这帮家伙”（毛剑宏喜欢用这个亲昵的称呼来指代他们）还为此搞了一个工艺创新，叫什么“高真空击密法”，获得了交通部港口协会二等奖。“这帮家伙”居然还记旧账呀，记就记吧！还好，当时自己的态度和局气都还过得去，现在，可以毫无愧色地面对“江东父老”。否则，“这帮家伙”还真有的说呢！

对宁波，对企业，毛剑宏是熟悉的。他出生在宁波，1984年从浙大机电系热力学专业毕业，到杭州半山电厂见习。半年后，他被抽调到北仑港发电厂工程建设公司，跟着大家一起筹建北仑发电厂，从技术员起步，慢慢做到工程师、项目副经理。一期工程完成后，接着做二期。2000年，他被任命为北仑电厂总经理，后任省能源集团副总，2015年出任省建设投资集团董事长。毛剑宏的职业生涯，主要是与发电厂打交道。

到海港集团工作，后来再与宁波舟山港集团合并，毛剑宏没有什么思想准备。

2015年8月7日上午，毛剑宏跟平常一样，在浙江建设投资集团办公楼上班，突然接到电话，说省委领导要找他谈话。谈什么话？毛剑宏有点蒙。等他急匆匆赶到省政府3号楼会议室时，才发现找他谈话的省委领导有2人。领导没有拐弯抹角，没有过渡铺垫，意见很直接很明确：省委决定你去即将筹建成立的浙江省海港集团工作，担任党委书记、董事长，同时兼任省海港委委员。下午就找人交接，明天开始工作！

就这样？对！就这样！

还没等毛剑宏反应过来，谈话就结束了。当然，3天之后，还有一次集体谈话，那时省委领导提出要求、明确任务，以及去哪里、要不要去等等。

现在干部调整可真干脆呀！嘁里咔嚓，毫不含糊。

壮年归来，初心犹在。当然，眼下的毛剑宏，早已不是那位在江北码头上翘首等待上船的少年了。

身入港口后，毛剑宏真心感觉到，自己对港口操作业务和港口管理不熟。虽然，北仑电厂紧靠着港口，电厂自己也有业主码头，但毕竟不是电厂的主业，他对港口也就止于一般了解。闲暇时间，或者心情大好时，他也会与同事们一起走近港口，远眺那些设备，或者即兴拍几张照片，仅此而已。俗话说，隔行如隔山，现在要直接管理港口，就必须像一位跳水运动员那样，跳进水池中，做一个泳者，甚至是一个潜泳者，而不是做个站在岸上观看游泳比赛的观众。

有一点，毛剑宏是明确而坚定的。他深深感到，习总书记具有宽广的国际视野，高瞻远瞩，提出浙江海港发展的战略理念，擘画宏伟蓝图，立足全球、服务全球。总书记对宁波舟山港充满感情，为宁波舟山港发展倾注了大量心血，甚至具体踏勘港址、泊位。浙江省委、省政府据此几次决策，提出一系列指导意见，设计体制机制，确定重大方针政策，还抽调自己来主管主抓具体工作。因而，毛剑宏一再提醒和告诫自己，他到港口工作，第一位的，也是最重要的，就是贯彻落实总书记关于海洋经济和港口发展战略，贯彻落实省委、省政府关于浙江海洋港口发展的目标任务和举措。总书记怎么擘画的，他就怎么去做；省委怎么要求的，他就怎么去落实。他要组织带领集团领导班子，尽早把总书记亲自擘画、设计、推动的宁波舟山港一体化战略变为现实图景。对此，他有一种紧迫感，更有一种无形压力。不过，毛剑宏不惧压力，喜欢挑战。“一个人一辈子不可能没有压力，不可能不遇到挑战。”他说。

从哪里起步抓呢？大政方针是明确的，但大政方针毕竟不同于具体步骤。更何况，这是一场涉及全省港口体制机制的重大改革，需要创新，需要探索。

多年基层工作的经验告诉毛剑宏，答案在基层，在实践中。

一段时间内，毛剑宏在做好日常事务的同时，开展密集调研。他那胖瘦适中、敏捷精干的身影，先后出现在北仑港区、甬舟公司、舟港公司、镇海港埠公司、宁波外轮理货公司、宁波远洋运输公司、穿山港区、梅山港区、宁波中宅码头、宁波实华码头、义乌港、嘉兴港、太仓万方港、易港通公司……听建议，开良方，振士气。

与众不同的是，毛剑宏的调研有自己风格。这风格，是他长期在企业工作中形成的。他不喜欢别人长篇大论，说得天花乱坠。他喜欢别人讲话简短，说实话、说真话，一是一、二是二。他自己首先做到直截了当、简明扼要。在他的位置上，他自然要讲一些“普通话”，但更多的是讲“宁波闲话”：宁波舟山港的实际状况，干部职工心里的所思所想，我们必须做的和能够做的。

在调研中，毛剑宏特别注重各个单位的职责与功能定位。你这个单位，在宁波舟山港中处于什么位置？与国内外先进港口单位相比，你的优势是什么，短板在哪里？在毛剑宏看来，企业领导，在某种程度上就像一位演员，首先要明确自己在戏剧行当中的剧种和角色定位。京越绍婺甬剧，生旦净末丑角，生角还有老生、小生、武生、红生、娃娃生等，不同的角色有不同的扮相，有不同的表演，那整台戏文才好看。即使你唱余姚滩簧，也得有模有样、声情并茂才行。

一个个单位调研，一个个部门走访。毛剑宏很快进入角色，融入集体。

过了一段时间，细心的港口人发现，这位新来的毛董，对宁波舟山港的底细、对港口业务的熟稔程度，已像个资深海港人。譬如，港口财务，是个庞大而复杂的系统。毛剑宏并没有学过财务会计，但他对财务账目的把握，从他嘴里蹦出来的财务专业术语，每每令财会专业人员惊愕。接触过毛剑宏的人感觉，毛董的知识面很广，天文地理、历史掌故、名人轶事，都能说得头头是道、有理有据，让人不由得不信服。由此，人们也愿意与他谈工作、讲“闲话”。

其间，毛剑宏抽出一天时间，专程赴余姚市河姆渡遗址博物馆、句章古港遗存、三江口旧港址凭吊和考察，来了次“寻根之旅”。仿照哲人先贤，回答今日宁波舟山港从哪里来、又准备到哪里去的亘古之问。

那是一个晴朗的秋日。河姆渡遗址博物馆的白墙红瓦在秋阳下分外醒目耀眼。湛蓝的天空仿若海洋，天空中飘着的云彩就像翻卷的雪白浪花，博物馆造型酷似一艘昂首行驶的巨轮……在毛剑宏眼里、心里，世界上万事万物都与海、船、吊联系在一起，这已成为他思考、联想世界的一种思维方式，成为他观照世界的一种参照。这大概就是人们形容的职业病，或叫入迷吧？

毛剑宏专心致志地听着讲解，并用自己的知识储备补充和拓展着。

在博物馆那几把木桨前，毛剑宏像遇见了熟悉的前辈，久久伫立、凝视、沉默。那几支木桨，长短不等，尖头狭身，单面平刃，呈炭褐色。看那色泽，似乎7000余年的历史全都浓缩在它们身上。有桨必有船，有船必因航。7000余年前逐水而居的祖先们，已能熟练制造水上运输工具，开始对自然界探索的一次次航行。站在玻璃展柜前，毛剑宏恍惚间觉得，崇山峻岭之间，碧波粼粼之上，一拨拨古人乘坐着简陋的舟船，划着木桨，喊着号子，向自己驶来。不，向宁波舟山港驶来，然后，向大海深处驶去。

来到句章古港遗存处，只见南岸青山、北岸新村，中间姚江汩汩，一片祥和安谧的气氛。只有今人铺设的一个石埠头，能让人把此处与古港口联系起来。一位专门研究古港历史的许博士，站在岸边，给毛剑宏作了些介绍。古时句章港是个军港，距河姆渡遗址并不远。透过历史烟云，似可看见那兵舟相连、军旗猎猎的场景。

中午时分，毛剑宏来到宁波三江口，站在昔日外马路54号至59号地段。宁波舟山港的前身——上海航运局宁波办事处和上海招商局宁波分公司旧时就坐落在这一带。

老建筑早已荡然无存，在原址上兴建的甬江大桥，如气势非凡的霓虹，横卧在甬江上。两岸江堤已全部改建，被坚固的块石垒砌成平台，供游人观赏休憩。略显浑浊的江水，打着旋涡，急匆匆地流过旧址门口，奔向东海，似乎把历史上的一切也同时带走。唯有留恋的浪花，轻轻簇拥着石岸，仿佛在叙说三江口老码头昔日的故事。

在这里，毛剑宏找了一些“老码头”，与他们用宁波方言聊老宁波、老码头，话题甚为投缘。三江口是宁波港的发源地，自唐贞观时期始，历经宋元明清风风雨雨、兴衰起伏，见证了宁波港千年历史。唐代东瀛遣唐使登岸明州、南宋明州港商贾云集的景象、元代庆元港驶向日本的孤帆远影、明代宁波港一带的倭寇侵扰、清朝“片木不准下海”的海禁，还有20世纪三四十年代日寇铁蹄蹂躏港口、国民党军败退舟山后的狂轰滥炸……犹如一部超长的旧电影，在毛剑宏脑海中一幕一幕闪过。从句章港迁移到内河港三江口，用了1200年；从三江口迁移到河口港镇海港区，又花去1200年；而从镇海港区跃升到北仑港区，只用了不到5年时间。尔后，再飞跃到穿山、梅山、鼠浪湖，间隔时间越来越短，迁移速度越来越快。港口对大海的依赖越来越大、越来越深。大海啊大海，你是港口的故乡！

当然，毛剑宏不是抒情诗人，他也不太浪漫，不会像“远岛”诗人一样，只要站在这种位置，肯定抚今追昔，发思古之幽情。古时繁盛已逝，昔日屈辱犹存，今朝重任在肩。他毛剑宏要思考的和要着手做的工作，实在太多太多。犹如演戏幕间可有暂休，但不能太久。天地转、光阴迫，一万年太久，只争朝夕！

在宁波舟山港两港整合、统一运营的基础上，快马加鞭不下鞍。毛剑宏催着甚至是逼着有关部门有关人员相继完成了对温州港、嘉兴港、台州港和义乌国际陆港的港口资产整合，初步形成全省海港“一体两翼多联格局”，实现经营一体化。

两港合并、两集团整合，难点是机构，焦点是人事。毛剑宏和集团党委领导班子高度重视、通盘考虑、充分酝酿、慎重决策，切实加强党的领导。他们考虑了推进浙江海港一体化发展的现实需要，考虑了两个集团的历史背景，更考虑了干部职工队伍的现状和切身利益，使集团总部成为决策中心、资源配置中心、投融资中心、风险控制中心，使股份公司成为港口运营和利润中心。集团党委还就机构整合和干部配备确定了一个大原则：服从大局、确保稳定，坚决贯彻省委、省政府战略决策；尊重历史，平稳过渡，确保各项管理工作实现顺利平稳交接；按需配置，优化结构，确保集团总部人员配置精简高效，股份公司管理力量不削弱，确保平稳运行。

目标确立后，集团组织人事部门快速行动。

时间的指针转到2017年1月24日，猴年除夕前夜。浙江省委、省政府宣布浙江省海港集团与宁波舟山港集团整合两个月之后，浙江省海港集团与宁波舟山港集团总部整合融合工作告一段落。干部大会又一次在宁波环球航运广场会议厅召开。会上宣布，两个集团“两块牌子、一个班子、一套机构”的既定目标顺利过渡，圆满完成。

瓜熟蒂落、水到渠成。毛剑宏接手后着重抓的一件大事，至此尘埃落定，被中国航运界誉为打造了全国港口改革的浙江样板。

宁波舟山港的改革举措，引起中央最高层的关注。有消息传来，2017年3月24日上午，在中央全面深化改革领导小组第三十三次会议上，浙江海洋港口一体化经验被作为“坚决啃掉最硬骨头”的典型案例。

听到这个消息，毛剑宏自然也高兴了一下。能得到党中央肯定，总是一件高兴的事。不过，毛剑宏由衷认为，这是浙江省委、省政府正确决策和科学布局的结果，是省委、省政府领导带着大家啃下了这块硬骨头，而他毛剑宏仅仅是执行者中的一员。

2017年7月11日，烈日炎炎，热浪滚滚。由浙江省海港集团、宁波舟山港招商局港口公司、鹿特丹港务局、新加坡海事及港务局等承办的第三届海丝港口国际合作论坛在宁波举行。

众所周知，7月11日，是中国著名航海家郑和下西洋的首航日，现在定为中国航海日。中国航海人在此日设立全国性航海论坛，以志纪念。海丝港口国际合作论坛是其重要组成部分。本届论坛吸引了海丝之路沿线31个国家和地区、近140家单位的港航、物流界大咖参加，到会外籍嘉宾超过180名，还有13国驻沪总领馆派员出席，可谓群贤毕至、高朋满座。

八面来风、四海翻腾。环球航运广场内似乎弥漫着太平洋、地中海、马六甲海峡的气息。港容天下、港通天下，这是一场大视野大格局下的思想盛宴。毛剑宏非常重视两港整合后第一次举办的海丝论坛，把它视作宁波舟山港走向世界的窗口和推介自己的良机。

时任集团总经理蔡申康主持开幕仪式。他面露喜色地向与会者介绍来自海丝之路沿线31个国家和地区港航界、物流界的嘉宾。

那天，毛剑宏西装革履，特意选了一条蓝色领带，步子轻捷，走向演讲台，围绕“共议市场新变化、共谋港口新发展”的主题，作了精彩演讲。他向与会嘉宾简要介绍了浙江港口一体化的情况和经验，指出浙江省港口一体化是深度融入中国对外开放新格局的战略选择，是充分利用自然条件、发挥组合优势、对接国家战略的创新举措，是积极应对港航业发展新趋势的主动选择。毛剑宏情理交融的演讲，引发论坛与会者热烈反响。演讲后，毛剑宏坐下来，静静地倾听来自马士基航运公司、汉堡港、迪拜港、阿尔赫西拉斯港等外籍嘉宾的演讲，在心中思忖对比各自的优势特长与短板弱项，寻觅合作共赢的交汇点。

论坛结束不久，交通运输部专门派员到浙江考察总结，并于2017年8月17日向全国18个拥有港口资源的省区市交通运输部门发出《交通运输部关于学习借鉴浙江经验推进区域港口一体化改革的通知》，推介浙江港口一体化的经验和做法。通知充分肯定，在浙江省委、省政府高度重视和战略谋划下，全省港口一体化改革取得显著成效，优化了全省港口的定位分工，构建了协同发展格局，宁波舟山港的龙头带动作用进一步显现，有力促进了市场竞争有序化和港口服务现代化。

交通运输部文件下发后，全国港口行业代表蜂拥而至，参观、学习、考察、访问、取经、传授，远道而来的人们向宁波舟山港表示了祝贺、敬意和真诚，省域港口一体化在全国逐步推开，宁波舟山港被浙江省委誉为新时代浙江7张“金名片”之一。

毛剑宏却沉浸在焦虑之中，甚至有点忧心忡忡。

他到海港集团工作已近两年，兼任宁波舟山港一把手也过去了一年，经过调研、试验，一些问题已经明朗，基本思路也开始形成。宁波舟山港大是大矣，但与世界一流港口相比显然还不够强。在港口历任领导努力下，宁波舟山港第一次、第二次创业都很成功，也打下了良好基础。但，逆水行舟，不进则退，小进也是退！他们这任领导，应该带领大家进行第三次创业。对！就叫“强港兴业”。应当拿出一个“强港兴业”的东西来！当行政主官的，叫“施政纲领”。我们是企业，当然不是什么“施政”，但可以有个像模像样的规划，告诉浙江海港人，我们下一步要干什么；同时要告诉中国航运界乃至全球航运界，浙江省海港集团和宁波舟山港将打造一个什么样的港口。

想到这些，毛剑宏让人找了全球最大的战略管理咨询公司——罗兰·贝格国际管理咨询公司，帮助集团作咨询策划，并让集团“战法部”全力协助。

在组建集团内设机构时，毛剑宏考虑到企业长远战略研究的重要性，认为应有专门机构和专职人员来研究企业的长远发展问题。不过，内设机构不宜过多，就把战略研究、法律事务、审计稽查等职能合在一起，组建战略和法律、审计部，简称“战法部”。不了解内情的人，猛一听这个名字，还以为到了军队指挥部呢。

在集团“战法部”协助下，罗兰·贝格国际管理咨询公司的咨询工作进展顺利。

不久，一位擅长战略研究的“高人”潘锡忠，被毛剑宏从省海港委请到集团担任战法部主任。潘锡忠曾长期在省政府机关工作，视野开阔、思维敏捷，写得一手好文章。潘锡忠的加盟，使咨询研究工作如虎添翼，规划研究撰写工作加速推进。

2018年12月26日，海港集团正式推出《中远期“强港兴业”战略规划纲要》。

纲要分析了国内外宏观背景，预测了航运业发展趋势，解剖了海港集团自身，提出总体发展战略、未来发展愿景，确定“强港兴业”战略的总体目标、板块目标、主要任务，构建“强港兴业”战略的支撑保障体系，尤其是颇有创意地提出强化党建引领、打造“海港铁军”、建立风险管控网络体系等。这份纲要涂抹上了浙江省海港集团的鲜艳色彩，融进了毛剑宏对浙江海港发展战略的独特思考，也算是毛剑宏交出的第一份答卷。

纲要经过集团党委、董事会反复讨论，顺利获得通过。印发后，受到广泛欢迎和认真落实。

地球转到了一个特殊的日子：2020年3月29日下午3时。

在蒙蒙春雨中，习近平总书记考察宁波舟山港。

瞬间，仿佛有一种新的东西注入了毛剑宏的身心似的。优异，硬核，强港……

是啊，聆听了总书记重要指示，毛剑宏辗转反侧，夜不能寐。他体认到，在国家经济版图中，地处南北和东西航道交汇点的宁波舟山港，共建“一带一路”、长江经济带发展、长三角一体化发展等国家战略在此汇聚，地位举足轻重。自己以往的站位还不够高，视野还不够广，工作力度还不够大，今后，要按照总书记的要求，带领浙江海港全体员工，坚决扛起推动全省海洋港口一体化的重大政治责任，握指成拳，服务国家战略，努力打造世界一流强港新标杆。

世界一流强港新标杆？高度是什么？标尺在哪里？毛剑宏决定在集团第一次党代会上回答这个问题。

毛剑宏再次把潘锡忠找到自己办公室，指定由他牵头负责研究《宁波舟山港世界一流强港建设方案》。毛剑宏告诉潘锡忠，要紧紧围绕“一流设施、一流技术、一流管理、一流服务”的目标，以全球化视野、系统性思维，对标不同维度的“一流港口”权威指标评价体系，从概念和数据上弄清世界一流强港的标尺，逐个厘清差距。然后，再将每一项指标做到极致，做成世界领先。

潘锡忠“愉快”地接受了这个特殊课题。当然，这个“愉快”带着引号。潘锡忠一听这个题目，就有点头大。但不愉快，又能怎么着？董事长毛剑宏交代的任务，你还想不干？更何况，从某种角度讲，毛剑宏对潘锡忠说不上是“三顾茅庐”，但潘锡忠却真心认为有知音之感呢。

潘锡忠二话没说，回到部门，组成一个小班子，马上着手开展研究。

毛剑宏时不时还要提醒几句，逼得潘锡忠和同事们只好天天在集团职工食堂吃晚饭，吃完后，筷子一扔，秉烛夜战。后来笔者采访时，潘锡忠坦言那段时间忙得焦头烂额，真的是“5+2”“白+黑”，根本没有周末概念，也没有上下班一说。

似乎是为潘锡忠他们的研究背书，4月23日，浙江省委决定调整充实浙江省海港集团、宁波舟山港集团领导班子。陶成波被提任为集团总经理。陶成波曾长期在政府和事业单位工作，同时十分熟悉企业管理和信息工作，性格稳重，敢于负责，形象儒雅，颇有高级知识分子风度。省委又从杭钢集团调来年富力强、成熟随和的章建成担任集团党委专职副书记，并明确章建成一段时期内侧重抓集团党代会筹备工作，重点是大会报告和领导班子。

集团领导班子经此调整，显得更为团结和谐、充满活力，为集团对表对标提供了组织保证。同时，具有丰富经验和不同视角的陶成波、章建成等人的加盟，使研究课题不断得以拓展和深化。

潘锡忠根据毛剑宏的“严苛”要求，收集研究了上海国际航运研究中心和宁波大学的研究指标，国家九部委制定的世界一流港口指标体系，波罗的海航运交易所的新华·波罗的海国际航运中心发展指数指标体系，还有交通运输部水运科学研究院和中国经济信息社联合发布的中国港口高质量发展评价指标体系，世界银行营商环境评价之跨境贸易指标体系……可以说，但凡能找到的、国内外航运界公认权威的指标，潘锡忠都把它们一一找了出来！

然后，一次次赴北京、上海、杭州等地，听取专家和领导部门意见，交流、交换，融合、汇总。研究课题逐渐成形，一项项研究结果先后亮相。

这样的对表对标，指向十分明显。毛剑宏觉得自己仿佛带着一大堆高矮不等、胖瘦不匀的体操运动员，进入世界体操强队行列进行PK。

研究报告从四大方面、28个子项的分析中，告诉浙江海港人：在全球21个最具代表性的港口中，宁波舟山港的港口货物加权吞吐量名列世界港口第一；港口能力与功能适应性，位列世界港口第二；港口作业效率、服务在线化和港口岸线利用率三个方面，居世界港口第三位；航线覆盖度，则为世界港口第四位；国际影响力排在世界港口第五位。新华·波罗的海国际航运中心发展指数显示，宁波舟山港综合排名第十一位，还有16项重要指标，譬如航运服务、金融服务、开发建设等，宁波舟山港处于世界港口排序的10名以外，有的甚至被挤到20多位、30多位。

这，是事实，也是现实，是宁波舟山港人不得不承认的现实，也是毛剑宏和他的同事们不得不面对的现实。大有极限，强无止境。“莫斯科不相信眼泪”，海洋更不相信眼泪，只相信码头和巨轮！

差距明晰了，标杆也就竖立起来了。经过反复论证、测算、推演，方案最终提出了宁波舟山港建成世界一流强港的时间、目标：形成年吞吐能力为5000万标箱的集装箱码头群，构筑国际中转集拼枢纽和内贸枢纽，创新建设世界一流智慧港、绿色港、平安港，打造宁波舟山港2.0版，创造一流营商环境，加快发展航运服务业务，推动港产城融合发展，打造“一带一路”、长江经济带建设和长三角一体化发展国家战略的强大“硬核”。

为达到上述战略目标，研究报告提出了32项政策清单，列出了87个项目清单。其中，有些需要政府层面来实施或协调。这不难理解，政府毕竟是政府，企业毕竟是企业。这里用得上宁波舟山港前总裁李令红挂在嘴边的一句“名言”：政府再小，也是政府；企业再大，还是企业。当人们环视发现周边一些超大企业不服政府监管导致屡屡受挫时，才知道李令红、毛剑宏他们的认识是理性的、到位的，符合中国国情。

有了上述研究工作铺垫，集团第一次党代会报告就有了筋骨，也有了血肉。毛剑宏、章建成让办公室副主任周波把集团的骨干们请到一起，开了一个务虚会，将上述研究成果和他本人的思考一五一十地作了阐述。然后，让那些骨干们谋篇布局、剪裁勾勒，遣词造句、妙笔生花。经集团党委会几次讨论、补充、修改、润色，最终，报告定稿。

与此同步，章建成贯彻省委和集团党委要求，把主要精力放在抓好首次党代会筹备工作上。在集团党委统一领导下，党代会筹备领导小组严格把关、严肃纪律、认真履职、充分发扬民主，使党代表选举及党委委员候选人产生过程成为集团统一思想、提高认识、凝聚人心、形成合力的过程。按照民主集中制、“三上三下”原则，一个德才兼备、团结和谐、群众公认度高、符合上级党委要求的党委委员候选人方案很快成型。

2020年6月29日，集团第一次党代会在宁波环球航运广场46层会议厅举行。

会场布置庄重而简朴。主席台正中悬挂的金色党徽熠熠生辉，两侧排开的10面红旗鲜艳似火。会议厅呈狭长形，空间不大，有点像航行在大海上的船舱。

夏雨初止，阳光从云层中透射出若干亮色，给不大的会议室涂抹上一道道金色。风，暖暖的，软软的，似乎在为具有特殊意义的集团首次党代会营造一种自然而和谐的空间。

198名党代表大多是中青年。他们脸上绽开着笑，胸前佩戴着鲜红的党徽，充满自信和朝气。这是一支年轻的却是久经考验的队伍。第一代奠基者、第二代创业者、第三代探索者大多已退出了历史舞台，会议特邀了25位老同志作为历史见证者参加。

上级领导部门对集团第一次党代会极为重视。省委组织部、省国资委、省交通运输厅、省属企业团工委有关领导莅临指导，并致辞祝贺。

大会由章建成主持，陶成波致辞。

掌声中，毛剑宏走向讲坛，向党代会报告工作。

这天，毛剑宏穿着雪白的短袖衬衫，胸前垂挂着一条鲜红的飘带，声音洪亮而自信。

报告全面回顾浙江省海港集团应运而生，一路走来的历程。一幅幅难忘的画面、一组组清晰的数据在人们脑海中浮现出来。

“一体化以来，我们的变革是开创性的，我们的发展是多层次的，我们的成就是全方位的。成绩来之不易，奋斗饱含艰辛，前途仍有风险。”

毛剑宏说到这里，声调显得有点高亢激越。

会议厅内响起一阵掌声，海港人产生了共鸣。

“新时代赋予新使命。在更高起点上定位浙江海港，在更广坐标中定位浙江海港，在更大变局中定位浙江海港，力争把各项工作都做到极致，做成世界领先，竖立起世界一流强港建设新标杆！”

一个港口发展的愿景目标凸显出来，犹如一个个蓝海中的岛屿，出现在党代表们面前。代表们放飞着自己的想象，感觉自己站在时代的制高点，俯瞰着五洲四海，心中燃烧起奋斗激情，一双双眼睛瞬间显得分外明亮。

党代会报告获得齐声赞誉，大会选出的领导班子精神抖擞，和谐亮相。第一次党代会圆满成功，毛剑宏，这位浙江省海港集团的掌门人，获得海港集团干部职工广泛认可。

这，大概可以算是毛剑宏上任以来交出的第二份书面答卷。

第三章

从无到有，到全球第三

窗含西岭千秋雪，门泊东吴万里船。

——杜甫

起步时的艰辛与尴尬

在全球航运界，有一个认同度极高的说法：港口大不大，就看吞吐量；港口强不强，要看集装箱。

集装箱多寡，在一定程度上决定一个港口的地位和知名度。当然，集装箱数字里还蕴藏着真金白银。

史载，1956年4月26日，美国泛大西洋汽船公司用一架起重机，把58个铝制长车车厢装到一艘停泊在港内的老油轮“马科斯顿”号上。5天以后，这艘老油轮驶入休斯敦港，然后，58辆卡车装上这些金属货柜拉往目的地。一场集装箱革命就这样悄悄开启。

毫不起眼的集装箱，极大地降低了货物运输成本，实现了货物运输标准化。一只长方形柜子，一般以20英尺作为标准计算，称为标准箱。一只40英尺集装箱，可放进3000套西装，或者200台50英寸平板电视机。人们以集装箱为基础，逐步建立起全球范围内船舶、港口、航线、公路、铁路、中转站、桥梁、隧道等多式联运相配套的物流系统，世界经济形态因而改变。

《经济学家》杂志曾给予高度肯定：“没有集装箱，就没有全球化。”

早在20世纪80年代，美国港口专家艾里斯就预言，今后，沿海港口是集装箱的时代，集装箱是财富象征。

美国作家马克·莱克森曾撰写过一部专著《集装箱改变世界》，系统阐述了集装箱的价值与作用。在马克·莱克森看来，经济全球化的基础是现代运输体系，而一个高度自动化、低成本和低复杂性的货物运输系统的核心就是集装箱。他还举例说，一些几个世纪以来一直是海上贸易中心的城市，比如纽约和利物浦，只能眼睁睁地看着它们的码头区以惊人的速度衰落，而像釜山和西雅图等一些过去昏昏欲睡的港口，现在已进入世界大港的前列。

宁波、舟山港出生时，以装卸散杂货为主业。有人开玩笑说，宁波、舟山港婴幼儿时期的镇海港、北仑港、老塘山港等，都是流大汗、出苦力、赚小钱的，与现代化的赚钱的集装箱行业基本无缘。

等宁波、舟山港人意识到集装箱重要性时，已是20世纪80年代中期。那时，第一名鹿特丹港年集装箱量是258万标箱，纽约—新泽西州港年集装箱量为228万标箱，香港港年集装箱量是216万标箱，新加坡港年集装箱量是169万标箱，台湾地区高雄港年集装箱量是147万标箱，近邻上海港年集装箱量刚突破10万标箱。

此时，宁波、舟山港年集装箱量为零，也就是什么都没有，一张白纸。

国际航运界似乎都以集装箱论英雄、排座次。

宁波港人偶尔到国外访问，业界同行问：你们是哪里的？宁波港人回答：我们是宁波港的。又问：宁波港在哪里呀？宁波港人回答：在宁波呀！宁波港在上海港附近，距离上海港300多公里。同行回答：那么远呀？！

原宁波港务局副书记陈启宏在接受采访时回忆说，他曾带队去巴塞罗那港口访问，住在学校集体宿舍，条件极差，且两人一间。与他搭伴睡的同事大打呼噜，他睡不着，提出能否找个单间，人家理也不理。到新加坡港口参观，本想了解一下他们的港口管理体制，谁曾想，连个港口管理人员也不露面，只好自己看现场，自己领悟。

在国内航运界，状况也好不到哪里去。业界同行一开口就是“广（州）大（连）上（海）青（岛）天（津）”，哪有你宁波港什么份呀？据说，温州港牵头搞了一个全国港口联盟，其中居然没有宁波港。今天，温州港老总杨育孜说起此事，还一脸愧色，居然一不小心遗漏了宁波港。

彼时，港口属于交通部统管。宁波港人到交通部开会，总觉得自己底气不足。选择会场座位时，自觉不自觉地躲在角落边，尽量避开部领导和同行的目光。

宁波港集装箱运输，就在这样的基础和氛围中起步。

说起如何破题开局，笔者听到了多种版本的故事。

最稀奇的说法是，镇海港区有个招宝山招待所，当时属于附近最好的住处。招待所小卖部有位女服务员，某天清晨正在值班，突然踱来一位大腹便便的香港老板，询问她：北仑港有没有集装箱？这位女服务员哪知道什么集装箱、分装箱呀？便有点云里雾里。那位港商本来就不会说普通话，再一急，更是费劲，连说带比画，解释了半天，什么货柜啦，铁皮箱啦，车厢啦。这位女服务员总算听懂了是个类似大铁柜般的东西，她说从来没有见过这个东西。但这位热心的女服务员从此留了个心眼，但凡见到来招待所就餐的“大领导”，她每每会提及这个大铁柜。据说，后来“大领导”听进去了，才决定发展集装箱运输。

这个故事，属于坊间传闻，自然当不得真。

在镇海港区采访时，笔者听一些老职工讲过最初装运集装箱的事。那是1984年初，港区领导说要他们试着吊装一下集装箱。也不知谁从哪个单位弄来2个空货柜，职工们七手八脚进行吊装。没有吊装集装箱的机械，大家也都没干过这活，根本不知道怎么把这两个大铁皮家伙弄到货轮上去。试了几次，都没成功。后来，有人建议用钢丝绳索把货柜四角缠住，然后将4根钢丝打成结，再用普通吊车起吊。中间，还靠“人海战术”，杠棒、撬杆，甚至肩背、双手抬，好不容易才把这两个铁家伙弄到船上。等到第一次起吊10个集装箱时，他们向中远公司借了吊车，费了九牛二虎之力，每只集装箱平均花45分钟，用了差不多一个工班时间，才把10只集装箱装上轮船，弄得人人大汗淋漓。

这个故事的讲述者，是亲历者，好像比较可信。

但他们是基层当事人，未必清楚事情的来龙去脉。

真正揭开这个谜团，是在笔者找到东南物流总经理贾骏之后。贾骏毫不含糊地作证，他是宁波舟山港第一批出口集装箱货物的操作员与见证人。

事情的起因是浙江省工艺品公司的一单特殊业务。这家公司与外商谈定一批产自宁波的工艺品，外商提出必须用集装箱装运，否则他拒不接收。省工艺品公司业务人员来找贾骏。贾骏当时在浙江外运宁波办事处储运部工作。他向办事处领导报告，领导答应下来，并让他想办法满足客户需求，解决这一难题。从这一过程看，当时港口主观上是被迫接手，只是客观上顺应了航运业发展趋势，也可谓歪打正着。

贾骏刚从部队复员回来，蛮想干一番事业，有点天不怕地不怕，便应承下来。他向一家外国船公司租赁了10只20英尺的集装箱，并联系了一艘远洋散装货轮“鳌江”号，让“鳌江”号轮搭帮着，把这10只集装箱经香港运往红海和地中海地区。

那时，还没有后来被人们称为的“集卡”——专门运输集装箱的卡车。贾骏想出一个主意，用拖拉机拖斗，装上一块平板，再将集装箱搁放在平板上，一路摇摇晃晃，将10只集装箱拉到镇海港区码头。

1984年8月6日上午，集装箱吊装开始。没有专门的集装箱吊机，只好用钢丝绳索将集装箱四角系住，然后使用两台10吨汽车车吊代替。大家又担心集装箱装满后太重，就试着先把空箱吊上轮船，然后将那些鞋子、草制品、竹制品、编织袋等工艺品吊上船，再在船上将它们装进集装箱。吊上一个，装满一个，封口一个。10只集装箱，共装了1767件工艺品。装箱的活，由外运公司和码头工人干，贾骏跑前跑后，忙着验收、封箱、贴告示。等到忙完，贾骏自己已累得差点虚脱，看看参与吊装的工人们，也都累得够呛。

当时在场的人都不知道，自己参与的宁波出口集装箱第一单是在创造历史。

集装箱运输显示出安全、方便、迅捷等特点，很快被宁波当地外贸企业所接受。浙江远洋运输公司、宁波外运公司和宁波港商定，派出载重量为5085吨的远洋货轮“衢江”号，专门投入宁波至香港航线，开展集装箱运输。两个多月后，浙江省第一艘全集装箱远洋轮在宁波港老作业区白沙开航，码头上搞了个简短的开航仪式。

从留下来的老照片看，人群簇拥、场面热烈，简易吊车下的集装箱似乎还在晃动呢！吊装工具有了些改进：集装箱下面垫了一个长方形钢框。贾骏告诉笔者，这是中国在发展集装箱运输的特定阶段采取的一个过渡办法。焊工们用钢条焊成一个类似门框的辅助性钢框，然后用钢索穿起钢框，将集装箱置于钢框平面之上，以减少起吊过程中集装箱的晃荡。这些钢框，是宁波港工人从集装箱运输起步较早的上海港、南通港学来，照猫画虎做成的。集装箱起吊过程中，还有人在边上扶着拽着呢，由此可见当时的艰难与落后。

1984年全年，宁波港共装卸543个TEU，计1603吨。

这，就是宁波港集装箱业起步时的精确数据。读者一对照，可毫不费力地看出宁波港与世界先进港口的差距，不是一里两里，而是千里万里。

这个发展速度实在太慢了！宁波港人自己都觉得不满意。有领导曾发誓说，不把宁波港集装箱搞上去，死不瞑目！

光有决心不够，集装箱需要专用码头，需要船公司支持，需要货源，需要集疏运系统，需要专业人才，需要……对于彼时的宁波港来说，需要的东西实在太多太多。

那，就一件件做吧！

叶信虎上任时，就面临这一局面。他思前想后，决定在北仑港区建设一个大型专用集装箱码头。这样的码头台湾地区高雄港已有了，但大陆地区港口还没有。交通部和国家计委非常支持，很快批复，并希望早日上马。

岸线是有的，水深条件也不错，问题是钱在哪里？那时，方方面面都在大干快上，银行贷款稀缺，自身实力显然不足。叶信虎在与一位境外友人的聊天中获悉，这类港口项目，可以争取世界银行贷款。

叶信虎敏锐地捕捉到这个信息，迅速付诸实施。

经交通部、财政部、国家计委批复，同意宁波港建设第一个集装箱专用码头，并列入国家世行贷款项目清单。

按照世界银行规定，叶信虎带着宁波港世行项目工作组人员飞赴美国华盛顿世行总部，介绍宁波港集装箱专用码头工程情况。之后，世行专家组几次来宁波北仑港实地考察，与叶信虎为主的工作组反复讨论沟通。叶信虎全程陪同着、解答着，胸有成竹、妙语连珠，说得世行专家们连连“OK”。经过严格评审，世行最终批准了宁波港集装箱专用码头工程，贷款额度为3000万美元。

有了3000万美元支撑，叶信虎信心满满。

1989年5月3日，宁波港第一个集装箱专用码头开建。码头岸线900米，前沿水深超14米，共建6个3万至5万吨级泊位，兼靠8万吨级，可停靠当时世界上最大的4000标箱集装箱船。

工人们忙着建码头，叶信虎则忙着考察走访，争取技术设备和远洋航线。

叶信虎赴香港拜访了时任东方海外公司董事局主席董建华，向他介绍宁波港的情况，请求董建华先生鼎力支持。董建华先生当即答应为家乡的港口出力。

在随后的几年里，董建华先生赠送给宁波港一套价值20多万美元的集装箱码头管理软件，并聘请一位澳籍专家到北仑港帮助指导安装调试，还出资邀请宁波港技术人员到伦敦港、香港港学习考察，拉近与境外集装箱码头管理工作的差距。

几年下来，宁波港第一个集装箱码头培养造就了一大批集装箱经营管理人才，被人誉为宁波、舟山港集装箱行业的“黄埔军校”，为后来宁波舟山港的发展奠定了人才基础。在采访中，人们给笔者报了一长串名单：集团副总经理蒋一鹏，集团工会主席陈国荣，穿山港区老总方剑波，海港建设老总许晨，宁波通商银行老总方信义、张杰，包括现任天津港集团董事长褚斌……

这是叶信虎和宁波港人永远不会忘怀的事。

为开辟集装箱航线，叶信虎和港务局党委书记张凤鸣跑到北京，找到中国远洋公司老总刘松金，希望刘总帮助宁波港开设一条到美国东部海岸的航线，业内简称美东干线。这种远洋干线，相当于长途公共汽车，遇站停靠，随时上客。如果客人稀少，线路就会取消。

朋友归朋友，生意是生意。刘总用略带山东口音的普通话反问叶信虎：“怎么开？宁波港有箱子吗？”

“当然有。”叶信虎在北京待过多年，以标准的普通话作答。其实，有多少，叶信虎自己也不太摸底。

用现在流行的网络语言表述，当时，叶信虎弱弱地问刘总：“一趟需要多少只标箱呀？”

“至少300只标箱，每周一趟，一个月下来，1200只标箱。宁波港有吗？”

“会有的！”叶信虎自然不肯放弃。

“咱们丑话讲在前面。万一箱子数不到呢？”刘总显然是位航运界老将，紧追不舍。

“阿拉宁波市政府答应，缺一只，补300元！”临来前，叶信虎与宁波市长商讨过，拿到了这张“王牌”，此时心里一急，不由自主地冒出一句“宁波闲话”。

“这就好，咱们先试一试！”刘总终于松口，答应下来，并同意在专用集装箱码头竣工之日开航。

1991年9月29日，北仑港第一座大型集装箱码头第一个泊位开始试运营，美东干线开航，双喜临门啊！宁波港在新建成的北仑港大型国际集装箱专用码头上隆重举行投产仪式。

天，下着蒙蒙秋雨，但丝毫不影响人们的心情。交通部、省政府领导与数百名码头建设者一起站在新建成的码头上。人们透过雨帘，看见巨大的岸边起重机吊起一只只集装箱，稳稳地安放进那艘“益河”号远洋轮。这一刻，结束了宁波港，不，结束了中国大陆沿海港口不能装卸第四代国际集装箱的历史。宁波港人此刻恨不得载歌载舞，表达自己欣喜的心情。

谁知好景不长。宁波港人的兴奋劲刚过去，集装箱量开始频频报警。宁波港码头职工眼巴巴看着港口稀稀拉拉的集装箱，眼巴巴看着一艘艘远洋货轮满怀希望而来、藏着失望离开。那些职工恨不能自身变成一只只集装箱，装上远洋轮。

美东干线运行一段时间，宁波港箱量严重不足，宁波市有关部门为补贴费用叫苦不迭。恰在此时，刘总高升，中远公司换帅。“咔嚓”一声，中远公司干脆利落地停航宁波港美东干线。

据说，有位领导同志闻讯后说了一句让宁波港人记住一辈子的话。大意是，看样子，宁波港搞散货行，搞集装箱不太行咯！

也不能怨人家。企业要讲效益，不是做慈善。朋友面子，最多用一次，长远发展还得靠自己，靠自强自立啊！叶信虎当时就那样想。

更不是宁波港人不努力。港务局党委书记沈保清曾在职代会上慷慨激昂地说，有人悲观，有人埋怨，但这些都没用！我们宁波港人要用事实来证明，不仅搞大宗散货行，搞集装箱同样行！这番话博得满场掌声。时任宁波市副市长邵占维兼任宁波港务局局长后，曾叫人开着集卡，沿着北仑港转了一大圈，还脱下皮鞋，翻山越岭，寻找适合集装箱泊位的岸线。

后人如果用历史的发展的眼光看待这一时期的宁波港集装箱业，应该这样说，不是他们当时认识不到集装箱的重要性，更不是他们不努力，而是天时地利人和条件暂未具备。

让客户华丽转身为港口股东

宁波港人开始把目光转向海外。

俗话说，商场如战场。战场上有运筹帷幄、决胜千里的将军，在商场里同样也有嗅觉灵敏、慧眼独具的企业家。他们每每捷足先登，敏锐捕捉到商机。

法国达飞轮船公司，就是这样一家企业。

在一些船公司畏难退避、不少船公司等待观望时，法国达飞轮船公司中国区主管在其宁波办事处人员陪同下，却从遥远的法国马赛总部飞抵宁波，前来洽谈合作事宜。

法国达飞轮船公司，是法国第一、世界第三集装箱承运商，拥有数百艘货轮，超百万集装箱运载能力。其航迹遍布全球400多个港口，服务网络横跨五洲四海，被公认为世界航运界的后起之秀。但凡后起之秀，绝非等闲之辈。他们具有猎狗般的灵敏度、猛虎般的捕捉力，发现了从宁波地区发出的众多集装箱，从中窥出宁波港集装箱运输的潜力，甚至看到了流淌在他们面前的美钞、欧元。

有朋自远方来，不亦乐乎！只要双方都有利可图，何乐而不为呀。叶信虎和港务局副局长沈支俊、王嘉民等人立即敞开胸怀，迎接来自异域的客商，并以宁波人特有的热情与真诚跟洋老板谈判。因双方都有强烈的合作意愿，谈判进展顺利，很快签下合作开设欧洲航线的协议。

1996年圣诞节，由法国达飞轮船公司开设的宁波至欧洲远洋航线开通运行。一艘名叫“阿贾克斯”的货轮第一次驶抵宁波港，装上186只集装箱后缓缓离开，开启了宁波港欧洲航线的处女航。叶信虎穿着笔挺的西装，和达飞公司来宾一起参加隆重的启航仪式。这时的叶信虎，一直以来紧绷着的那条集装箱心弦才稍稍放松，并开始谋划加快发展集装箱，力争到20世纪末宁波港集装箱吞吐量达到100万标箱的课题。

随着达飞轮船公司开通欧洲航线，宁波港航线慢慢增多。全球航运巨头马士基航运、地中海航运公司等先后开设美欧、中东航线，最终，中远公司的美东航线也得以恢复。

宁波港人是重情的，也懂得感恩。据说，在酝酿第一个合资建设的集装箱码头时，宁波港人想到的第一个合作对象就是法国达飞轮船公司，只因他们要求让利太多而未成。

那，自然是后话。

彼时，集装箱发展速度还比较缓慢。直至2000年，宁波港集装箱吞吐量仍只有90余万标箱，排在世界第67位。

突破，始于2001年。

新上任的港务局局长李令红明确提出，宁波港发展的重中之重是建成集装箱干线港，主攻目标是中转业务，航线是发展集装箱的“牛鼻子”。牵住“牛鼻子”，就可纲举目张。

李令红开始用“笨办法”，下真功夫。在第一个5年任期中，他跑北美、欧洲、中东、东南亚等地，进行“路演”，做国际船公司的工作，做那些大客户、物流巨头的工作，推介宁波港，开拓航运市场。

2002年9月18日，宁波港在荷兰阿姆斯特丹举行集装箱运输发展推介会。

荷兰交通部官员，阿姆斯特丹港口协会主席，世界一批著名船公司、物流公司、贸易代表等与会。李令红作了《宁波港：现代化国际深水良港》的演讲，向世界展示宁波港得天独厚的深水良港优势和巨大发展潜力，引起热烈反响。

一条航线一条航线地争取、攻克、拓展、稳固。这种“路演”推介，近似于求人。有时受欢迎，有时吃闭门羹。一次不成，两次，两次不成，三次……直至人家被感动，允诺下来。宁波港集装箱航线由2000年的48条猛增至2005年的147条，初步实现了集装箱航线“全球通”。

采访中，不少老同志都会提及当年李令红说过的一句“名言”：把客户变成股东。他是这样说的，更是这样做的。李令红举例说，一个百亿元的项目，至少需要35亿元的资本金。如果对半合资、对半占股，宁波港出17.5亿元就行，这样就可以小博大，加速发展。

笔者选择几个案例短视频，以一斑窥全豹。

第一段视频：与香港和记黄埔港口合资合作。

2001年6月8日下午。宁波某宾馆。红绸、花篮、飘带。

画外音背景介绍：和记港口集团是“超人”李嘉诚麾下企业，业务遍及23个国家和地区，经营着全球45个港口、257个泊位。世界7大港中，和记黄埔港口参与经营的有5个。旗舰公司香港国际货柜码头，曾是全球数一数二的私营货柜码头。到任宁波港务局长岗位不久的李令红西装革履，笑逐颜开。和记黄埔港口老总衣着考究，不苟言笑。两人旋开手中之笔，龙飞凤舞，签署好合资协议。

协议文本特写：双方同意，成立北仑国际集装箱码头公司，投资总额为20亿元人民币，宁波港占股51%，和记黄埔港口占股49%，共同开发建设北仑港二期集装箱工程。

补叙：在前任叶信虎、邵占维多次洽商的基础上，李令红加快进度，并拍了板。和记黄埔港口的加盟，不仅仅涌进来一笔不菲的资金，而且带来了新的港口管理理念和已相当成熟的技术手段，出道不久的宁波港集装箱码头，仅用几年时间，就迅速站到世界集装箱港口第一方阵。当然，和记黄埔港口在宁波集装箱码头合资管理中赚到了数倍于资本金的利润。这才是真正的双赢。

第二段视频：与地中海航运公司合资合作。

2004年6月8日，宁波港与地中海航运公司签署合资协议仪式现场。

画外音背景介绍：地中海航运公司注册地在瑞士日内瓦，是目前全球第二大集装箱航运公司，拥有超过200余艘集装箱船舶，超过55万标箱的航线，在宁波港开辟了3条集装箱远洋干线。此次签约，标志着世界顶级集装箱航运公司与中国大陆深水良港的强强联手，共同打造国际一流的集装箱远洋干线港品牌。

协议文本特写：协议总投资2.5亿美元，合资成立宁波穿山国际集装箱码头公司，共同开发建设穿山集装箱码头。

视频里，李令红笑容可掬，面对镜头频频招手。边上的老外，高高大大、气宇轩昂，在视频画面中显得有点容纳不下。脸上的笑容与李令红一般灿烂。

第三段视频：与意大利邮政（中国）公司和东方海外公司合资合作。

视频画面：2005年1月。香港“浙江·香港周”。维多利亚湾某酒店。辉煌的大厅内，人头攒动、觥筹交错。已转变身份、换装打扮的宁波港集团总裁李令红，此时显得十分活跃和繁忙。不一会，签约仪式开始。李令红先与意大利邮政（中国）公司老板签署协议，然后再与东方海外公司签署协议。

协议文本特写：宁波港与意大利邮政（中国）公司合资成立意宁国际集装箱码头公司，总投资为2.5亿美元，共同经营集装箱业务。宁波港与东方海外公司合资，建设经营宁波北仑港区集装箱码头5个泊位，项目总投资6.5亿美元。

画外音背景介绍：意大利邮政（中国）公司是一家百年老店，专业经营国际集装箱业务，它在中国的发展前景被广泛看好。东方海外公司是香港董氏集团所属公司，是全球最具规模的集装箱运输和物流服务供应商之一，在全球超过58个国家和地区设有230多家分支结构，为世界顶尖的航运企业。

第四段视频：与招商局国际、中信集团合资合作

视频画面：2005年8月24日，宁波大榭招商国际码头到处都是彩带、气球，一片喜气洋洋。第一艘外贸集装箱船“宏久”号靠泊。

画外音背景介绍：大榭招商国际码头由招商局国际、宁波港、中信集团于2003年5月共同出资建造，总投资34亿元人民币，岸线全长1500米，可同时靠泊4条集装箱船，设计年吞吐能力240万标箱。“宏久”号轮装载量为2378标箱。这对于大榭招商国际码头而言，只是牛刀小试；而对于宁波港而言，却是在将客户变股东，打造精品航线之路上又迈出一大步。

2005年12月31日，宁波港集装箱年吞吐量达520万标箱，同比增30%以上。如果以2000年的90.2万标箱为起点，至520万标箱，年均递增高达42%，增幅位居全国主要集装箱港口前茅。国际排名由原先的第67位跃升至第15位。交通部为此专门发来贺信。

2006年3月23日，国际港航界权威杂志——《集装箱国际》在美国纽约举行第一届港航界颁奖典礼，表彰为世界集装箱运输作出贡献的港口、航运货代、物流企业等，宁波港以其杰出表现，成功入围“世界五佳港口”。

国际航运界开始关注集装箱发展中的“宁波港现象”。

此后，宁波－舟山港在全球集装箱运输业的位次几乎每年都在上升，恍若一个不断变化变幻的统计显示器。

2008年，跨上千万标箱台阶，位列全球第八、全国第五；

2009年，超越中国青岛港，位列全球第八、全国第五；

2010年，超越中国广州港和阿联酋迪拜港，位列全球第六、全国第四；

2014年，以1870万标箱，超越韩国釜山港的1865标箱，位列全球第五、全国第四；

2015年，以2063万标箱，超越中国香港港的2010万标箱，位列全球第四、全国第三；

2018年，超越中国深圳港，位列全球第三、全国第二。

2019年，宁波舟山港集装箱吞吐量达到2753万标箱，再次名列全球第三、全国第二。

还有一个有趣的对比：2019年，美国纽约—新泽西州港集装箱吞吐量为688余万标箱，约为宁波舟山港同年总箱量的1/4。

当笔者写到此处，想起当年孙中山先生屡屡提及，并作为追赶最高目标的纽约港，如今被宁波舟山港远远甩在后面，真可谓感慨良多！

如果这样的叙述过于简略，那么笔者用稍微详细一点的笔墨，描写一位特殊客户——东南物流公司，如何变为宁波－舟山港的股东，并从小舟做成巨轮的故事。

东南物流前身是一家中美合资企业，主要为宁波－舟山港做集装箱代理业务，后因合作期限将满，发展途径不明，公司开始另觅出路。这消息不知怎么的，被耳朵灵敏的李令红听到了。他觉得这家公司前景广阔，经营班底蛮不错，便立刻找到公司的总经理贾骏，提出由宁波－舟山港收购。

收购？贾骏有点不太情愿，那样的话，无非换一个“婆婆”而已。贾骏在外贸物流界摸爬滚打了几十年，也小有成就，不喜欢被人管得死死的。他渴望遇见一个能平等相处、协商共事的伙伴，而不是一个“婆家”。

能否重新组建一个混合所有制企业，让经营层参股？李令红一思忖，与集团领导班子一商量，他们爽快地答应了贾骏提出的参股要求。

2008年，混合所有制的东南物流公司成立。总股本7000万元，宁波－舟山港持股45%；总经理贾骏，还有经营团队十来号人占股55%。一番小小庆祝之后，东南物流公司在业界悄悄开张。

宁波－舟山港给了总经理贾骏以极大的经营管理自主权。开业第一年，贾骏在外贸货代业界做得风生水起，盈利数额一再飙升。

快到年底，李令红再次找到贾骏，劝说光这样赚钱不行。

赚钱还不行，难道要亏本才行？贾骏一时有点找不到北。

李令红这才和盘托出：集团计划发展海铁联运，要贾骏开辟省内外集装箱市场。

这，又一次出乎贾骏意料。熟悉集装箱行业的贾骏知道，要到省内外开辟集装箱新渠道不是一件易事，需要设立办事处，需要前期投入，弄得不好，可能真的亏钱呢。

贾骏作思索状。

贾骏的动作和表情，自然被李令红看在眼里。这家伙果真内行且老到啊。

李令红郑重其事地告诉贾骏："这事，你做是做，不做也得做，亏钱也要做！你在省外开设办事处，集团贴钱给你。每开设一家，贴你10万元！你看怎么样？"

"真的？"贾骏追问了一句。

"我李令红什么时候说了不算，答应了不兑现的？"

这倒是真的！贾骏信服这一点。

"好！那就试试看？"贾骏表态。

"不是试一试，而是必须干好。你贾骏要为开辟宁波－舟山港的集装箱市场杀出一条路子来！"李令红的话掷地有声。

贾骏心里怦然一动。看来，此事得铁心做啦！

表态容易，做起来难。更何况贾骏是第一个吃螃蟹的人。

贾骏闻令而动，在公司内部组建了专门班子，抽调了一百来号人。贾骏的脾性就这样，要么不做，要做，就做成最好。

第一步，市场调研，先摸清哪里有箱子。

第一个目标地，江西上饶。

贾骏自己带着公司两名最好的业务员，跑到上饶地区考察了一圈，了解集装箱行情，咨询政府有关部门，然后让两名业务员留在当地，就地招聘了另外3名业务员，找了几间简陋小平房作办公室用……在年底前，贾骏悄无声息地把上饶办事处组建了起来，开始寻觅起第一只集装箱。

李令红没有食言，在上饶办事处成立当日，叮嘱集团财务部，将10万元现金转入东南物流公司账上，再次证明了他“言必行，行必果”的行事风格。

上饶办事处人员好不容易找到了第一只集装箱。贾骏至今还记得，那家企业叫斯德尔电器公司，专做非洲地区电线电缆生意。听说宁波－舟山港业务人员找上门，这家电器公司老总有点意外。彼此沟通协商了半天，方才把第一只集装箱代理业务敲定下来。

这样一只只寻觅，真的很费劲。一列火车，至少需要40只集装箱，有时凑不足，但客户交货时间又不等人，贾骏只好咬咬牙，让没有满载的车厢先开回宁波。前提当然是东南物流公司答应补足火车运费。

短时间内，公司这块业务明显亏本。贾骏有点焦急，也有点犹豫。但李令红却半动员半强迫地说，开弓没有回头箭，贾骏你还得继续做！

继续做就继续做。贾骏豁出去了，寄希望于未来吧！

这个未来的步伐，走得比较缓慢。公司在这块业务上亏损了五六年。

好在客户最终关心的不是空间距离，而是性价比和时间。集装箱市场的蛋糕就那么大，谁能在信息、性价比、输港时间诸方面抢得先机，谁就能分到大块蛋糕；做得不好的，就只能分到小蛋糕；做不到的，那就对不起，请您出局。

皇天不负有心人。终于，山不转水转，水不转人转。慢慢地，公司的集装箱业务局面打开了，箱子多了起来，开始转入盈利模式。

贾骏将自己的市场开发战略取名为“蛙跳式”，意思是像青蛙一样，跳一下，趴一下，再跳一下，再趴一下。公司开设办事处的方式也是这样，此地成功一家，再到别处组建一家，稳扎稳打，步步为营，慢慢串成一条线，最后形成一张网。

十年辛苦不寻常。目前，公司这张集装箱货代网终于成型。沿江的有重庆、武汉、九江、安庆、南京、镇江、张家港、太仓等，沿海的有天津、青岛、日照、连云港、上海、嘉兴等，沿铁路的有成都、襄阳、十堰、南昌、鹰潭、上饶、新余、抚州、景德镇、信阳、洛阳、淮安、海安等。目前，公司已成为中国海运百强第九名，2020年经营集装箱超过120万标箱，同比递增18%；营收超过50亿元，同比递增35%。这从一个侧面反映了宁波舟山港集装箱运输业的发展过程，也印证了宁波舟山港将客户变股东策略的成功。

现在，俊朗潇洒、文质彬彬的贾骏每天就在这张网的终端操作着、指挥着，蛮有成就感。有时，他觉得自己恍若一位虚拟世界里的“网军司令”，整天生活在网上。在外人看来，物流仅仅是一次地域上的大转移、大变迁，而在贾骏看来，物流由无数个细节、分支组成。一个个细节，组成全局上的速度和畅通。物流通道输送的，是货物，更是客户交付的使命，是大数据时代的信息流。经过他们之目之手，会让一个个冰冷的数字变得有温度，会让重复千百次的动作奏出物流独特的韵律。

把铁路延伸到大海上

海铁联运，是指进出口货物由铁路运到海港，直接由船舶运出，或是货物由船舶运到海港后，由铁路运输且只需一次性报关即可的运输方式。形象地说，就是将铁路运输与海洋运输串联起来，形成运输长链。

宁波舟山港人尝试接触海铁联运，是从义乌“无水港”开始的。

2005年12月11日，从美国进口的12只集装箱货物，在宁波港接卸后，通过铁路运往义乌市浙江天听纸业集团。20天后，来自义乌的20只标箱的货物，通过铁路运抵宁波港，搭乘当天的“库克”轮运往欧洲。一来一往的32只集装箱，拉开了宁波舟山港海铁联运的序幕。

没有想到，序幕拉开后，高潮却迟迟没有到来。

人们认识一种新的运行方式，需要过程和时间。

抵达那个时间段，已近2008年底。

那天，浙江省海港集团、宁波舟山港原总经济师童孟达先生坐在笔者面前，向笔者介绍事情的来龙去脉。童孟达已办理退休手续，但退而不休，仍在为宁波舟山港做“义工”。童总已显谢顶，略有点胖，戴着一副普通眼镜，穿着一件花式T恤，显得很休闲。他思维缜密、视野开阔，一串串数据脱口而出，颇具学者风度。

2008年底，宁波－舟山港即将盘点一年工作业绩，谋划第二年工作安排。童孟达敏锐地发现，宁波－舟山港的发展出现了瓶颈，受制于港口腹地，集装箱量递增势头放缓。他觉得，宁波－舟山港要继续发展，必须扩大腹地，增加货源。必须走出宁波、走出浙江，面向全国、服务全国。方式就是大力发展海铁联运，增强宁波－舟山港辐射力，打造港口经济圈。

想定主意之后，童孟达向集团总裁李令红谈了自己的思路和设想。

李令红也一直在寻找突破口，也在回想习近平同志几年前提出的有关海铁联运的重要指示。童孟达一提，李令红觉得眼前一亮。那么谁来抓这件带有拓荒性质的事呢？

童孟达主动请缨：如果你暂时没有合适人选，我愿意来挑这副担子。一表态，相当于临战前在中军帐立了军令状。

背水一战，没有退路。

于是，童孟达这位总经济师，成了集团分管海铁联运物流工作的责任人。

据说，彼时有不少人并不看好此事。

不管人家看好不看好，童孟达却铁了心。已过知天命之年的他，带上东南物流公司总经理贾骏、铃与物流公司总经理彭敏杰和其他几个人一起出门跑单。

童孟达希望攻克的第一个目标也是江西。他认为江西这几年外向型经济发展很快，与宁波－舟山港空间距离也最近，且有一大帮好朋友在，最适合发展海铁联运。如果拿不下江西，别的地方你想都别想。

抱着志在必得的决心，童孟达带着一拨人抵达江西。但江西人民似乎不太领这位童总经济师的人情。一路走来，一无所获，铩羽而归。

返甬途中，童孟达心情不太好。心想，出师不利，空手而归，如果集团同事们问起来怎么办？越想越焦虑，越想越烦躁。

车进衢州，眼看快到衢州化工厂厂区。童孟达猛然想起，衢化董事长是自己的好朋友，不妨向他诉诉苦，问问情况。

在电话中诉说了一会，童孟达向好友提出，能不能给点支持？好友可能抹不开情面，答应给童孟达争取一只集装箱。

第一趟出门，算是没有白跑。

没有白跑还在于童孟达了解了事情症结所在：铁路。你有再多货源、再多客户，集装箱上不了火车，一切都是白搭！江西大部分地区的铁路运输都归南昌铁路局管辖。

必须打通这个关键环节！童孟达对随行人员这么交代。为鼓舞士气，童孟达还提了一个响亮的口号：千里浙赣线，万里甬新欧！

但彼时，南昌铁路局对集装箱海铁联运积极性并不高。在他们看来，“铁老大”是皇帝的女儿不愁嫁。有的是货源，不仅有，而且门庭若市，为什么非要来做你这又大又笨又不赚钱的玩意儿。

解铃终须系铃人，一把钥匙开一把锁啊！作为专家型领导的童孟达，当然晓得这个浅显的理论。于是他动员大家千方百计灵市面、找关系。

总算找到了一位与宁波－舟山港有点瓜葛的人，此人姓佟，人称佟副局长，镇海人家的女婿，时任南昌铁路局副局长，正好分管这事。这不就对了吗？虽说童孟达平时著书立说，有那么一点点清高，但此时，他把那顶清高帽子丢进了太平洋，一趟趟上门做工作，时不时发挥他的理论强项，说明海铁联运的重要性、必要性和现实意义，论证海铁联运发展与镇海人民富裕之间密不可分的正向关系。

那位佟副局长终于被感化了，答应在自己权力和合规的范围内帮一下童孟达。他同意宁波－舟山港在江西开展海铁联运业务，在南昌铁路局的安排计划中，给海铁联运留出一些车皮，每周一班，常态化运行。至于价格，在合理浮动范围内，比其他路局略微优惠些。谁叫自己是镇海人家的女婿，与童孟达算是半个老乡呢？

一道看似无解的题，硬是被童孟达和他的同事们解开了。

“接下来，就看你了！”童孟达转身对同行的陆雪磊说。

陆雪磊是童孟达第一批带去江西队伍中的一员。他当时在宁波港铁路公司工作，不知怎么被童孟达相中，抽调出来专门负责海铁联运业务。

市场摸底调研从2008年底开始。金华是第一站，然后沿着浙赣线一路过去，上饶、景德镇、鹰潭、南昌、新余、宜春……童孟达催得要命的急，说元宵节必须看到他们的调研报告。行程紧张，他们每到一地，就找当地主管部门调查经济数据，再深入车站、外贸企业了解行情。白天跑，晚上写，第二天再跑下一站。艰难自不必说，有时还会碰上黑恶势力的欺行霸市，不让集装箱走宁波－舟山港。

一圈跑下来，大家形成了共识：海铁联运很有必要，也很有潜力。铁路运输，介于公路运输与水路运输两者之间：铁路运费比水路贵，但速度比水路快；铁路速度比公路慢，但运费比公路便宜。当地一些政府急于为企业找到“出海口”，海铁联运正好能弥补上这个缺口。

几天之后，陆雪磊他们终于在上饶开发区找到了第一只外贸集装箱，装的是“大自然”地板。老板被他们说动了，答应试一试。

你一试，我一试，箱量就逐渐多起来。但铁路上有许多规矩和程序，需要有人与铁路部门对接，否则，集装箱到了哪里、有没有丢都不知道，客户会不放心。陆雪磊他们毕竟没有经验，对这一套不熟，服务一时跟不上，客户就有些抱怨情绪出来。陆雪磊开始是用手机“盯”着，一站一站追踪着、联络着，与沿线车站保持密切联系。这一“密切”，电话费就不得了，除了长途费，还有漫游费，每个月话费千儿八百是常有的事。说句笑话，那年全年只做了1690只集装箱，一只集装箱利润才21元，一年忙活下来，赚的钱还抵不上话费呢！话费又不能报销，老婆大人那里就不太好通过，有时埋怨他，你这个陆雪磊在干什么?

能干什么?又不是与别的女人煲电话粥!陆雪磊心里有点委屈,但过一会儿也就释然了。这种时候,他总会想起原先港务局的一些老领导,为审批项目,曾给主管部门普通科员扛煤气瓶。那样的事都可以做,他陆雪磊还忍受不了老婆大人几句牢骚吗?

冷静下来想想,老婆大人的抱怨也不是没有道理,长期这样下去,的确不行。

第二年春节上班后,陆雪磊就提出服务要跟上,但凡“铁老大”不管的,“店小二”都要管起来,他们来做这个“店小二”。这么一定位,陆雪磊他们由原先的“幕后”走向了“前台”。当年6月,童孟达与时任铁路公司老总蒋平昌商量,决定成立江西分公司,并让陆雪磊担任经理。陆雪磊与各地政府接洽,帮助开通海铁联运班列,并按照市场机制,根据海铁联运的特殊性,负责海铁联运集装箱的全程服务。这样,等于让客户和货物进了保险箱、系上安全带。

后来,南昌集装箱源源不断增加、集聚,南昌铁路部门也开始转变理念,逐步适应海铁联运趋势,从每周两三班扩增到每天一班。一个专列40节车厢,运送80只集装箱。随后还开设多频次、小编组班列,为海铁联运提供方便。

2014年,集团酝酿实施“抄底战略”,开展“游击战术”,海铁联运深耕江西,同时向长江沿岸和中西部地区推进。在董事长宋越舜主刀下,集团将涉及集装箱物流业务的企业都集中起来,组建国际物流公司,由吴伟担任老总;还与上海铁路局合资合作组建海铁联运物流公司,让陆雪磊任副总经理。第二年,海铁联运集装箱量达到25万标箱。第三年,海铁联运被集团列为发展战略,获得超常规发展,之后,每年以50%速度递增。2016年6月,宁波舟山港的浙赣湘(渝川)集装箱海铁公多式联运模式被国家主管部门列为全国示范工程。

海铁联运成为一种可复制、可推广的经营模式，被宁波舟山港人不断推向中部、西部。

较为精彩的有河南驻马店与新疆。

大概是2017年底，几位余姚和萧山客户告诉吴伟，原先在当地生产的出口手工艺品，眼下都转移到河南驻马店地区啦。吴伟一听这个信息，马上敏感地意识到，出口产品货源发生了区域性位移，国际物流也必须跟着转移。必须做到产品在哪里，海铁联运就跟到哪里。

吴伟立马派出两位业务老将朱恩军、何海兴赶赴驻马店。他俩一了解情况，才知道，那些余姚和萧山客户被当地政府招商引过去，也正愁着运输问题呢。这就好，政府有热情，客户有需求，国际物流就有用武之地。两人找当地政府商谈，政府态度很积极，允诺每只集装箱补贴1000元运费。接着，他俩又找铁路部门，介绍当地箱量，也讲了几句大道理。几番谈下来，铁路部门答应运价下降30%。

他俩返甬后向吴伟汇报情况，吴伟也很高兴，但他想要进一步增强对客户的吸引力。他决定把驻马店政府、宁波市政府给集装箱运输的大部分补贴让给客户，每只标箱只收2100元。折算下来，相当于从浙江永康市到宁波舟山港的运费，还不到公路运费的一半。这一招，击中了客户心中的那根软肋，驻马店地区几乎所有的集装箱都涌向了国际物流公司。

宁波舟山港海铁联运的触角更是伸向了遥远的新疆。

新疆有家铝制品生产厂家，从越南进口氧化铝，经北海港运至宁波舟山港，然后走铁路运抵新疆，后再将铝锭集装箱从新疆原路运回宁波舟山港，最后，从宁波舟山港运往广东一带。在这漫长辗转途中，陆雪磊他们创新金融物流模式，联络通商银行共同参与，提供贸易、金融在途质押，为业主提供短期流动资金，物流进行途中监管。各展其长、各尽所能、各取所需，实现企业、物流、港口、码头、银行五方参与和五方受益。

2020年12月1日，集团在南昌举行海铁联运10周年纪念活动。中远海运号和马士基号“南昌—宁波舟山港”全程提单专列披红挂彩，从南昌向塘国际陆港首发。各方领导参加启动“推杆”。那天，董事长毛剑宏脸上笑着，致辞的声音显得特别洪亮。出席仪式的人们也都兴高采烈，相互道喜致贺。大家有理由开心，江西海铁联运集装箱量已由最初的一年1000多箱增至现在的一年超11万箱。开通此班列，意味着把港口国际航运服务延伸至江西内地。南昌、新余、宜春、鹰潭、吉安等地企业货物，可进出口全球66个国家及地区的103个港口，也就相当于在南昌建设了一个大型港口。

海铁联运集装箱运输中，还必须写下一页的是“一票制”。

伴随着箱量增加，海铁联运中一些潜藏的问题逐渐显露。西安一家进口泰国纸浆的公司抱怨海关通关手续比较烦琐，每每影响交运货时间。陆雪磊在实际操作中也有同感。口岸申报至少需要15天，在第一个海关检验完毕，贴上封条，然后到第二个海关，再揭开封条，进行第二次检验，再贴上封条起运。能不能尝试一种新的通关模式，实现“一票制”，即一次报关，全程通用？陆雪磊蓦然想起自己坐过一次中转飞机，事先一次性买好中转联票，中途经停一站，因是联票，就没出航站楼，自然也不用第二次安检。如果能把飞机的这种中转方式移植到海铁联运中来，那该有多好呀！

陆雪磊为自己这一念头兴奋起来，赶紧与同事商量，大家都觉得应该可行，不妨试着找各方商洽一下。

陆雪磊最先找的是负责承运泰国纸浆的台湾地区长荣海运。长荣海运认为，这种“一脚踢”的方式有利于客户，降低总体费用，只要把铁路运费包含在航运费内，他们没有意见。

难点在海关。各地海关皆直属国家海关总署，彼此之间没有管辖关系。好在与宁波海关打交道多年，人头熟络，彼此几乎听声音就可辨别出是谁来。陆雪磊找到宁波海关进口科科长，把自己的设想方案说了说来。科长非常热情，也非常支持，答应陪同陆雪磊赴西安陆港，做做海关同行的工作。

同行出面，这就有了几分把握。果不其然，西安陆港海关领导接受了陆雪磊提出的方案，两家海关联合向国家海关总署申报试行海铁联运“一票制”。

更没有想到的是，国家海关总署很快批复同意。

2015年3月31日，春光明媚，“几处早莺争暖树，谁家新燕啄春泥”。宁波—舟山港推出海铁联运“一票制”，按照铁路运输计划时间“批量中转”，海关一次性审核验收，全程绿灯放行。

第一个启动港是泰国林查班港，由该港始运前往西安的一批集装箱，从宁波港吉码头顺利转至铁路北仑港站，被利索地装上火车。通关时间从原先的15天缩短至1天。

那天，望着延伸到天际线的铁轨，望着越来越远的火车身影，陆雪磊的眼眶有点湿润。

海铁联运“一票制”新鲜出炉后，很快被一些港口复制推广。这种物流模式将海关关口前移前置，使得一些内陆地区企业享受到沿海企业的便利，促进内陆地区经济发展和转型。

后来，中国海关改革监管体制，推行区域通关，简化手续，实行属地申报、口岸验放。这与宁波舟山港先期做法近似。陆雪磊自然不能说，国家海关的这一做法是他推动的，但至少说明上下同欲，说明他想对了，更做对了。

宁波舟山港海铁联运业务区域已大大超越人们想象。集团提出了一个鼓舞人心的口号：千里浙赣线，万里甬新欧。目前，全港海铁联运班列总数达19条，业务辐射到15个省区市、56个地级市。2020年全年海铁联运集装箱超过120万标箱，同比递增24.2%，成为集团业务新的增长点。这一消息，上了央视新闻联播，少有哟！

吴伟和陆雪磊都很健谈，记忆力也不错，对昔日的许多细节和数据记忆犹新。当他们说完这些事，脸上都有一种掩饰不住的兴奋劲。

他俩坦承，过去做这些时，还没有忧国忧民的情怀。现在一体化了，站位高了许多，会从国家层面、政治层面重新考虑海铁联运的意义和价值，把它与国家战略、地缘政治等联系起来看。他俩认识到，集装箱海铁联运，是量的增加，更是辐射能力的增强，港口正慢慢成为经济“主导者”。它会极大带动内陆地区的经济，对促进我国经济“双循环”十分有利。

笔者采访吴伟、陆雪磊那几天，秋高气爽、金桂飘香。吴伟、陆雪磊的心情与天气一样，很好。

哈哈，哈哈……在采访中，吴伟、陆雪磊不时发出爽朗的笑声。那笑声如阳光般灿烂，似秋风般舒爽。

长成与橡树并肩而立的木棉

著名朦胧诗派代表人物舒婷有一首被广为传诵的诗歌《致橡树》，其中写道：

我如果爱你——
绝不像攀援的凌霄花，
借你的高枝炫耀自己；
…………
我必须是你近旁的一株木棉，
作为树的形象和你站在一起。
…………

这是一首爱情诗，舒婷讴歌的是那种既相互爱慕又相对独立的爱情。木棉，也叫红棉或英雄花，是一种热带或亚热带落叶乔木，躯干壮硕，顶天立地，其花艳而不俗，为人所赞。

笔者引用舒婷此诗，不是为了讲述一个爱情故事，而是用来比喻宁波舟山港与上海港之间的特殊关系。

上海港位于中国沿海中部、长江口咽喉位置。20世纪90年代中期被确立为国际航运中心，长期执中国港口之牛耳，尤其是开发建设洋山深水港后，更是如虎添翼，集装箱运输量狂飙突进，2010年摘得全球集装箱吞吐量桂冠，从此牢牢坐定第一位宝座，至今无人能够撼动。

毋庸讳言，宁波舟山港在发展进程，尤其是在发展集装箱运输中，有一个躲不开、绕不过、说不得、道不明的问题，那就是如何正确处理与兄弟港上海港的关系。

宁波与上海，相距仅仅200余公里。由于是近邻加同行，有专家甚至因此形容上海港和宁波舟山港是两只“各怀野心的刺猬”。

对这种特殊而复杂的关系，自古以来有不少典故和说法。

如孟母择邻而居。孟母为让儿子学好，曾不辞辛苦，3次选择邻居，奔波搬迁。上海港与宁波港虽近在咫尺，却无法搬迁。上海港地位由其历史延续和经济总量所决定，宁波舟山港的作用是因其自然条件为造物主所赋能。搬不动，迁不走。“天生我材必有用”啊！

又如“瑜亮情结”。所谓既生瑜，何生亮也！旧戏中，周瑜被计谋多端的诸葛亮活活气死，看得台下一些观众跺脚骂娘，为周瑜惋惜。而诸葛亮一生操劳，似乎也活得不那么潇洒。这世界既奇妙，也有恶搞，就是让瑜亮同世、相爱相杀。难道，宁波港要与上海港续演历史旧戏？如果真是那样，谁是周瑜，谁是诸葛亮？

再是“大树底下不长草”的自然现象。从生物学讲，那是因为大树把周围的水分以及各种养分都攫取完了。著名教育家陶行知先生一次对学生戴自俺举例说，自己就像一棵大树，你就像一棵小树，是大树把小树笼罩在浓荫底下，小树得不到该有的阳光雨露，所以老是长不大。现在，要把你这棵小树从大树影子里移出来，换一个地方，那样才能长成参天大树。

…………

古往今来，世界上尚无如此近距离的两大港口并立的先例，是要测试一下人类有无智慧和耐心破解这千古难题？

史无前例、世所罕见。中国共产党领导下的中国港口人能做到吗？上海港与宁波舟山港能成为诗人舒婷心目中理想的“橡树”与“木棉”吗？

在宁波舟山港开始发展集装箱运输时，用大树比喻上海港，用小树甚至小草比喻宁波港，似乎蛮合适。当宁波港镇海港区职工王靖、翁继学等人用土办法好不容易才把两只铁柜弄上轮船时，上海港集装箱吞吐量已超10万标箱。

差距显而易见。与大树为邻，与大象共舞，成为宁波舟山港人的唯一选择。

客观地说，宁波舟山港人是学着上海港的做法笨拙起步的。你看，连第一次吊装集装箱的钢框，也是向上海港学来的。

不过，后发也有后发的优势。一些经济学家著书立说，阐述过后发优势理论。笔者曾在浙西欠发达地区工作过，提出后发地区应当超常规发展：超常规的理念、超常规的思路、超常规的政策、超常规的工作，这样才能慢慢接近甚至赶上发达地区。

宁波舟山港人有自己的绝招：利用深水良港天然优势，搭上港口腹地外贸经济迅猛发展的快车，发扬拼搏甚至是拼命精神，扬长避短，错位发展，模仿借鉴，超前一步。

理性阐述容易厘清想通，实际操作却复杂艰难。更何况，两个大港，各有几万名员工。所谓百姓百姓，那就是百条心哪！哪能与两个港口领导干部想的、做的一模一样呢？

矛盾还是出现了。那是李令红当总裁时的21世纪头几年。

一些货代公司向李令红反映，说有的航运公司顾忌处理不好上海港与宁波－舟山港的关系，几次婉言谢绝了宁波－舟山港开设航线的请求。还有一些客户，利用上海港与宁波－舟山港这种微妙关系，一会跑到上海港，说宁波－舟山港运费怎么怎么低，一会跑回宁波－舟山港，说上海港同意降价多少多少。结果，两港领导背靠背，都不知情，让那些客户钻了空子，彼此还积攒了不少怨气。

李令红感觉这样下去，对两港都没有益处。他决定带着团队登门拜访，主动与上海港搞好关系。

上海港领导陆海祜在集团最宽敞的会议室里接待了李令红团队。陆海祜在中国港口界的地位举足轻重。

“我们前来向老大哥学习取经，希望不吝赐教哦！”李令红开门见山、诚意满满地说。

“哪里，哪里。宁波－舟山港发展势头迅猛，是后起之秀啊！”陆海祜也真心诚意地赞叹，言语中释放出善意。

璀璨灯光下，一番寒暄过后，双方进入正题。

灯光映照着李令红团队那一张张充满期待的脸。李令红的话说得诚恳而实在。上海港是老大哥，宁波－舟山港还是小弟。两港共处在上海航运中心，你们是中心，我们是南翼。我们哪，彼此不要把对方当作对手。我们理解，宁波－舟山港与上海港是一种竞合关系，就是有竞争，更要有合作。就像一起参加奥运会比赛一样，优势项目不同，比赛跑道分开。具体来说，两个港口腹地集装箱流向，做到存量不变，增量分享。上海港理应占大头，宁波港得小头。让客户多一种选择，该流向哪里的就流向哪里，看看，这样子好不好呀？

好呀，好呀！陆海祜一口答应。

见上海港领导态度不错，李令红继续沿着自己的思路说：两港要在业务上互助、技术上互动、信息上互通，建立交流机制，避免无序竞争。譬如运费问题，两港要统一思想，坚守底线，就运费价格保持经常性沟通，避免被人用宁波－舟山港来压上海港，或用上海港来压宁波－舟山港。

陆海祜马上接茬说：“阿拉看李总裁这个想法蛮好，阿拉上海港真当要研究，然后再与李总裁交换意见。好哦？”

这个头开得不错。之后，两港建立起了定期会晤制度，一种正常有序的局面开始形成。两港在竞争中合作，在合作中竞争。上海港因需候潮进港装卸，偶尔时间上来不及，便将一些船舶分流到宁波－舟山港装卸。宁波－舟山港也投桃报李，不但帮忙及时装卸，而且将箱量记在上海港账上。结果皆大欢喜。

2007年8月，在上海党政代表团考察宁波－舟山港后不久，陆海祜应李令红之邀，带着上海港团队回访考察宁波－舟山港。李令红一点都不藏着掖着，陪着上海港团队踏勘几个主要港口，双方谈得十分融洽。

毛剑宏上任后，对这个所谓难题的态度豁达而开明。在他心里，两个港都是国有资产，都是共产党干部在当家，都是为了服务国家战略，也都是为了实现中国梦，有什么矛盾不可化解，有什么利益不可调剂，有什么事项不能合作呢？东海那么大，肯定能容得下两个大港口。雁阵之所以能行稳致远，就在于结伴飞行。合则两利，斗则俱伤。大国之间是这样，大港之间也是这样。中国的港口要与世界最优秀最先进的港口PK，建世界强港，争全球第一，而不是窝里斗，“扳手腕”，存什么“瑜亮情结”。这个没意思，真的没意思！

2019年2月19日，恰巧是新春元宵节。全球货物吞吐量第一的宁波舟山港集团董事长毛剑宏与全球集装箱吞吐量第一的上海港集团董事长陈戌源，再一次在上海友好握手，签订合作协议。上海市委、浙江省委主要领导出席签约仪式。两地领导看着双手紧紧握在一起的陈戌源、毛剑宏，脸上露出欣慰的笑容。

根据协议，浙江省海港集团以人民币现金增资的方式，入股上海港集团下属合资子公司——上海盛东国际集装箱公司。入股完成后，上海港集团和浙江省海港集团将分别占有该公司80%和20%的股份，由此真正成为亲兄弟、一家人。

业外人士可能并不知道这家盛东公司。如果笔者告诉您，它经营着上海港集装箱的枢纽——洋山深水港一期、二期码头，是上海港集装箱业务的核心公司，您就会明白这家公司在业界的分量与影响，也就会理解这次握手签约的标志性意义。

多位港口专家告诉笔者，开发建设长江经济带，建设舟山江海联运中心，无疑给沪浙两地的经济腾飞与港口发展带来新的机遇。越来越多的集装箱将往返于江海间，靠泊于洋山港区，现有的洋山深水港泊位渐趋紧张。而小洋山北侧尚有大量浅水岸线，可用来开发小吨位、吃水浅的码头，正好满足江海联运中小吨量泊位之需，完成集装箱“同台换乘”转运，从而腾出小洋山南侧深水泊位，接待来自五湖四海的大船。真正实现深水深用、浅水浅用，物尽其用、各得其所，整体上提高了洋山港的运营效率。

开发利用小洋山港口资源，是沪浙两地人民的共同愿望，也寄寓了两大港口探索区域合作新机制的期待。此次协议一签，将上海港和宁波舟山港的竞合场景推到前台，使两港竞合关系进入一个新阶段，表明两大港在国家战略引导下，比赛正日益呈现出协调发展、互利共赢的新态势。

面对着无数摄像镜头，浙江省海港集团董事长毛剑宏面带喜色，侃侃而谈：“在新时代，浙沪两地港口的合作要放到更高层面、更大格局上去审视，要以服务国家战略为导向。开展小洋山区域新一轮合作，是上海港和浙江省海港集团共同的使命。”

诚哉斯言。

来而不往，非礼也。

2020年1月21日，也就是蛇年春节前夕，宁波舟山港股份公司第四届董事会第15次会议提出非公开发行A股股票，采用特定对象定向发行。特定对象有两家，一家是股份公司的母公司宁波舟山港集团，另一家就是赫赫有名的上海港。上海港以29亿元人民币现金认购宁波舟山港股份公司股票，占股份公司总股本的5%，由此成为宁波舟山港股份公司第二大股东，上海港集团总裁严俊出任宁波舟山港股份公司董事。

业界专家普遍认为，此次举动，引入上海港集团作为战略投资者，宁波舟山港核心竞争力将持续提升。双方战略合作将以资本为纽带，带动长三角区域港口资源战略重组，实现优势互补，增强港口群联动协作成效，共同推进长三角区域一体化发展。

专家们的话，难免有点文绉绉，但判断准确、推论成立，前景更可期待。

庚子秋日，天高云淡、桂香弥漫。浙沪两港领导班子第十七次恳谈会在上海举行。浙江省海港集团毛剑宏、陶成波和上海港集团顾金山、严俊等先后发言，彼此心灵相通、言辞恳切。

毛剑宏介绍了集团工作状况，就浙沪两港深化合作提出建议：两港协同更深一步，共同推进小洋山合作开发、海外仓合作布局、航运服务合作发展；两港合作谋求突破，在港航合作、江海联运、信息共享方面实现更好互动；保障机制持续完善，搭建起战略研究、开发建设、业务拓展等多层面协同沟通机制，强强联合，更好服务国家战略。

对浙江省海港集团的建议，顾金山十分赞同。他表示，沪浙两港在国家战略层面都肩负着重要使命与责任，自身发展、创造也有着上升空间和多种路径。双方在港航物流、信息共享、航运服务诸方面合作前景广阔。可通过内部协商协调机制，对接好具体工作，加快小洋山合作开发，帮助港航多方实现互利共赢，共同开创两港合作的美好明天。

双方在恳谈交流基础上，正式签署了浙沪两港战略合作框架协议。协议明确，双方将本着“服务战略、服从大局、优势互补、深度合作、有序竞争、共赢未来”的原则，不断深化战略合作关系，促进共同发展。在码头投资和运营、腹地开发和市场拓展、港航服务和供应链金融、信息化对接和建设、工程和技术创新、人才培训和交流、企业治理和党建文化等方面，从业务协同到资本融合，深入开展全方位、高水平、深层次的长期战略合作。

这一战略合作框架，囊括了港口发展的方方面面，也的确为宁波舟山港所需。

然后，一行人来到上海中共一大会址，接受教育，重温初心使命。在镰刀锤头的旗帜下，在复原的一大会议室边，众人感觉心在一起跳动，合作思路更加清晰，许多合作课题呼之欲出。

几十年下来，上海港与宁波舟山港之间没有发生恶性竞争，而是在同场竞技比赛中，上海港发展为集装箱全球第一港，宁波港发展为吞吐量全球第一港、集装箱全球第三港。

今日上海港和宁波舟山港，的确已成为诗人舒婷所希望的“橡树”和“木棉”：

根，紧握在地下；
叶，相触在云里。
每一阵风过，
我们都互相致意，
但没有人，
听懂我们的言语。
你有你的铜枝铁干，
像刀，像剑，也像戟；
我有我红硕的花朵，
像沉重的叹息，
又像英勇的火炬。
我们分担寒潮、风雷、霹雳；
我们共享雾霭、流岚、虹霓。
仿佛永远分离，
却又终身相依。

形成良性竞合关系，并在竞合中，各自获得快速发展，这本身就是一个奇迹。笔者以为，它只能发生在中国，发生在中国共产党统一领导下，发生在中国特色社会主义制度下，发生在共产党干部管理经营的港口中。上海港和宁波舟山港，以经年累月的长期实践和丰硕成果回答了世界之问、时代之问！

谓予不信，请帮忙找出另一个国际案例。

第四章

书写海港建设的中国传奇

看似寻常最奇崛，成如容易却艰辛。

——王安石

千万标箱级港区是这样崛起的

清晨，一轮如火团般的朝阳冉冉升出海面，映红了初夏的舟山群岛，也映红了繁忙作业中的穿山港区。

站在穿山港区办公楼最高处，放眼远眺，穿山港区独特的景致扑入眼帘。

3700余米长的海岸线被分隔成11个泊位，49台橘红色吊机排列成一长溜，高昂着49米的头颅，伸展着六七十米的手臂，在抓取集装箱。远看宛如儿童们玩耍的铁臂阿童木，而那些集装箱，则仿若积木。

码头身后是巨型堆场，无数辆集卡穿梭其间。154台蓝色龙门吊，旋转自如，宛若一条条在蓝海中游弋的鱼。它们把从集卡上卸下的集装箱码齐，或把堆场上的集装箱轻松地吊放进集卡，运往码头，走向远方。最值得关注的，是堆场上山一般的集装箱，在外人看来，它们显得有些高低不一、随意杂乱，实则严格按照航班先后时序和装卸顺序堆放着。那些猩红、橘黄、蓝色、白色、黑色的集装箱，相互交叠在一起，组合成庞大的集装箱家族。此刻，它们在夏日艳阳的照射下，折射出不同颜色的光泽。偌大的堆场，犹如一幅巨型印象派油画。

走近穿山港区2号泊位，与桥吊来个亲密接触，你的眼前会是另一种景象。桥吊分布在L形码头上，似一支庞大的正在转弯前行的钢铁大军。一台桥吊，就是一位站在蓝天白云下的钢铁巨人。桥吊驾驶室是他的头脑，桥吊直立柱是他的脊梁，纵横交错的钢柱构成他的身躯，上下滑动的悬臂仿佛他的手臂。几艘巨轮靠泊在码头边，数不清的桥吊悬臂在俯仰、进退、伸缩，一只只集装箱像延时摄影的物品，被快速安放在集卡上。阳光如金色瀑布般倾泻下来，涂抹在橘红色桥吊上，泛着一种迷人的金光。此刻，人们甚至会出现某种幻觉和恍惚，好像是天庭中那些金碧辉煌的天柱跌落到人间，成为穿山港区的支柱。

那种场景，那种气势，令第一次见识大码头的笔者禁不住惊叹起来：这，也许是世界上最宏伟、最漂亮、最壮观的建筑群！

在宁波舟山港中，穿山港区名气最大。这当然是由于习近平总书记几次前往考察，极大地提升了穿山港区的知名度和美誉度。重情的穿山港人在总书记站立过的位置，贴上一颗小小的金黄色五星，以志纪念。

穿山港人自豪地告诉笔者，穿山港区年吞吐集装箱量已超过1000万TEU，在目前全球集装箱单体码头中属于最大，能与穿山港区旗鼓相当的，唯有深圳盐田港区。

围绕着穿山港区建设，笔者采访了李令红、王信念和时任宁波港股份公司总经理吴金坤，还有穿山港区现任总经理方剑波、副总经理胡悦等人，才算基本理出了穿山港区建设的脉络，了解了穿山港区建设的曲折性、复杂性、长期性。穿山港区有今天，可谓来之不易。

穿山港区码头共有11个泊位，建设顺序这样排列：3号泊位、4号泊位、5号泊位、6号泊位、7号泊位、2号泊位、8号泊位、9号泊位、10号泊位、11号泊位、1号泊位。自2002年8月12日开工建设3号泊位开始，至2020年7月22日建成1号泊位，时间跨度长达18年之久。

这样的泊位编序，宁波舟山港人称之为“拼图”。这自然不是海港建设者不懂最基本的数字顺序，也不是他们的率性随意，而是包含了许多曲折和艰辛。

请允许笔者从头说起。

穿山港区地理位置优越，它处于北仑区穿山半岛北侧，南靠穿山半岛花船塘小山岭，北与舟山市摘箬山、大猫山、岙山相望，西侧为大榭岛、穿鼻岛、凉帽山、白鸭山，东部接峙头洋弯道。港区有虾峙门口外30万吨级航道、条帚门航道等。

宁波港人很早就开始酝酿建设穿山港区，但一直没有定论。不少人仍主张沿着北仑港顺延发展，那样省时省力，开发成本低。而穿山远离老港区，开发建设成本极大，每个泊位建设至少需要投入10个亿。但穿山港区自然环境真的令人垂涎欲滴，开发前景极其广阔：深水岸线长近4000米，水深达负17米以上。这水深条件，连一向被誉为深水良港的北仑港也自愧弗如。

港务局党政联席会议上，大家围绕着是留在北仑还是选择穿山，几次展开讨论。李令红在会上劝导大家，从短期看，从眼前看，确实是选择北仑为宜。但，集装箱运输是长远之计，必须有长远眼光。尽管目前我们人力财力物力有点困难，但我们不能鼠目寸光，因眼前一点钱而放弃。经过讨论分析，党政联席会议一致决定：弃北仑，建穿山。规划建设10个泊位，一期先建设5个泊位，单独成立集装箱公司。

港务局领导按照由西向东的顺序，将10个泊位分别编为1号、2号、3号、4号，5号……

正当宁波港作出决策、雄心勃勃想大干快上，尽快完成穿山港码头工程时，一个没有预料到的难题出现：穿山港区1号、2号泊位规划方案涉及一特殊位置，有关单位一票否决！

那就退而求其次吧？宁波港被迫对原工程方案作了调整：先从3号、4号泊位开始建设，然后再上5号、6号、7号泊位，“预留”下1号、2号泊位。那时候，真是天知道，这个预留有没有用。

如果把穿山港区比喻为一个母亲，这个建设方案和顺序，相当于让这位母亲先生出三儿子、四儿子……七儿子，然后再生二儿子、大儿子。

这自然显得有点滑稽和为难。但在当时，这却是唯一可操作的方案。宁波港人面对现实，接受了这个顺序。

穿山港区3号、4号泊位开建半年后，现任穿山港区副总经理胡悦从北仑矿石码头调来，遂成为第一现场见证者。

通向穿山的320国道，只有两车道，交通十分拥挤。从北仑港区坐车到穿山港工地，约需2个小时。他们都借住在附近的农民家，吃在路边店。所谓工地现场，当时还是一片滩涂，只是打了几根钢桩。他们在一根钢桩边上，放一只集装箱，就算“工地办公室”。住处通向码头工地，并没有路，人们每天踩着芦苇、踏着泥泞，跋涉着走向工地，每天走的路径都不一样。一天，后勤人员给工地现场人员送午饭，11点出发，途中迷了路，在芦苇荡里转圈圈，一直到12点多才找到工地，把大家饿得够呛，有点埋怨那人。那人满含委屈，嘟囔着把事情经过说了一遍，大家才恍然大悟，真是哭笑不得。

建港工程倒没有出现多大困难。码头采用引桥式布局、高桩式结构。三航院设计图纸，三航局施工建设，宁波港人自己监理，3家单位配合默契，3号、4号泊位工程进展颇为顺利。2003年春天，5号泊位开工；年底，6号泊位开工。2004年春，3号泊位竣工验收。同年8月底，4号泊位验收合格；同日，7号泊位宣布开工建设。

李令红、王信念等人同步开始谋划穿山港区二期工程。他们准备像宁波人煮汤圆一样，将一只只泊位当作一只只汤圆，下到穿山港区这只大锅里。港口界开始有人称之为“宁波港现象”，或曰“宁波港奇迹”。

穿山港区二期工程计划新建4个泊位。8号泊位、9号泊位于2004年10月8日同时开工。计划中，还包括了那两个“预留”的泊位。这么好的海岸线被闲置，真的对不起造物主啊！

也许是实践启发了大家，也许是穿山港区工程的成功增强了大家信心。这一次，李令红和同事们开始注意战略战术和公关技巧。他们与有关单位反复沟通，试着建立一种即时信息联络系统，确保码头建设使用不会造成影响。

终于，宁波港人用自己的真情、韧性和实力赢得了信任。有关单位同意先放行2号泊位建设。至于1号泊位，还要待2号泊位投入运行后，看一看实际情况再定夺。

合理且合情。宁波港集团愉快地接受了这个方案。

看似无门的地段，由此开启了一道缝，透进一丝光亮。

2006年7月28日，穿山港区2号泊位工程正式开工。一年后竣工，试运行一年后，获得各方认可，通过验收。

之后，10号、11号泊位于2010年国庆节前开工，一年半后竣工。

最后，只剩下1号泊位，犹如一位待字闺中的美女，焦急地等待着白马王子早日前来娶亲。

好事多磨。经过2号泊位几年的运行实践，泊位影响力已得到验证，有了确切数据和证据，开工的确问题不大，有关单位态度不再模糊。不过，国家后来对工程项目管理日趋严格规范，绝不像先前一般。宁波舟山港集团新领导班子对1号泊位也非常看好，也想早日上马，但不愿在程序问题上再犯错，那就步步为营、稳扎稳打吧！

待1号泊位工程完成所有报批程序和招投标、开工手续时，已近2019年底。在新年烟花燃放之前，姗姗来迟的1号泊位，作为穿山港区最后建设的一个泊位，才正式动工。采访当天，胡悦欣喜地说，今日他们正准备验收穿山港区1号泊位。验收之后，穿山港区才真正贯通，形成一个L形走廊式的集装箱大港口。笔者趁机采访了穿山港区总经理方剑波。

因为习近平总书记几次考察穿山港区，方剑波都参与接待和汇报，现在他成了在媒体上频频刷脸的名人。他自述对港口情有独钟，1984年他考上武汉水运工程学院，这是中国航运界的“黄埔军校”，当时冲着北仑港，报了个交通运输专业，一门心思学港口管理。毕业后，怀揣着大学文凭，自己找到宁波港求职，真的如愿以偿。一路摸爬滚打，步步晋升，3年前调任穿山港区，开始管理这个全球为数不多的单体“千万箱级”码头。

方剑波个子不高、精干老练，性格直爽、爱笑爱说，思路清晰、语速极快。他坦言，习近平总书记考察穿山港区，极大地提高了港区知名度和美誉度，这对增加航线有好处。航线多了，不就是集装箱多了吗？他这个总经理会好当许多。

笔者笑着打趣道：“总书记两次到穿山港区调研考察，其中有没有你方剑波的因素呀？”

“有呀！”方剑波并不回避。因为有他方剑波在管理，效益好，才拿得出来让总书记看呀！这语气中充满了自豪、自信，甚至含有某种霸气。

方剑波介绍说：穿山港区共11个泊位，现已投产10个泊位，只剩下1号泊位还在验收之中。自2017年起，穿山港区集装箱年吞吐量已超过1000万TEU，意味着每个泊位100万TEU，每米岸线集装箱吞吐量超过3000TEU，实属全世界第一。没有哪个港区每米岸线的集装箱吞吐量比他们穿山港区高的。譬如，大名鼎鼎的上海港洋山港区，每米岸线装卸量为2700到2800标箱。再如号称世界之最的深圳盐田港，年吞吐量1300万TEU，不过，它的岸线长达8公里。

方剑波脸上露出兴奋的神情，继续说，他们现在每天装卸3万TEU。3万TEU是什么概念呢？如果连接起来，长约180公里，相当于从宁波排到杭州。

从宁波到杭州啊！180公里，车水马龙，多壮观呀！方剑波特意强调了一下。

是啊！肯定壮观。笔者不由自主地感叹了一下。

条件再好的港口，也要加强管理才会有好的效益。他的办法是，拓展对外服务，优化生产组织，把所有压力分解落实到每个岗位每位员工身上，调动大家的积极性。港口管理围绕箱子做文章，装卸一个箱子多少钱，让每个职工清清楚楚、明明白白，多劳多得。现场管理人员也与箱子挂钩。原来，平均每人每小时做24箱、25箱，他提高标尺到28箱。刚开始，有些职工做不到，他就规定，一天做不到，电话说明；一个月内3次做不到，写一份2000字以上的书面说明。后来，大家都做到了，整个港口效率就提高了。闻名全集团的“竺士杰桥吊操作法”和“汪增峰龙门吊操作法”就出现在穿山港区。2019年，在集团6个集装箱港区的每月考评中，穿山港区8次获得第一名。在2020年上半年的每月考评中，穿山港区又4次夺得第一。国内外港口界不少人来考察过，譬如和记黄埔港口、中远海运。人家都认为，穿山港区管理水平不比他们差。当然，如果与新加坡港比，穿山港区还有较大差距，还有发展空间，方剑波也实事求是地承认。

方剑波补充说，2020年，集团下达给他们的指标是1050万TEU，他们的内定目标是突破1100万TEU。穿山港区有独特的自然条件和优势，不冻不淤，可同时靠泊5条大船。现在又通了铁路，可以做海铁联运。他自信能达到这个奋斗目标。

最后，方剑波似乎带有总结性地说，他对港口感情很深，把港口当作事业来做。看着港口欣欣向荣、蒸蒸日上，干部职工都满意，他会有一种自豪感、满足感。做不好，对不起组织信任啊！

在此次采访两个月后，小葛在微信中给笔者发来一则穿山港区的消息：穿山港区集装箱吞吐量累计达到1亿TEU，一只身披红绸的集装箱被桥吊轻轻吊起，安置于“中远海运宝瓶座”巨轮上。笔者不知道方剑波有没有计算1亿只TEU的长度，笔者算了一下，1亿只TEU长度约可绕地球赤道15圈。老厉害咯！

2020年10月14日，小葛又发来一张令笔者惊喜的照片，照片上，3艘400米巨轮同时停靠穿山港区作业。它们分别为装载16.6万吨的“地中海特蕾莎”

轮、装载21万吨的“穆尔西亚马士基”轮和装载18.5万吨的“地中海阿姆斯特丹”轮。3艘巨轮首尾相接，超过1200米，宛若巨龙盘卧，气势非凡。几十台桥吊俯身亲吻，背景是宽阔的蓝天、飘逸的白云、多情的青山。笔者相信，这一画面将进入中国港口史画卷，并长留在宁波舟山港人的记忆中。

从鼠浪湖冉冉升起的全球明星

2005年夏季某一天，具体日期已不可考。一拨人出现在偏远的鼠浪湖岛上，他们穿着较为考究，与鼠浪湖岛上的农渔民形成鲜明对比。当地农渔民用疑惑的眼光看着这拨人。只见他们一会儿沿着岸线踏勘，一会儿走进农渔民家打听住房价格，一会儿又爬上山顶向远处指指点点，不知在说些什么。

这些人，就是宁波港集团领导班子成员，他们被李令红请到鼠浪湖，参加现场会，实地考察鼠浪湖工程项目。

前因后果，却需笔者交代不少文字。

看似一个个荒凉偏僻的小岛屿，其实拥有丰富的“黄金岸线”。舟山市领导几次跑到宁波港集团找李令红，希望宁波港集团与舟山有关方面联合开发衢山港区大型泊位。

此时，李令红正在为北仑港之后的发展犯难。全球船舶大型化、港口现代化进程明显加快，船舶吨位由原先的10万吨级、20万吨级迅速升至30万吨级，甚至40万至45万吨级。原先遥遥领先于世界港口的北仑港，逐渐显示出它的不适应：岸线水深条件明显不够。靠泊30万吨级以上的货轮，水深至少要在负22米以上，北仑港岸线达不到。

还有，听说国家正在规划全国未来的40万吨级大型泊位，宁波港可不能缺席呀！

恰如瞌睡时，有人递了枕头，敏锐的李令红马上意识到这是个机会。如果真的能与舟山方面合作开发，不但可以填补宁波港30万吨级以上超大型泊位的空缺，而且朝习近平同志提出的宁波、舟山港一体化方向又跨了一大步呢。

主意拿定，李令红把王信念找来商量。王信念人老练、能力强、业务熟，是李令红的得力帮手，他们彼此合作和谐而愉快。

两人在办公室里摊开海图，如此这般地商量了一会。李令红最后说，这次考察选址任务，就请你王信念全权负责啦！

这自然是一种信任，当然也是一种压力！

王信念于是成为宁波港集团考察鼠浪湖岛第一人。

根据惯常做法，王信念先是兴冲冲地去找了岱山县领导。岱山县领导一听宁波港要来开发建设港口，表示十二万分欢迎，随即陪同王信念前往衢山岛。

岱山县领导直接把王信念领到衢山岛蛇移门一带，他们希望宁波港先开发建设蛇移门码头。富有经验的王信念马上敏锐地发现，这蛇移门一带暂时不适合开发。虽说蛇移门航道可以，但两边都是渔村，港口通道势必要穿过渔村。如果拆迁，那征地拆迁赔偿的就不是一个小数目。还有一个更大的问题是，港址边上没有陆地，港口需要大面积堆场，必须开山填海，工程量极大。

就在准备放弃、转身返回时，王信念视野中蓦然出现了隔海相望的一个小岛。人们告诉他，那叫鼠浪湖岛。一看一问，王信念灵感一闪：这边不行，对岸如何？他马上让人把自己送到鼠浪湖岛上实地踏勘。

内行的王信念一看，立时觉得这是建设超大型中转矿石码头的理想港址。所谓外行看热闹、内行看门道。选择一个港址，远比一般工程复杂。首先要考虑能不能建，还要考虑建成投产后的运行成本、环保因素，更要统筹考虑国家利益、港口自身利益和所在地老百姓切身利益，尽可能把三者兼顾好。这是港口立于不败之地的前提条件。

王信念发现，鼠浪湖岛岸线与衢山岛蛇移门同处一条深水航道，水深多在负20米以上，完全可满足建设30万吨级以上泊位的要求。陆域面积有几平方公里，可供建设超大型堆场。还有，岛上住户不多。王信念当时询问岛上住户数时，回答说有500多户。照此测算，居民搬迁费用不会太多。缺点是交通不如衢山岛便捷。但王信念想，未来矿石码头主要用于水水中转、船进船出，远上一两公里应当无妨。唯一的问题是，今后码头职工需要摆渡进出。

回到宁波港集团，王信念将考察情况向李令红作了汇报，提出了选址建议。李令红完全同意王信念的选择。为统一集团领导班子思想，李令红干脆把班子全体成员拉到鼠浪湖岛上，开了一个现场会。

换一种思路，连接陆地与海洋。

领导班子成员到现场一看、一问、一比较，都赞同王信念的选址思路，明确让王信念继续跟进并推进。

也许是好事多磨吧，选址跟进并不容易。岱山县领导一时接受不了弃蛇移门选鼠浪湖的方案。他们原先希望两家联合开发衢山岛，推动整个岱山县发展。现在宁波港决意选址鼠浪湖岛，他们既不想拒绝，又心有不甘。于是，来来回回、进进退退，耽搁了相当长时间。直到省交通厅出面几次协调，才基本达成合作开发建设鼠浪湖码头的意向。

意向刚刚达成，另一个意料不到的问题冒了出来：一夜之间，鼠浪湖岛上住户从500多家增至700多家，最后，竟有1040家。一了解，一打探，真使人哭笑不得。听说国家要开发建设鼠浪湖，拆迁有补偿，原先早已迁移到岱山县城或衢山本岛的一些住户悄悄搬了回来，重起炉灶新开张，一时炊烟袅袅、饭香扑鼻。有人将早已倒塌的破屋翻盖成新房，有的还将战争年代留下的旧碉堡改建成地下室，等等，各种形式、各种名目，不胜枚举。乖乖，搬迁户数量几乎翻了一番，那就意味着赔偿金额需要增加一倍，完全超出预算，弄得一向自认为聪敏精明的李令红、王信念等人也没了主意。有人主张搬迁一部分算了，那样可减少一部分赔偿费。有人甚至建议放弃此地，另觅港址。

王信念心里也很矛盾，放弃吧，太可惜；赔偿吧，数额实在太大，投资收不回来怎么办？但他不赞成搬迁一部分、留下一部分的思路，那样的话，眼前看上去是节省了不少钱，但从长远看，却为今后码头安全生产留下了隐患。两利相较取其重、两害相较取其轻啊！他力主鼠浪湖岛全体住户一次性搬迁、一次性补偿。李令红也是这个思路，两人不谋而合，便咬牙作出决定：宁波港认可1040余户，一次性支付拆迁费5亿元，交由岱山县政府全权处理。岱山县政府同时决定，在衢山岛划出一块土地，建造一个渔民新村，将鼠浪湖住户悉数迁移至此。

人的问题刚解决，鱼的问题冒了出来。鱼有什么问题？有啊！你大规模吹沙造地，改变了海流，原先往这边环游的大黄鱼就不来鼠浪湖啦，没有大黄鱼，哪有大黄鱼籽？没有大黄鱼籽，就更没有大黄鱼，这道理不是明摆着嘛！当地渔业部门提出充足理由。得，他们说得没错，也只得认账。宁波港同意补偿海洋使用费，一次性了断，给几千万元，请你们费神每年买鱼苗，放到大海里去。好，好，这还差不多。当地渔业部门爽快地答应下来。

在鼠浪湖岛建设1个40万吨级卸船泊位、2个10万吨级装船泊位、1个500万吨级堆场的方案终于上报审批。2012年9月，国家发改委正式批复同意：建设泊位规模为30万吨级，水工结构为40万吨。因当时国家还没有40万吨级泊位标准，只好请鼠浪湖原谅啦！

在批复到达前的一个月，鼠浪湖码头第二任总经理朱伟达踏上了这座孤悬于东海之上的小岛。

朱伟达上岛时，鼠浪湖码头工程的围海造地已接近尾声，当地住户搬迁工作业已完成，爆破运石也基本结束。但整个鼠浪湖岛仍显得极度荒凉，仿若一张白纸，等待着朱伟达及其他17名职工绘出最新最美的画卷。

在白纸上绘画，当然仅仅是一种比喻，在实际工作中，并没有那般美好和浪漫。公司办公室设在岱山县，为的是便于与岱山县有关部门对接，现场施工当然在鼠浪湖岛上，朱伟达便两边兼顾两头跑。

当务之急，是要通过初步设计审查。省市有关部门都很支持，但程序还得过，尤其有些环节需要到北京去跑，跑交通部、环保部等。记得那年年底，北京天气极冷，气温零下18摄氏度。他们一分为二，一拨去环保部拿批文，再赶到交通部会合，朱伟达和韩路则在交通部等。一大早，朱伟达和韩路搭着熟人的便车进了交通部大院，就不敢再出来，怕出来后就再也进不去，便在大院里死等。江南人哪见过这样的冷天呀，左等不来，右等不来，手脚就慢慢不听使唤了。等了两三个钟头，终于等来了环保部批文。再进门找到那位管水运工程的处长，对方一看朱伟达冻得赤紫赤紫的手脚，再加上他俩好说歹说，才同意纳入计划。

主管部门批复后，并不是万事大吉。鼠浪湖岛远离舟山本岛，原先住户不多，只要满足居民生活用水用电即可，全岛水电设施可想而知。现在一下子要上大码头，施工用电问题首先凸显出来。而且，非常不凑巧的是，那条1万伏海底电缆线，就在码头建设区。电力部门提出，要么废掉，要么移掉，二者必选其一。废掉，施工就供应不了电；移掉，据说需要两年时间，那不是黄花菜都要凉了嘛！不行，那不行！不行？那你朱总说说看，该怎么办？人家反问一句。

该怎么办？朱伟达一时也没有主意，他毕竟不是电力方面的专家。对呀，自己不是专家，可以找找专家呀！

朱伟达通过别人介绍，找到主管衢山一带电力设施的一位年轻领导，跟他讲鼠浪湖码头的重要性、必要性、紧迫性，还有它的中国价值、世界意义，讲得那位下派任职的年轻干部热血沸腾、血脉贲张，产生强烈共鸣。他主动表态要帮助解决鼠浪湖电力供应问题，同时也提出，希望鼠浪湖码头建成后，能帮助解决一些电力系统子女就业的问题。这事可以办。朱伟达想，码头未来肯定要招收新员工，谁来不是来呀？更何况，电力系统子女的素质还是蛮高的呢！“好，我答应了，码头招工时，我一定兑现承诺！”

花了两三个月时间，电缆线移位，再电力增容。2013年4月，鼠浪湖码头打下第一根桩，意味着世界上屈指可数的特大型码头正式施工。

码头施工后，朱伟达就开始盘算招收码头新职工和职工生活问题。

鼠浪湖四面环海，气候极其潮湿，一年到头，洗的衣服不会干，被子都是湿漉漉的。

鼠浪湖还有一个特产：鼠浪湖蚊子。这种蚊子并不大，但人被它叮咬后，会引发过敏，皮肤会溃烂，几个星期都好不了。即便后来好了，还是会留下疤痕。但凡在鼠浪湖工作过的职工，几乎没有人被鼠浪湖蚊子“亲密接触”过并不留下疤痕的。

喝水也是问题，鼠浪湖周边都是水，但都是又苦又涩又咸还带着鱼腥味的海水，自然不能喝。开始时，朱伟达组织人带了大量桶装水上岛，煮饭烧菜喝茶用它，洗澡洗衣洗地也用它。后来，觉得这样太浪费了，就在岛上装了个海水淡化系统，从而解决了洗澡洗衣服的用水问题。

其实，最大问题是寂寞感。鼠浪湖岛不大，活动空间狭小，生活自然单调。前期来的人告诉朱伟达，人待在鼠浪湖，不能超过10天。对此，朱伟达不久就有了体会，住的时间稍长些，人会显得极度烦躁，甚至会出现某些精神疾病的症状。

2012年，朱伟达去母校武汉理工大学招聘。经他游说，来了19人。有人一上岛，一转悠，立马打道回府，一天走了6个，只留下13人。

这样的环境怎么进人、留人，并把这支队伍带起来？朱伟达是从最基层干起的人，懂得普通员工的心理，尤其是年轻人的心理，要让大家有事做，能安心。码头能外包的工作尽量外包，这样可从总体上减少固定工种数量。招收管理人员时，要挑选那些想干事的人、已结婚的人，这样的人待得住、有干劲。普通操作工，就在当地招。鼠浪湖码头员工收入在那一带最高，码头名气也大，附近岛上的父母也愿意让子女到鼠浪湖码头工作。码头工作不太适合女性，就尽量少招收，除非那些愿意嫁到岛上来的姑娘。平时，朱伟达让公司工会、团委做红娘，为公司年轻员工牵线搭桥。几年下来，码头上多数员工都结婚成家生子，其余适龄青年也大多在岱山、衢山有了对象。

朱伟达还突发奇想，在鼠浪湖办了个养殖场和果菜园，时不时地给职工们改善伙食、调换口味。

人心都是肉长的，朱伟达的种种良苦用心，最终被员工们理解和接纳，他在鼠浪湖获得了良好口碑。

朱伟达做这些事，自然是有他的深远用意在里面，说到底，还是为了鼠浪湖码头能发展壮大，为了让鼠浪湖码头能在世界超大型码头中争得一席之地。

鼠浪湖码头工程完工时，泊位已出现供大于求的现象。原先每吨23元的装卸费，降至16元。鼠浪湖码头设计能力年产2600万吨，实际只能做到2000万吨，全部营收约为3亿多元，扣除折旧费2亿元，银行利息1亿元，还不包括员工工资。做一船，亏一船；做一年，亏一年。

这样下去显然不行！出路在哪里？偶然之间，朱伟达听说大连港开始做混配矿石业务，每吨增加1元净利。所谓混配矿石，就是将不同品种和品质的矿砂混合在一起，再转运出去，是国际上最新的经营方式。

朱伟达与班子成员一商量，大家觉得这路子可行，便立即作出决定，请集团技术人员帮忙，进行设备技术改造。半年时间后，改装完毕。为慎重起见，朱伟达先找了个小单位试了一把，居然成功。之后，便在鼠浪湖码头做起来，同时向国际航运界大力推介混配矿石新模式。

说来也巧，全球最大的铁矿石运营商巴西淡水河谷公司，一直悄悄关注着鼠浪湖码头。

地球人都知道，淡水河谷公司是世界三大矿山巨头之一，是世界第一大铁矿石生产和出口商。该公司铁矿石产量占巴西全国总量的80%，被誉为“亚马孙地区引擎”。1973年，中国第一次从淡水河谷进口铁矿石。20世纪90年代初，淡水河谷始在上海设立办事处，大力深耕中国铁矿石市场。

淡水河谷公司在巴西有两个特大型矿山，南部矿区是一个高硅低铁矿，品质一般；北部矿区恰好相反，是优质低硅高铁矿。但南北两个矿区相距遥远，不能在巴西国内完成混配，只能各卖各的，结果都卖得不好。矿砂运输还得与另一巨头澳大利亚矿业开展竞争。巴西到中国，自然比到澳大利亚远得多，迫使淡水河谷公司使用40万吨级船舶。他们亟须一个规模在40万吨级、同时能进行混配的码头。另外，鼠浪湖码头处在长江口，进出便捷，且码头被划定在舟山自贸区范围，能保税、费用少。

总而言之，鼠浪湖码头似乎就是专为淡水河谷公司量身定制的，正可满足他们的全部需求，解决他们的全部难题。于是，淡水河谷公司在中国比较了几家港口之后，千里迢迢找上门来。

此所谓“栽下梧桐树，引得凤凰来”。

朱伟达他们自然表示热烈欢迎。

鼠浪湖码头混配矿石作业，很快立项上马，

混配矿石的好处显而易见，但凡是钢铁厂都需要。而且，混配比例可根据厂家需要随时调整，深受市场欢迎，因此投产后立刻见效。至2019年底，共生产混配矿砂1550万吨，占淡水河谷在中国市场21%的份额，鼠浪湖公司因此增加营收1个亿，扭亏转盈。

理解在合作中加深，合作在理解中扩大。

2019年8月，朱伟达与淡水河谷项目经理帕杜拉在上海洲际大酒店见面。因彼此已非常熟悉，没有多少客套，就直奔主题。

帕杜拉问：鼠浪湖码头能否做磨矿？

磨矿？朱伟达知道这是行业术语。所谓磨矿，就是将粗的矿砂碾磨成精粉，经过烧结后，形成球状。国内也有传统磨矿，分干式和湿式两种，但需要大量电和水，且会产生污染。

帕杜拉似乎看出朱伟达的疑虑，便解释说："淡水河谷公司的磨矿是个新工艺，可提高矿砂利用率，不会造成环境污染，且能降低碳排放。朱先生，请放心！这个技术和工艺，由我们淡水河谷公司提供，你们是代加工，只要负责操作就行！当然，有钱大家一起赚，对不对，朱先生？我们看中的只是鼠浪湖这块宝地和朱先生您这位行家。"

想不到洋人也会说奉承话，朱伟达心想。但帕杜拉说的不是没有道理，鼠浪湖码头条件那么好，不充分利用就太可惜了。他决定先答应下来，再向集团分管领导请示。

集团分管副总经理蒋一鹏坚决支持，董事长毛剑宏也明确表态。到10月底，项目确定，随后进入实际操作阶段。基础设施部分由鼠浪湖码头负责，球磨机由湖南生产，技术工艺由淡水河谷公司提供。

谁知，天有不测风云。2020年新春暴发的新冠肺炎疫情，给工程带来影响。巴西是世界上名列榜单前几位的重疫情区，淡水河谷公司的技术专家不能到中国来。一个现实问题是，原先说好由巴西方安装调试的工艺设备没有办法往下进行。对方自然焦急，帕杜拉每天3通电话催着工程，朱伟达内心也极为焦急。但他还是沉住气，与帕杜拉商量对策。最后决定由宁波舟山港自己先行安装调试。

朱伟达与公司领导班子商量，要防疫，也要推进磨矿工程。他们想出一个绝招：划定一块施工区域，派人日夜值守，施工调试人员集中管理，不进不出，就地吃饭休息，确保施工人员与外界不交集。

调试完毕，工程圆满验收。朱伟达用微信视频将这个喜讯告诉远在巴西的帕杜拉。帕杜拉也十分高兴，在视频中一叠声地感谢着。

朱伟达跟他开了个玩笑："帕杜拉先生，您还记得您的承诺吗？"

"承诺？什么承诺？"帕杜拉显然还沉浸在兴奋之中，一时反应不过来。

"您不是答应，这个项目完工后，要庆祝一下，喝上半瓶白酒吗？"

"哦哦！那是一定的！"帕杜拉恍然大悟。

"等疫情过去，您可要补上啊！"

"OK！"帕杜拉在视频那头愉快地答应着。

采访完前不久刚调任集团企业管理部主任的朱伟达，笔者内心产生了一种强烈冲动，渴望去实地看一看他坚持了8年的鼠浪湖码头。

正值盛夏酷暑，笔者和小葛一大早出发，坐车赶往轮船码头。一个半小时后，来到三江口轮船码头。

久违了，轮船码头。笔者已有几十年没坐轮船了吧？

买船票，61元，不算贵。

候船室内，弥漫着一股方便面气味。旅客坐得满满当当，大家自觉地戴着口罩，仍大声喧闹着。看来，轮船这一载客方式，在海岛交通中仍不可或缺。

一会儿，开始登船，对号入座，秩序井然。

笔者座位是66号，近邻是一位女士，姓王。一问，全家竟是从鼠浪湖岛上搬出来的渔民，父母家现在衢山，住着安置房，自己在宁波一家外贸公司工作，与宁波舟山港有着千丝万缕的关联。她用略带抱怨的口吻说：因为宁波舟山港，现在到处都是外贸公司、集装箱公司。说得夸张些，从天上掉下一点雨滴，都能砸着一家外贸公司呢！小王夸张地形容着。

她蛮开朗，也蛮健谈，一听说笔者是宁波舟山港的，去鼠浪湖岛采访，就滔滔不绝地给笔者介绍起衢山一带的历史、风景、宗教、风俗。她告诉笔者，衢山在舟山岛东北角，鼠浪湖在衢山对面。她小时候曾问过她爸："为什么这个岛叫鼠浪湖？"她爸回答说："大家都这么叫，可能是岛的样子像只老鼠吧。也有人传说，岛的四周波浪不大，小浪像老鼠呗。谁会去计较这些！"老鼠？多难听呀！所以，她从小就不喜欢鼠浪湖。岛上的学校没有体育和音乐老师，上那些课时，学生们自己玩耍。窗户没有玻璃，教室地面都是泥土。一下雨，大家进进出出，一不小心会滑倒。她妈妈希望她长大后当个船老大，那样可改善家庭生活。真没有想到，后来国家来开发、建设码头，每户人家都拿到了很大一笔赔偿款，还住上了新房。她也离开鼠浪湖，成了衢山人。再后来，考上中专，留在宁波工作，终于逃离那个难听死了的鼠浪湖啦！

说到这里，小王忍不住笑出声来。船舱内，风扇不紧不慢地吹着，吹起她丝丝秀发，弥漫开一缕缕香气。此时，小王显得十分开心和靓丽。

轮船抵达衢山码头，小王用手遥指着不远处一片新房对笔者说：“喏，那片就是鼠浪湖居民安置房，我家就在那儿。欢迎有机会去坐坐哦！”

渔民式的热情与豪爽。

从衢山轮船码头到鼠浪湖，还要坐车从西往东穿越整个衢山岛，时间约为50分钟。

车路平坦整洁，沿途景色不错。马路两边是起伏的山峦，山顶上，耸立着一排排风力发电机。叶片转动着，犹如一位位舒展双臂的美女在展现海岛风情。

车子到了一个叫“田涂渔港”的地方停了下来，司机告诉我们，去鼠浪湖的码头到了。

哪有什么码头呀？就是一条粗糙的水泥路伸向海边，在路尽头，垫上几只橡胶轮胎，权作码头。这种简陋，使人想起遥远的往昔。

11点整，登上渡轮，往鼠浪湖岛前行。白色的浪花在渡轮两边散开，翻卷着，向后退去。渡轮随着波涛起伏，人又跟着渡轮摇晃，都是不由自主的动作。

天气尚好，多云，海平面与云天浑然一体。鼠浪湖岛周边还有大大小小岛礁沉浮大海中、出没风波里。那种景致，比千岛湖更有观赏价值。千岛湖的岛与水是静止的，而鼠浪湖附近的岛屿则极具动感。置身其间，可以给人丰富的美感和无限的遐思。

20分钟后，渡轮靠上鼠浪湖游客码头，公司党委书记王伟已等在码头上。这是一位精瘦、精干的中年人，脸上胡子拉碴，似乎几天没有洗刮。一开口，立刻使人觉得他思路清晰，且热情幽默。他说，鼠浪湖码头就像一个正在成长中的少年，时刻都在长个子，不像那些已成熟定型的油腻男。哈哈……

不一会，车子在码头住宅区停了下来。笔者举目望去，码头建筑、吊机、堆场、车辆、宿舍，乃至绿植，都覆盖着一层厚薄不一的铁砂泥，呈现出一种褐红色。这显然是铁矿砂粉尘长年累月的杰作。

简单的工作餐后，笔者有点迫不及待，便由公司营运操作部经理刘雄波陪着，来到这个仰慕已久的特大型码头。

那景象与气势，真是壮观啊！优美的引桥如壮汉之臂，伸向大海，修长而宽阔的码头外侧，1个40万吨级、1个20万吨级兼靠30万吨级的大型卸船泊位头尾相连。16台系泊绞车一字排开。码头内侧，排列着3个10万吨级的装船泊位。十几台装机船，举着高高的悬臂，或伸向天空，或致意大海。

海风轻轻吹来，几只飘逸的海鸥，围绕着装卸悬臂上下翻飞，忽而冲上蓝天，忽而亲吻海面。

此刻，正有一艘外轮在卸船泊位上作业。刘雄波为笔者介绍道，这艘外轮载货40万吨，船长362米、宽65米，吃水深度24.8米。它的长度甚至超过了世界上最大的航空母舰尼米兹级核动力航母。抓斗每50秒钟完成一次抓放作业，一次抓料，足够装满一节车厢。

笔者看见，卸船机上巨型抓斗俯身下去，伸进船舱，一次抓起40吨至45吨的铁矿砂，然后旋转着，倾泻进岸边的巨型漏斗。然后，从漏斗再倾倒在传送带上。传送带用铝板全程密封着，外面涂满猩红色，远远看去，像一条蜿蜒盘曲的巨龙，延伸至大型堆场。大型堆场多大？刘雄波告诉笔者：堆场总容量达600万吨，也就是说，可一次性接纳15艘40万吨级超级巨轮，如果满负荷运转，全年可达到7000万吨。作为矿石中转码头，堆场极为重要。它就像一个健壮人的胃，胃纳越大越好。

超级巨无霸，名不虚传啊！

站在鼠浪湖码头上，笔者一时遐思翩翩。这些铁矿石，在堆场稍事休息后，将沿着长江航道，运往长江沿岸钢铁厂，成为冶炼超长无缝钢轨的原料。它们在高炉中完成质的蜕变后，将以新的形象，铺设到高铁线上，承载时速350公里的高速列车，形成我国新的运输大动脉。想象着当年李令红、王信念他们第一次登岛勘察的情景。10余年过去，鼠浪湖岛从一座人烟稀少、名不见经传的荒凉小岛，华丽转身为世界上屈指可数的特大型矿石中转码头，这中间，有多少令人惊奇和赞叹的故事啊！

笔者就问刘雄波经理，鼠浪湖有什么故事呀？刘雄波脱口而出，印象最深、最惊心动魄的，当然是鼠浪湖码头第一次试靠了。

鼠浪湖码头于2015年8月基本完工。全港上上下下都渴望真刀真枪干一次，让新建码头靠泊40万吨级货轮。此时，从中远海运公司传来消息，该公司40万吨级船舶有意愿靠泊鼠浪湖码头。集团领导觉得这是一次机缘，就积极争取，但交通和海事部门却迟迟不肯表态。不表态，自然有不表态的理由，你这个鼠浪湖码头国家还没有验收，更何况，你按30万吨级设计，只是水工工程允许兼靠40万吨级。第一次万一失败了，算是谁的责任呀？集团领导就解释，砻糠搓绳开头难，凡事总得有第一次呀！不靠泊，怎么知道码头行不行呢？双方意见一时统一不起来，后来情况反映到省政府。9月10日，省政府副秘书长夏海伟出面，把有关单位召集在一起协调。夏海伟要码头作出安全承诺，进一步完善工程设施。他提议先进行省级验收，通过后就放行。交通和海事部门对此表示同意，并提出由小到大，先靠泊20万吨级、30万吨级，最后冲刺40万吨级巨轮。

管理部门开了绿灯，并不等于试靠成功，担子落在码头总经理朱伟达和刘经理身上。2016年1月26日，鼠浪湖码头第一次试靠20万吨级的“塞纳娜”轮，整个过程很顺利。

2016年9月23日，决定性时刻来临。中远海运“远见”轮满载着40万吨巴西铁矿砂离开锚地，朝鼠浪湖码头缓缓驶来。为让人们随时了解40万吨级巨轮的装卸过程，集团文化新闻中心工作人员竟在码头现场进行视频直播。还听说，省委、省政府领导此时也暂时放下手头工作，关注着远方鼠浪湖码头现场的一举一动。

刘雄波坦率地说，在现场，朱伟达和他都有点小紧张。毕竟是第一次，毕竟是40万吨级大家伙呀！但他还是很快镇静下来，指挥员工们做好卸船准备。事先，他们针对有可能出现的问题，反反复复研究过，制定了几套预案。他相信没有过不了的火焰山，没有卸不了的大轮船。

只见8艘拖轮合力将“远见”轮拖近泊位，12名水手用33根缆绳将巨轮与大码头紧紧勾连起来，至下午4点半，“远见”轮稳稳地靠泊完成。“开始！”随着刘雄波一声令下，卸船机启动抓斗，近40万吨铁矿砂源源不断地流向堆场。

4天后，“远见”轮卸下重荷，轻松返航。

鼠浪湖码头第一次通过40万吨级货轮的世界级考试。

回忆这段往事时，刘雄波神采飞扬，自豪之情溢于言表。

接下来，笔者采访岛上的干部职工，听他们谈初次登岛时的感受、创业的艰难、守业的不易，还有他们的爱情、婚姻、家庭和日常生活。笔者还找了点空隙，实地观察那个闻名遐迩的后勤基地。岛上员工称这个小小种养殖场是“鼠浪湖的南泥湾”。笔者穿行其间，并与那些鸡、鸭、猪、羊、果、菜来了个亲密接触。

最后一位采访对象，是鼠浪湖公司总经理罗剑波。罗剑波接的是朱伟达的班，到鼠浪湖工作才几个月。但他曾在多个岗位当过领导，适应性强。来到鼠浪湖不久，很快就进入状态。

采访一开始，罗剑波就说自己与鼠浪湖很有缘分，当年作为集团办公室秘书，曾随集团领导班子来过现场。现在，国家规划全国建设11个超大型码头，宁波舟山港占了3个，其中2个在鼠浪湖。大码头是用钱垒起来的呢，一期共投了52个亿。现在，集团准备再投资兴建1个40万吨级码头。毛剑宏董事长、陶成波总经理都很重视、很支持。毛剑宏董事长特意挂钩联系鼠浪湖码头，专程跑到鼠浪湖，明确告诉罗剑波，要将鼠浪湖码头建成舟山江海联运服务中心的核心，以此带动宁波自贸港矿石体系发展，并要求鼠浪湖成为散货智慧码头建设的样板。罗剑波深感自己肩上担子很重。

“您问建一个什么样的码头？这个码头可不得了。码头岸线在现有835米的基础上，再延长110米，形成945米的长度，也就差不多一公里啦。码头将再安装7至9台卸船机。建成后，能同时靠泊两艘40万吨级货轮。这么大规模的码头，目前世界上绝无仅有，厉害吧？这样一个大码头，将在自己手里建成，想想都兴奋得睡不着觉。”罗剑波说到这里，似乎动了感情。他说，港口养育了他，他对宁波舟山港充满感情，要感恩和回报。自己在世界最大的码头当总经理，的确有一种自豪感，更有一种压力。

笔者离开鼠浪湖岛不久，朱伟达介绍过的那个磨矿工程开工。

疫情期间，合作双方商定采用视频连线方式，举行一个鼠浪湖磨矿工程开工仪式。

视频显示时间为2020年8月25日。

画面：巴西淡水河谷会议室，坐着7位淡水河谷公司高管。透过会议室玻璃窗，可看到背后巨大的矿区现场。

淡水河谷公司总裁致辞。这是一位长满浓密络腮胡子的中年人，目光犀利有神，戴着耳机，猛一看，像个宇航员。

宁波舟山港这边，董事长毛剑宏出席剪彩。毛剑宏也显得极高兴，致辞完毕，面对着视频镜头，风趣地对着淡水河谷总裁说：“我们开始吧。”

时隔不久，2020年11月12日上午，中国宁波舟山港集团与巴西淡水河谷公司组建合资公司、建设和运营舟山鼠浪湖西三区项目签约仪式在杭州举行。两家公司向外界宣布：宁波舟山港集团与淡水河谷公司合资设立新公司，公司注册资本金15.05亿元人民币，双方各拥有50%股权；同时投入43亿元人民币，建设鼠浪湖码头西三区项目。项目建成后，可使鼠浪湖码头混配矿石处理能力达到2000万吨，总处理能力达到4000万吨。

此举被国际航运界誉为世界最大矿与世界最大港展示勃勃雄心。

浙江省委书记袁家军、省长郑栅洁以视频连线方式，与巴西淡水河谷首席执行官柏安铎一同见证这一历史。省领导陈金彪、刘小涛等参加活动。

袁家军说，今年春天，习近平主席到浙江考察，第一站就来到宁波舟山港穿山港区，提出将宁波舟山港打造成“世界一流强港”。这赋予了宁波舟山港更高的使命任务和目标定位。我国发展新阶段、新发展格局给宁波舟山港和淡水河谷公司带来了更大的合作空间与发展机遇。我深信，此次签约组建合资公司，必将极大提升宁波舟山港、巴西铁矿山的竞争力，必将搭建起中巴两国往来交流的新纽带，也必将为推动“一带一路”建设作出积极贡献。我们将认真落实协议内容，以良好服务推动合作项目早日建成投产。

柏安铎作了热情洋溢的回应。

我们看到，一个令世人瞩目、为中国添彩的明星码头，正从东海的鼠浪湖岛冉冉升起。

梅山绽放一树红梅

在宁波舟山港，每个港区都有一段自己的历史，每个泊位都有一个自己的故事。

梅山港区的历史和故事显得颇为独特。

2008年春节刚过，许晨被宁波港集团派往梅山岛，负责筹建梅山保税港区。

梅山岛位于宁波东部，属括苍山余脉。虽说四面环海，但其最近处，与大陆仅距500米左右。水性好的人，憋一口气即可游过去。说起地理位置，梅山岛可真不是一般的优越。它东临国际航道和锚地，西接象山港，北连北仑主港区，南靠舟山六横、佛渡等岛。海岸线长度超过27公里，其中深水岸线9公里多，平均水深22米以上。这样的水深条件，完全能够停泊第五代、第六代集装箱轮。

正因为如此，梅山岛被宁波市领导相中，成为宁波保税港区申报地。而且，这块宝地也被国务院领导相中，申报很快获得批复同意。从上报到批复，仅仅138天，据说创造了全国保税区申报时间最短的纪录。

许晨去了没几天，国务院批复文件就下达了，使得许晨连喘口气的时间都没有。因国家明文规定，保税区批复两年后，必须闭关运作，超时作废，须重新申报。

这就把梅山保税区筹备工作人员逼成了过河卒子，没有退路可言。

在这众多过河卒子中，许晨又是必须跑在最前面的那一人。因为保税区能不能“闭关运作”，关键在港口，标志是港口。

临去梅山前，集团总裁李令红找他谈话，让他负责筹建梅山保税港区。李令红下了死命令，许晨知道，完不成任务，他就死定了，回不去啦！

那时候，梅山人还不知道什么叫保税港区。梅山是浙东地区有名的产盐地，当地盐民世世代代晒盐、卖盐。

对晒盐，许晨也许并不内行，但笔者年轻时曾跟着老父亲晒过盐。说起来，并不复杂，先是在海边盐碱地上，把那些呈白色也就是盐分较多的泥粉，一堆堆刮起来集中堆放。接着，用沙泥垒成一个个约三四十厘米高的圆井，然后，将那些白色泥粉倒入，加上海水。那些海水会慢慢渗出，盐分就留在圆井内，形成“卤水”，再将卤水倒入“晒盐板”上，放在烈日下暴晒。待水分蒸发后，晒盐板上会留下白花花的盐粒。

梅山岛上有不少以此为生的盐民。

许晨对晒盐工序没有兴趣，他眼下最要紧的，是动员这些盐民搬家，越快越好。有些盐民不肯搬迁，唠唠叨叨地说什么海盐卫生，营养价值高。许晨有点不耐烦，有时大吼一声：“什么海盐井盐的，现在超市里什么盐都有！”

也难怪许晨发点小脾气。开头几天，只有他一个光杆司令，开着一辆破桑塔纳，孤军奋战。过了一段时间，总算找了一位搭档毛华，两个人换着开车，满岛转。

整整一年时间，许晨和毛华，还有后来加盟的韩路，基本都在路上跑，不是杭州，就是北京。北京是每周去一趟，杭州去得更多，简直不计其数。有一周，他竟然跑了5趟杭州，以至连高速公路收费员都认出他来了。遇到许晨交钱，对方总是扑闪着一对美眸，有点疑惑地朝他笑笑。

还笑？许晨连哭的心都有。

那时，许晨根本找不到当总经理的感觉。

你说许晨跑什么，跑手续呗，各类手续。什么土地、环保、海洋、岸线、设计，港口项目前期许多手续，都得国家、省市部门审批，那些程序海了去了。省里、市里蛮支持，有时市长还亲自带着许晨他们跑杭州、跑北京。

地方上也不是没有难题。譬如，梅山港址对面200米，就是舟山地面。舟山不少渔民搞网箱养殖，在码头前沿安放许多网箱。现在要他们撤除，就得赔偿。还有航道问题，舟山有舟山的考虑，他们也想在对岸建码头。一山不容二虎，一峡难建两港。那时，宁波、舟山港还没有合二为一，彼此陌生着，缺乏沟通渠道。许晨他们费了不少时间，也赔偿了一大笔钱。

中间，还有个小插曲。待到梅山盐场就要吹填完时，许晨突然想起，这么有名的盐场，不能全填满呀，总得给后人留下点什么遗址之类，说明历史上这里曾经是有名的盐场，是宁波人赖以生存的滩涂之一。于是，与韩路一商量，总算在盐场角落保留下一小片滩涂，称为“梅山盐场遗址”，供人们怀旧。

最难的是什么？最难的是电缆！电缆？准确地说，是军用电缆，是一根从舟山到东海舰队司令部的军用电缆。它经过梅山岛，恰巧处在未来保税港区码头范围内，必须迁移。军队的事，涉及国防和国家安全，再小也是大事。移动军用电缆，需要先做通东海舰队工作，然后请示南京军区，直至军委总参谋部。有时，许晨听不懂，或者不太理解，就弱弱地多问一声。人家说：这是军事秘密，能告诉你吗？许晨只好闭口，耐下心来继续做工作。

跑的次数多了，时间长了，彼此慢慢熟悉，甚至成了好朋友。最后，部队终于同意为梅山保税港区让道。获悉总参同意的消息时，许晨在心底喊了声：谢谢解放军叔叔！

许晨碰到的还有一个难题，就是钱。建设这么大的港口，需要一大笔钱。

你说需要多少？概算54亿元人民币，70%贷款。算算看，至少需要37个亿。不是一个小数字吧？还记得2008年全球金融危机吧？当年银行贷款指标卡得特别严。要命的是，李令红还不允许抵押担保，说靠宁波港集团的信誉，靠他一家家跑。许晨把全市大大小小各类性质的银行都跑了个遍。最后，工行为主，各家银行都出一点，直至把中国银行的美金贷款都算上，才好不容易凑够。

这些真还不算什么，经过工作和努力可以做到。许晨考虑最多、花的时间和精力最多的，还是关于港口的设计。

许晨认为，港口设在梅山保税港区，就必须与保税港区的定位和功能相吻合。他给自己定了个小目标：要将梅山港区建成全球第一个规模最大的自动化码头，所用技术和工艺必须是当下世界最高水准，逼近港口行业最前沿，成为绿色港口、智慧港口。

这样的标尺无疑是高的。但许晨却固执地坚持这样的标尺。他自我加压、自断后路。

高标尺得有参照物。许晨跑遍全国大型港口，也跑遍欧洲那些最先进港口。荷兰阿姆斯特丹港、德国汉堡港、英国伦敦港等。他比较后认为，荷兰鹿特丹港是其中的佼佼者。该港从20世纪80年代就开始搞自动化码头，90年代全面推开。眼下其自动化水平遥遥领先于全球各港口。

现在该轮到我们啦！许晨在心里猛地喊出这个口号，连他自己也吓了一跳。是的，人的一生机遇不多，梅山港区，似乎是上帝专为他许晨留着的！不对，不对，是党和人民给了他许晨这个千载难逢的机会，是中国国力提升、外向型经济迅猛发展给他许晨创造了这个窗口期。否则，他许晨设想得再好，怎么建得起这样规模的港口？即使勉强建了，港口也只能“晒太阳”。

许晨选择港口自动化的重点目标是龙门吊。许晨认为，最容易自动化的，是刚性的设备和动作。有些自动化，其实是一种重复。而龙门吊需要在堆场自由移动、来回跑步，不能固定于一个地点，每一吊都不是简单重复。从理论上讲，它并不适合自动化。但许晨在国外看到，一些自动化程度高的港口，龙门吊同样实现了自动化。那是轮胎式龙门吊，用电缆供电，没有污染。有的还做到了设备能量回馈。你问什么是回馈？回馈就是还给你呀！那种龙门吊在自动落下时，会将机械自由落体能量转换为电能，接入到随机电网，储存起来，作为下一次启动时的能量。这多好呀！

于是，许晨迷上这些了。他在梅山港设计中，与设计和技术人员一项项探讨、研究、细化、落实。从龙门吊、桥吊，到LNG（液化天然气）集卡、太阳能公共浴室。好在人类真聪明，现在科技真发达。没有做不到，只有想不到。能想到的，几乎都能做到。“想到”蛮重要，“想对”更重要。

梅山保税港区由集团所属海港海洋工程建设公司承建。一期集装箱码头工程于2008年3月开工。那真是一段革命加拼命的时间啊！梅山海岸线并不整齐，又是淤泥土质，需要进行固化处理。但海港建设者硬是将5年建设周期压缩至两年。至2010年初，前期两个泊位建成，梅山保税港区顺利闭关、验收、合格、运行。

一期工程共用6年时间建成并投产。工程获得国家优质工程奖。一个总长1800米、年设计吞吐量300万TEU、陆域面积约为140公顷的码头呈现在许晨面前。

紧接着，在一期码头西侧，港区滚装及杂货码头工程开建，历时两年余，1座7万吨级滚装及杂货码头建成，成千上万辆进口整车犹如过江之鲫从货轮上踊跃而下，进入早已预备好的汽车堆场。

之后，6至10号泊位陆续上马，建设两个20万吨级集装箱泊位和3个15万吨级集装箱泊位。年吞吐能力为400万标箱。眼下，9号泊位已接近完工，10号泊位将于2021年底竣工。届时，梅山保税港区将成为宁波舟山港第二个、中国第三个“千万箱”级特大型集装箱码头，并且有望成为智慧港口发展的样板。

许晨用自己超常规的工作，伴随着梅山港区一路走来。

在采访最后，许晨感慨地说：他在梅山港区待了10年半，仿若自己养了一个小孩，把他从婴儿期培养成四年级小学生。其中的苦与乐、血和泪、喜与忧、失与得，只有他自己知道。

笔者采访梅山保税港区那天，恰值久雨初霁，天气分外晴好。晨光给群山涂抹上一层金黄色，连绵的山峦凸显出倩影，远远望去，犹如一位位已醒来但懒得起床的美女。连岛高速公路两旁，是满目葱茏的树丛。海风吹过，枝叶婆娑起舞，好像在欢迎疾驰而过的集卡。不同的树龄和色彩，又似乎诠释着生命的新陈代谢，使人遐想。

云淡淡，若有若无；风暖暖，似凉似热。

映入笔者眼帘的，是一个新颖而时尚的小镇：猩红色钢结构大桥，亮丽的别墅群，连片的黑色玻璃幕墙建筑，偶尔飞驰而过的轿车。车窗左边或右边，闪过一个个天然芦苇荡，一羽羽盛开的芦花振翮欲飞。

这哪里是港口呀！眼前情景完全颠覆了笔者对港口的认知。这分明是一个旅游岛啊，只是游人不够多而已。

笔者想了解一下梅山保税港区自动化情况，桥吊工班班长吴起飞担任向导和讲解。

吴起飞是宁波舟山港劳模，在集团有点小名气。他个子不高，精干灵光，像一条海上的飞鱼。

笔者提出想看一看港口集装箱作业现场，吴起飞就带着笔者和小葛来到5号泊位。为不影响码头正常作业，吴起飞选择正在维修保养的17号桥吊。

“我们就选这台桥吊吧？”

好！笔者自然同意。

吴起飞打开桥吊电梯，3个人开始“噌噌噌”地上升、上升，很快来到桥吊驾驶室。

问吴起飞：多高？49米。吊具最高点达130余米，悬臂伸出泊位岸线120余米。我们悬在半空中。

脚下，大海翻卷着波涛，但因距离较远，望下去变成了小波纹，集装箱犹似积木块。在地面上显得硕大无比的巨轮，在此刻视域里，也就像寻常小船。

笔者虽然不恐高，但身处这样的场景，多少还是有点战战兢兢。

在真正的海之上、天之中，笔者与吴起飞作了一番闲聊。

出生于丽水山区的吴起飞，谈起自己第一次上桥吊的情景。那天，他像今天一样坐上电梯，上到驾驶室，站着望了一眼大海，脚就一下子僵在那里，怎么也移动不了。吴起飞也不恐高，但就是移动不了脚步，他自己都不知道是什么缘故。过了好一会儿，他定了定神，才终于挪开脚步。

桥吊驾驶室很小，连放茶杯的地方也没有。即使可以放茶杯，万一不小心，杯里的茶水溅出来溅湿了电子设备怎么办？再说，多喝茶，就会多小便。吊车那么高，上上下下极为不便。因而，干桥吊行业的人，约定俗成地会尽量少喝水、多憋尿。偶尔身体不适，急着上厕所，得先跟工班长联系，找好替代者才能下桥吊。一天工作十来个钟头，手机不能玩，一是没有空闲，一是室内有监控。司机在驾驶室不能想其他问题，稍不留神，箱子就抓不准，甚至还会出事故。所以，坦率地说，桥吊司机这个行业非常辛苦。一年365天，一天24小时，桥吊不停、司机轮班。他们虽然整天面向大海，但绝不会想到什么春暖花开，没有那样的闲情逸致。想到的是怎么完成指标，以至于有时看到密密麻麻的集装箱，就想呕吐。

真的，不是吴起飞介绍这些，笔者，包括其他行业的人，不太会了解桥吊司机的辛苦和不易。

后来？后来就慢慢适应并爱上了这份工作。2016年，吴起飞参加全省桥吊司机技术大比武，获得一等奖。2020年荣获全国青年岗位能手称号。眼下，他的头衔是梅山港区桥吊导师，面向着106名桥吊司机。106人哩，只比梁山一百零八将少了两人。说起2020年5月1日，全球最大集装箱货轮“现代阿尔赫西拉斯”轮载着2.4万标箱靠泊梅山港区一事，吴起飞毫不掩饰他的眉飞色舞，言语之中流露出明显的自豪感。

现在，桥吊司机的辛苦日子即将结束，全新的幸福生活已开始啦！吴起飞指的是梅山港区正在快速推进自动化智慧港口建设。

他怕笔者不理解，就带着笔者实地考察港口自动化堆场和桥吊自动化控制室。

笔者由此进入一个无人区。蓝天白云下，24台蓝色龙门吊车根据指令在堆场内自由穿梭，恍惚间，宛如一条条在大海里嬉戏的鱼。它们自动识别着不同方位、五颜六色的集装箱，自动放下吊具，精准抓取箱子，然后上吊起来，快速移动，到达指定位置叠放好，马上迅疾离开，又去吊放另一只集装箱。如果用舞蹈标准衡量，它们宛若一位位初学的舞者，表演着略显生硬的舞蹈。

笔者一时看得有点惊呆了。

更精彩的一幕正等着笔者。

跨进由集装箱改装的办公室，一股清凉之气迎面扑来，把笔者刚才在外面渗出的汗珠迅速吹干。想不到，暑天酷热之中的码头，竟然还有如此清凉世界，这空调效果不错哟。

吴起飞一进去，只听有人喊着班长，有人喊着师父，可以辨析出吴起飞在这些青年人中的角色。他介绍说，这就是桥吊自动化控制室。

室内，十几位青年职工，有男有女，正用电脑远程操控着泊位上的桥吊。边上一角，一位师傅模样的青年人似乎在培训新手。大家边工作，边交流，边喝着咖啡或清茶，显得舒适甚至有点闲适。

吴起飞用手指点着眼前4个工作台面，向笔者介绍说，智慧港口的最终目标是要实现无人化，把工人从繁重的码头劳动中解放出来。眼下，他们借助5G技术，采用多视角高清视频，将作业现场画面传回控制室，然后再将控制指令发给作业机械，就可完成全程操作。

笔者贴近一台电脑屏幕观察。只见屏幕上，扫描显示出集装箱和桥吊图形，图形可放大缩小，也可拉近推远。一位青年人熟练地操作着，并用话筒与现场理货员保持着联系。鼠标移动，再移动，上一点，下一点，左一点，右一点……那情景，仿佛这群年轻人在玩电脑游戏呢！

“好！”笔者听见有个清晰的女声从话筒中传出。一看屏幕上的图形，发现它以最低起吊高度、最短运动距离，安全越过所有障碍物，画出一条完美弧线，精确地落到指定位置上，不偏不倚、天衣无缝、合韵合辙。真是神啦！

再一看时间，这一箱从开始操作，到完成码放，只过去两分钟。这就意味着，自动控制装卸速度比人工略快。

这，就成功啦？笔者不由得露出疑惑的神情。

是的，陈老师。成功啦！吴起飞用肯定的语气答复笔者。

临走时，吴起飞不忘补充几句。开始时，他们先在码头岸线边上试用，现在搬进这个由集装箱改装的自动控制室，当然，这里也是临时的。公司已从办公大楼中划出足够大的面积，作为港区远程控制室，现正紧张装修中。根据计划，不久即可搬过去。那时，他们将与公司管理人员一起上班。

吴起飞说这些时，眼神中充满了向往与兴奋。

强烈的反差对比，给笔者心灵带来巨大震撼。是的，到了那一天，你还能区分出谁是公司管理人员，即所谓的“白领”，谁是桥吊或龙门吊操作工，即所谓的“蓝领”吗？届时，蓝与白的界限将日趋模糊，乃至最后消失。新一代产业工人将以一种全新的形象，出现在中国，出现在历史舞台上。我们这些文艺工作者，该用新的词汇、笔法、线条、色彩、镜头、乐谱来描绘他们、点赞他们！

想到这里，笔者也忍不住像吴起飞一样兴奋起来，对未来充满向往。

与滚滚长江为邻的两位俏姑娘

“无边落木萧萧下，不尽长江滚滚来。”这是唐代诗人杜甫对长江的歌咏。

“大江东去，浪淘尽、千古风流人物。”这是豪放派词人苏东坡对长江的慨叹。

“滚滚长江东逝水，浪花淘尽英雄。”这是明代大才子杨慎对长江的理解。

历代文人墨客为长江贡献了不胜枚举的诗词歌赋、戏曲文章。

宁波舟山港人贡献给长江的，则是4座码头。而这些码头的落成与使用，正好与国家有关长三角经济发展的战略相吻合。不能不赞叹宁波舟山港人的未雨绸缪、捷足先登。

最具代表性的是坐落于长江太仓段的武港码头和万方码头。其间，惊险且有趣的故事不少，李令红称之为“智取太仓港”。

将宁波港辐射半径扩大至长江沿线，是李令红的既定方针。但开发太仓港口的建议，最早却是由王信念提出的。笔者问过王信念，他这个建议是怎么来的，王信念说已记不清具体细节，但他确认是自己向李令红建议的，与李令红一拍即合。

原来，王信念和李令红早就注意到，随着长江流域经济发展，长江两岸的港口日显重要。据他们了解，全国约有2/3的钢铁厂分布在长江沿岸。从长江口进入的铁矿砂越来越多，它们每每在上海、南通、青岛等港口作一次减载，然后驶入长江航道。上海港捷足先登，早几年便实施长江港口发展战略，占据有利地形，取得明显效果。北仑港相对优势正在逐步丧失。要保持北仑港矿石码头的竞争优势，必须考虑进入长江。在太仓建设港口的念头便慢慢萌生。

太仓处于长江出海口。600多年前，明代航海家郑和选择太仓刘家港起锚下西洋，开创世界航海史上的一段佳话。此处岸线水深负12米，10万吨级货轮可以候潮进出长江。如能在太仓建港，就可将北仑港—南京—长江口—武钢连成一体，运输成本将大大降低，对货主肯定有吸引力。

2003年春天，李令红和副局长王信念、王嘉民等前往太仓考察。

彼时，杭州湾大桥还没有开建，他们一行坐了5个多小时长途客车，抵达太仓北部、长江南岸的鹿河镇，误打误撞地走进鹿河镇政府。镇长一听宁波港要来投资开发鹿河港口，感觉真像半空中掉下个金娃娃，一脸喜色地满口答应下来，并很快让人在鹿河镇地段的长江边上竖起一块大招牌："宁波港将在此建设大港口！"弄得李令红几个人都大笑起来，敬佩这位镇长的热情和效率。

等几个人冷静下来，才发现长江鹿河镇段有个先天不足：江中有块白卯沙礁，如果在此建码头，码头距白卯沙礁仅150米，巨轮很难交会掉头。无奈之下，被迫放弃。

于是，他们一行手中拿着长江水图，按图索骥，继续寻找合适的建港位置。终于在离鹿河镇六七公里处发现一个更为优越的地段：荡茜口。对岸，就是崇明岛。

李令红、王信念就像哥伦布发现新大陆，那个高兴啊，手舞足蹈，简直想一夜之间把这个太仓码头建设起来，投入使用。

但，事情并不像李令红、王信念们想象的那般顺畅。

当他们第二次赶赴太仓，好不容易找到太仓市分管副市长时，那位副市长神秘兮兮地说：名花有主，你们来晚了！王信念还有点不死心，就追问花落谁家，那个“主”是谁。对方支支吾吾地不肯说。后来，王信念才了解到，太仓市政府有意愿自己建港，只是资金不够，暂时拖着。

人家不肯说，你总不能撬开人家嘴巴吧？李令红一行只好打道回府。可谓兴冲冲地去，蔫巴巴地回。

这么好的建港条件，尤其是面对着浩瀚的长江资源，涉及宁波港战略布局，李令红绝对不肯放弃。

正面强攻不行，那就采用曲线救港之策。大路不通，另觅小径，反正条条道路通罗马。

王信念跑到武钢去搬救兵。他们事先曾与武钢老总沟通过，在太仓建港，一年吞吐量1000万吨矿砂，获益最大的当数武钢。武钢老总对开发建设太仓港兴趣极大，还拉来中国外运公司参与，商定三家联合开发。

此次，王信念把李令红和自己在太仓吃的闭门羹，一五一十地向武钢老总学说了一遍，问他可有什么解救之法。

武钢老总听完，一拍桌子站了起来。有啊！我有门路呀！

真的，什么门路呀？

王信念一听对方说有门路，自然喜出望外。

武钢老总一细说，王信念才知道，原来他的一位同学时任苏州市领导，太仓属于苏州管辖。人们不是常说，县官不如现管嘛。可以通过他做做工作呀！

苏州那位领导倒也是真给面子，几天之后带着武钢老总、李令红、王信念等人直奔太仓。那时，迎来送往很普遍，太仓市领导不明就里，见是苏州市领导来太仓，自然热情接待，书记出席作陪。席间，气氛热烈而和谐。李令红见时机已到，便转入正题，与武钢老总搭帮着，一唱一和，和盘托出3家拟在长江太仓段开发建设港口的方案。不说则罢，一说便炸。太仓市委书记的脸立刻拉黑，怔怔地坐在酒席正中，整整5分钟时间不吃不喝不说话，众人一时无语，场面显得有点尴尬。当然，当着苏州市领导的面，太仓市委书记也不便在酒席上发作。最后，还是那位苏州市领导救场，缓和了气氛。李令红、王信念等人介绍了建港对太仓的各种好处，武钢老总等也作了各种承诺，太仓方面才勉强默认下来。

谁知，一波刚平，一波又起。正当几家合作方敲锣打鼓，准备着手港口设计时，王信念跑到交通部规划司，一问司长，人家告诉他，太仓武港矿石码头项目根本没有列入交通部规划，八字还没有一撇呢！

李令红一听急了，我不管你王信念用什么办法、什么手段，反正得抓紧设计，抓紧报批！抓紧，抓紧，抓紧！李令红一连说了好几个抓紧。

王信念又跑到交通部，要求将项目列入规划。人家告诉他，这个项目连可行性论证报告都没有，怎么列入呀？王信念又跑回来找交通部规划院副院长蒋千。蒋千表示愿意做项目前期工作，但部里没有规划，不能做，即使做了，也没用。看看，这事就像以前没有粮票不能买粮食，没有出生证不能生小孩一样。公说公有理、婆说婆有理，陷入了是先有鸡还是先有蛋的争论之中。没有鸡，哪有蛋？没有蛋，何来鸡？

悖论。矛盾。无解。

王信念毕竟是王信念。多年在港口摸爬滚打，无数次跑项目的经历和经验，让他能在看似绝望的境地中找到通途，善于把一线希望拉大为一片天空。他再次找到蒋千，苦口婆心，恳请人家在不能做项目前期的情况下，先为这个项目搞个咨询报告。咨询报告嘛，顾名思义，就是咨询参考，我们自己用来思考思考，向客户介绍介绍。这样没有问题吧？

这，倒是可以试一试。对方在王信念的一大堆“理由”面前，破例同意，签了咨询合同。

半年时间，咨询报告出炉，说这个港址很好，可以作为规划后备港口。

拿到这份咨询报告，王信念觉得有了底气，脊椎骨直了许多。他拿着这份“咨询报告”，一趟趟跑交通部，见人就说、软磨硬泡。看看，这是你们交通部规划院给我们出的研究咨询报告，说明这项目可行。请各位高抬贵手，抓紧列入规划吧！说得多了，王信念自己都觉得快成了鲁迅笔下的祥林嫂。

不久，交通部召开规划会，请规划院专家去论证。王信念事先把那份咨询报告改成预可行性研究报告上报。可想而知，研究专家与咨询专家都是规划院那拨人，最后自然说：行，行，行！列入吧，下不为例哦。

没有下一次啦！因为，王信念已到了退休年龄啦！

获得突破后，3家开始组建港口管理公司。商定宁波港占股55%，武钢占股25%，中国外运占股20%，董事长、总经理都由宁波港派出。在公司取名时，武钢老总提出，他们该让的都让了，但希望这个公司名称用他们的。他提议用“武港”，也就是“武钢”的谐音。李令红与王信念一合计，觉得人家武钢的确作了不少贡献，这事可以考虑。这公司名称就让给他们吧！于是，合作三方一致同意，将新建的太仓码头叫作“武港”。

合作成功，皆大欢喜。中间虽有曲折起伏，但毕竟一江春水向东流，大浪淘沙不留情。若干年后，太仓武港累计吞吐量超过5亿吨，成为宁波舟山港集团伸向长江的一个触角、一个桥头堡、一个战略支点。

这，自然是后来的事。

庚子夏秋之际，笔者远赴太仓，走访武港码头。

台风“巴威”给久旱高温的浙江送来一场透雨，还运用其巨大推力，把令人讨厌的副热带高压推出了江浙沪地区。天气一下子变得凉爽而惬意。

杭州湾跨海大桥上，双向六车道，车流顺畅。只见天空云层密布，稍远处的海面上，水汽蒸腾，天际线苍茫一色，形成台风尾巴时日的独特景观。偶然可以见到一两艘拖轮在杭州湾上游弋。中途观景台，静静地耸立于云天之下，像煞一位多情远眺的美女。

笔者情不自禁地回忆起少年时代。彼时，笔者跟着村里的小伙伴去杭州湾边割草。流汗后，就跳进潮水中洗个海水澡。累了，就躺在滩涂的杂草丛中休憩一会。那时，大家七嘴八舌，会聊些稀奇古怪的话题。每每提到上海那么远，要是能在杭州湾上架座桥该多好，哧溜一下就到上海啦！

没有想到，真的没有想到，人到中年，这一梦想变为现实。过了花甲之年，居然有幸从这桥上路过。一桥飞架南北，天堑变通途啊！中国快速巨变，中国梦逐步变为现实，杭州湾跨海大桥，就是个生动案例。

胡思乱想之际，车子已进入太仓武港码头，一幅壮阔的长江航运图直扑眼帘。

台风大雨后的长江，显得尤为开阔和壮观，清澈而湍急的水流打着圈儿，浩浩荡荡，滚滚向东。江面上，几十条大大小小货轮一字排列着，正在抛锚候港。远远望去，恍如一道高墙。

武港码头犹如一位临江而立的俏美人。这是笔者第一眼见到武港的感觉。地理位置真是绝啦！这里离长江入海口仅三四十公里，西北方向斜对着南通。对岸就是上海崇明岛，岛上的山峰和建筑群清晰可见，视力好的人，甚至能分辨出树枝的分枝。

武港码头正在进行装卸作业。卸货的是一艘“金色圣徒”号轮，倾泻着澳大利亚矿石。该货轮上半部分为黑色、下半部分是宫墙红，看过去，蛮符合中国人的审美。装货的是“巨隆699”号轮，载重1万吨级，每小时装船3000吨，将开往湖北鄂州。

不一会，“金色圣徒”号轮卸货完毕，码头职工把缆绳抛到船上，汽笛鸣响，缓缓驶离港口。与它同时驶离码头的，还有一艘已装满矿石的“皖银祥1818”轮，它将奔赴安徽池州。在刚腾出来的泊位上，又有一大一小两艘货轮靠泊，先后开始作业。

陪同人员介绍，武港的主要功能是中转，将可装十几万吨矿砂的巨轮引进来，在此转换，装进万吨级或几千吨级小船，然后，运往长江沿线钢铁厂。

看得出，武港码头业务繁忙，忙而有序。

码头总经理陈晓峰和生产操作部党支部书记孙斌在办公室先后接受笔者采访。武港码头办公楼，被绿树红花环绕着。这样漂亮的环境，在宁波舟山港中并不多见。

他俩的叙述，大体勾勒出武港十几年来的发展轮廓。

武港在2007年9月打下第一根桩，于第二年底建成试产。孙斌清楚地记得，第一艘靠泊的是长航公司的“临海”号轮，装着3.6万吨矿石，专门从北仑港赶来试产。卸了3天，一次性成功。到2009年底，全港接卸量452万吨，利润1900万元。

武港码头客户群比较大，除宝武集团外，还有沙钢、四川达钢、重庆钢厂、湖南连钢、江西萍钢等。刚开港时，与沙钢关系不咋的。2014年夏季有一次强台风，所有港口封港3天，北仑港矿砂进不来，沙钢也被迫断供，眼看着要停炉。一停炉，损失少说也得几百万元。沙钢老总一时急得像热锅上的蚂蚁。后来听销售人员说，武港码头有存货，他就找上门来，希望能向武港码头暂借5万吨杨迪粉，以解燃眉之急。武港码头急人所急，毫不犹豫，出手相助，沙钢老总满意而归。从此，沙钢就成为武港码头的铁杆客户。

武港发展，自然离不开母港支持。在武港初始阶段，宁波－舟山港采用“甬太套餐”模式，利用母港优势，一港一策，带着武港强行起飞。时间一长，北仑港客户也就慢慢成为武港客户。到现在，武港羽翼渐丰，开始反哺母港。他们制定一些特殊政策，但凡北仑港来的船舶，可提前靠泊，每吨还可优惠2元装卸费，以此促进更多船公司选择北仑港。陈晓峰概括地说，武港过去是母港的一个节点，现在成了母港的一个支点。

这些，不知当年李令红、王信念选址太仓时有没有想到过。

10多年来，武港步步为营，提高升华自己。武港原设计能力为年接卸量1500万吨。后来，通过抓管理增加产量，2019年利润已达1.9亿元。近年来，国家加大长江口疏浚力度。目前长江航道水深由负12.3米达至负12.5米。这样，武港每月可多装运4万余吨矿石。4万多吨矿石，就是80万元利润。所以从理论上计算，全年将增加近千万元利润。

笔者这才理解交通部门同志常常挂在嘴边的那句话：“寸水寸金”！

陈晓峰接着说，2020年武港的利润目标是2个亿。虽说因为疫情有所影响，但影响不像原先预测的那么严重。到2020年7月底，武港已完成接卸量1762万吨，同比递增6.6%，利润则增长30%。看来，2个亿没有问题。陈晓峰信心十足。

现在武港码头所欠银行贷款已不多，每年股权分红超10%。分红时，武港码头股东们都喜笑颜开，因为他们感觉自己赚得盆满钵满，还有什么理由不开心呢?

当然，作为宁波舟山港直属码头的老总，陈晓峰的目光不仅仅盯着利润和分红。他分析道，长江流域有30余家钢铁企业，一年约需矿石3亿吨，武港码头2019年接卸2885万吨，约占总需求量的9.6%；宁波舟山港现有矿石体系接卸量为1.2亿吨，其中进入长江流域的矿石为1.02亿吨，2020年武港码头占34%。这就是武港码头在长江沿岸钢铁企业中发挥的作用，也是武港码头在宁波舟山港中的地位和份额。

陈晓峰就这样看待和判断他现在所主管的武港码头，整天考虑的是，如何按照习总书记的指示，把武港打造成长江沿线顶尖的矿石码头，助力宁波舟山港的强港建设。用这样的标尺对表对标，陈晓峰和他的武港码头还任重道远哦!

走访近在咫尺的太仓万方码头，却是在一个半月之后。

前一天晚上一场酣畅淋漓的秋雨，把季节快速推上夏秋转换轨道。天上布满厚薄不一的白云，晨风拂过额头时，有了一种微微的凉爽感、轻柔感。万方码头满园的植物，仍显葱郁墨绿，浪漫的紫薇更是带着雨水盛开。多愁善感的枫叶，已慢慢现出少女般腼腆的红润。

没有一个秋天不会到来！站在万方码头上，笔者脑海中蓦然涌现出这句话。

万方码头与武港码头紧挨着，两个码头仿若两位并肩而立的俏姑娘，日夜面对着滚滚流淌的江水，倾诉着她俩对长江的热恋之情。

说万方码头是木头的海洋、横放的森林，真的一点不夸张。站在港口人自称的“码头观景台”上望去，满目是垒起来的木堆。1100余米长的岸线边、1400余亩堆场上，堆放着70余万方树种、品类、长短、粗细不一的木材。有来自俄罗斯、美国、巴西、新西兰、德国、西班牙的，好像万方码头正在举行着木材国际论坛，它们从五大洲四大洋奔赴而来。整个码头，飘荡着各种木材混合的香味。那种浓郁的香味，会使第一次踏访万方码头的人产生一种晕乎乎的感觉。

最早被李令红派来筹建万方码头的负责人叫黄良丰，笔者采访过他。黄良丰戴着一副眼镜，皮肤黝黑，有海边人的特征，性格直爽、语速极快，说话时爱用左手打着手势。

现任万方码头总经理孙雪君，一位精瘦、和气的中年人，已在万方码头工作12年。他笑眯眯地向笔者介绍起万方码头的昨天、今天和明天。

从他俩的叙述里，笔者方才知道，万方码头的来历比较复杂，甚至有点传奇色彩。

万方码头港址并不是宁波港人选的，初始投资和建设者叫鲁能集团。他们原想在此开设业主码头，主业是发电。谁知，码头项目获批后，电力主管部门却认为当时太仓已有数家电厂，布局不合理，于是电厂项目被“派司”掉了。鲁能集团对港口原本既不熟悉，也不感兴趣，工程因而下马。

说来也巧，万方码头的施工方就是中交三航局，与宁波—舟山港是老搭档，施工队伍中有不少人与王信念很熟。那时，王信念兼着武港码头董事长，跑太仓较多。三航局一些热心人免不了跟王信念念叨此事。

说者无心，听者有意。王信念听进去了，这是宁波－舟山港再次进军长江的一个好机会呀！王信念赶紧回去，向李令红如此这般地一学说，李令红不听则已，一听也兴奋得不得了，立即随着王信念悄悄赶到已停建的万方码头，找投资方鲁能集团。李令红模仿着一部电影的台词对王信念说："悄悄地进村，打枪的不要！"为什么要悄悄地？如果让别人或当地政府一知道，此事恐怕就做不成。事实证明，李令红的判断和策略正确。听说有一家外地企业想买，结果被当地政府赶走。

仿若地下工作的影视镜头。买卖双方都怕到太仓谈判动静太大，就选择在远离太仓的外地。一次选在上海虹桥机场候机楼，一次选在高速公路白泽湖服务站。那种场合，外人看上去就是"偶遇"，可以边喝咖啡，边放松地谈。

一个愿买，一个愿卖，双方一拍即合。李令红当即付了1亿元定金，把买卖敲定下来。2009年1月，完成股权变更，2月，万方码头重新上马。仅用10个月时间就基本建成，12月12日码头试投产，圆满成功。宁波－舟山港人以旋风般的速度再次证明了自己。中间的艰难曲折，黄良丰整整说了20分钟。可以想象，鲁能集团原先设计的是煤炭码头，现在要转变为适合装卸各种散货的码头，中间多少改变、对接，掰掰脚趾头都能算得出来。

但港口正式对外开放，须经江苏省口岸办公室批准，这之前，自然必须获得太仓及苏州有关部门同意。这程序，成为万方码头开业迈不过的门槛。

丑媳妇总得见公婆吧？李令红和王信念心一横，直接跑去拜访太仓市委书记。当李令红叙述完前因后果，那位市委书记又是几分钟不说话。原来，太仓政府有意回购万方码头，谁知又让宁波－舟山港捷足先登，悄悄买走。

生米已煮成熟饭，男女已事实结婚。太仓市领导也无可奈何，最后只得不了了之。后来，当地政府感到宁波－舟山港人办事实诚，更看到万方码头发展得很好，态度逐渐转变，给予很多支持。

万方码头开港后，主导产品并不明确，基本上有什么做什么、来什么卸什么。万方码头先后做过集装箱空箱业务，还有煤炭、铁矿石、锰矿石、镍矿石等业务，但产量上不去，效益自然也不好。

转机出现在2010年5月21日。万方码头接卸了第一艘外贸木材船“荣耀”轮，船上装载着3万方木头。

争取这第一单，真的不容易啊！万方码头从来没有做过木材装卸，业主不信任、不放心哪！孙雪君他们走进太仓市木材市场，遍访木材经销商。他们找到在太仓做木材生意的绥芬河木材贸易公司，再三游说那位精明而泼辣的公司女老板，恳求她，让万方码头试一试。女老板被孙雪君等人的执着感动了，也被孙雪君幽默的宁波闲话感染了，松口让万方码头试一试。据说，那位女老板答应孙雪君时还不忘补了一句，她已做好赔点钱的心理准备。

好不容易找到第一个敢于吃螃蟹的人，万方码头当然不能让客户失望。孙雪君作了万全准备，特意从外地聘请几位有木材装卸经验的师傅担任现场指导，自己和管理人员则一直紧盯着现场。功夫不负有心人。四天四夜，终于把3万方木材完好无损地卸完。

初战告捷。那位女老板极为高兴，孙雪君也放下心，开始重点开发木材装卸业务。一次，集团总裁李令红来万方调研，听完孙雪君的话后，就给万方码头定了位：打造长江沿岸最大的木材码头。

从此，万方码头一心一意与木头打交道。所有资源、人才、设施都向木材业务集聚。就像激光一样，聚成一个焦点，就会产生无限大的能量。他们自己研制了自动脱钩机，一下子能抓起十多根木头，开发了木材二维码，给每一根进港木头注册登记上身份。万方码头联合各方，在港口设立木材加工园，对进口木材进行初加工。还与江西一家民营企业合作，在九江设立木材产业园，作为装卸旺季木材的周转堆场。

万方码头真正做大，是从装卸福寿松开始的。孙雪君偶然从一位张家港的女老板那里知道这种福寿松木材。那位女老板告诉孙雪君，福寿松价格便宜，使用者多，市场前景广阔。孙雪君曾赴新西兰考察过这种福寿松，树身挺拔，长得很快，也长得很高，一般25年左右即可成材。

万方码头从此开始以福寿松为主导产品。这一做，就停不下来。客商一传二，二传四，如滚雪球般滚多滚大，产量一年比一年多。2017年，万方码头成为全国最大木材港口，年装卸木材407万方。2019年盈利1600万元，2020年的利润目标是1700万元。到2020年8月底，利润已超过1500万元，估计3个季度即可完成全年目标。

眼下，孙雪君不是在考虑完成2020年年利润指标，而是在思考明天万方码头的出路。人们常说，商场如战场，孙雪君对此的体会越来越深。长江沿岸，竞争激烈，可谓“群狼环伺、虎视眈眈”。而万方码头，又远离集团，有点像电视剧《亮剑》中的李云龙独立团，免不了孤身作战。有些港口，开始采用抵押贷款，有的搞低价竞争。再说，近年来木材进口业务也在逐步萎缩。万方码头前景不容乐观。前不久，当地政府对长江沿岸港口职责功能重新定位，要求万方码头转型升级为砂石专用码头，建成江苏省砂石集散中心。按照当地政府提出的思路，孙雪君作了测算，共需投资8亿多元，改建成年吞吐量5000万吨专用码头。一期工程先改建2000万吨，预计到2021年第四季度可向业界亮相。

不久，集团总经理陶成波来到万方码头，明确要求孙雪君全面推进砂石码头建设，高起点做好前期工作，以集约化发展为目标，提升项目信息化程度，推进智慧港口建设。陶总思路与孙雪君所求一致：要么不转型，既然转了，就要转成另一个“一流”。

眼看着即将摘下“全国第一木材码头”的牌子，孙雪君心里感觉有点空落落的。在自己手里做起来的牌子，现在又要亲手把它摘下来，惋惜甚至痛惜啊！但融入国家长江经济带战略，是大局，也是所有企业生存发展的不二法门。壮士断腕、死里求生，孙雪君不由得从内心涌起一种悲壮感。十年一觉太仓梦。前10年，他们圆了一个梦：把木材码头做成全国第一。今天，他们又开始做另外一个梦：争取再用10年时间，把万方砂石码头做成全国第一。

当然，这后一个10年，他孙雪君未必能干完。届时，他早该退休，儿孙绕膝、颐养晚年咯！但，那又有什么关系呢？总书记不是说过，“功成不必在我”，“功成必定有我”嘛？！

第五章

孕育扶摇直上九万里之鹏

赤橙黄绿青蓝紫，谁持彩练当空舞。

——毛泽东

一体：1+1>2或>3

第一次去舟山本岛采访，今天的目的地是金塘岛大浦口码头。

车子在新铺就的沥青路上行驶，平稳而舒适。

天雾蒙蒙的，延续着近段时间时晴时雨的气象风格。沿江沿海的人们，担忧着洪水袭击；而远离江海的人们，却在享受雨水带来的清凉。真是几家欢乐几家愁啊！

笔者欣赏着窗外景致，脑海中翻卷着人们介绍金塘岛大浦口码头的片段。

追溯起来，宁波舟山港一体化，两港首先携手合作开发建设的正是金塘岛大浦口集装箱码头。俗话说，善谋全局者，必重第一棋。如果将宁波舟山港一体化视作一盘棋，那么，建设大浦口集装箱码头便是该棋局的第一着棋。

金塘岛属于舟山群岛第四大岛。据传，该岛西侧海滩频频遭受海水侵蚀，造成塌方和水患。先民便在岛西侧筑起两条塘堤阻挡海潮。此后，塘内滩涂久耕而成沃土，年年丰收，造福后代。故岛民誉之为为金塘。金塘岛地理位置极其优越，有着舟山群岛最好最长的深水岸线，陆域地带开阔，被人视为宝地。它与北仑港遥遥相对，共处一片海域，进出同一航道，停泊同一锚地。人们形容，北仑与金塘，有点像传说中的牛郎织女，应该让两人鹊桥相会呀！

当时，省市领导已在谋划舟山连岛工程，建造一座横跨镇海区至金塘岛的大桥，把北仑港与金塘岛连接起来。一旦建成，“嗖”一下就过来啦。

而时任宁波港务局局长李令红，却在思虑着另一件事：能不能在北仑港区对面的金塘岛建一个码头呢？习近平同志提出的宁波舟山港一体化战略，给了李令红许多启迪，也拓宽了他的视野与思路。

在快速崛起的宁波港对岸，舟山港的开发建设也如火如荼，一个个新码头落成，一个个仓储落户。

只是外地人未必知道，舟山群岛腹地有限，囿于自身经济实力，发展起来的大多是水水中转、江海联运的业主码头。所谓业主码头，就是由码头投资者自建自用，不向社会企业开放使用。譬如，中国石化、中粮集团、招商国际、浙江石化等，真正属于舟山港务集团管理的码头并不多，更没有一个集装箱码头。

那是2003年下半年。李令红通过舟山驻甬办事处，与舟山港老总作了初步接触。舟山港老总告诉李令红，舟山市领导对开发金塘岛寄予莫大期望，且有点着急，愿意与宁波港联合开发建设。

李令红在港务局党政联席会议上提出这个议题。可以想象，与会者见仁见智，莫衷一是。

有同志分析，舟山是个群岛，本岛基本上没有集装箱货源，港口辐射能力有限。从外面运入，运输成本较高。要不要建？何时建？得从长计议啊！

但李令红坚持着。他要大家看到，宁波这边优质岸线已基本规划完毕，而金塘岛还是处女地。那个大浦口前沿水深负18米以上，建港后，能接纳1万TEU以上的大型集装箱船作业。真是黄金宝地啊！虽然，舟山码头不少，但都是业主码头。大家都知道业主码头不算公用码头。你不去开发金塘岛，人家就会去开发。有人担心箱量，这不是没有道理，但箱量可以慢慢增加，如果岸线被别人占有了，就永远没啦！他最终说服班子成员，下决心筹资开发金塘岛。

2004年1月13日，浙江省环杭州湾产业带推介会在“2004香港·浙江周”活动期间隆重举行。李令红找到了一位投资者，就是香港宁兴集团。由宁波港、舟山港和宁兴集团共同投资50亿元，组建金塘岛大浦口集装箱码头项目合资公司。在金塘岛大浦口建设6个集装箱泊位和1个多用途泊位，设计集装箱吞吐能力为年250万个TEU，力争于2004年底前完成项目前期工作。

两个月后，负责金塘岛大浦口码头开发建设的甬舟公司正式宣告成立。局长李令红兼任董事长，常务副局长王信念兼任总经理，局建设科长黄良丰任副总经理，具体负责工程前期工作。宁波港人说这是“全套行头”，足见宁波港务局领导班子对金塘岛大浦口码头的重视。

黄良丰在甬舟公司成立前不久，才获悉自己被派往金塘岛甬舟公司工作。那天晚上，李令红在舟山一家酒店的标准间里找他谈话、布置工作。李令红说得很实在，也很风趣。说港务局决定上这个工程，从眼前看，也可能亏点钱。但这个项目有着政治意义和经济战略的考量。省委习近平书记提出一体化战略，很重要，是一件大事，我们要抓紧落实。眼下，上海在开发洋山，我们要开发舟山。有一些外国公司也盯着舟山岸线，想来投资。不能让他们在饭店门口摆粥摊，抢走生意。我们要捷足先登，先易后难，尽快把工程拿下来！

那几天里，黄良丰就没有了白天黑夜之分，忙得脚底朝天。他在定海一家小酒店租了两间小屋，作为公司筹备组办公地兼住宿处。舟山市领导着急，白天开协调会，一个连着一个，人犹如一个磨盘，不停地连轴转。到了晚上，他才有时间筹备会议。领导一共给了他10天时间，必须把成立大会开起来，还要开得像模像样，不能出差错，得有多少事务需要处理呀。同时，他要办理港口征地手续，完成80多户农渔民的搬迁安置。还有，大浦口是个弧形，好巧不巧，有根海底电缆经过大浦口，工程开始前必须迁移。旁边还有一个采石场，整天粉尘弥漫，那样，怎么开成立大会呀？必须停产歇业。

也许，这些当事人当时并没有意识到，他们正在书写宁波舟山港一体化的历史。

等大浦口集装箱码头审批手续完备，施工条件具备，已是2008年初。其间曲折复杂，非亲历者未必能说得清。其中一个重要原因，就是与金塘岛跨海大桥完工时间节点的衔接。后来，快马加鞭，抓紧建设。至2009年11月，一期工程完工，建成490米长的1号、2号泊位及17万余平方米配套堆场，安装好4台集装箱桥吊、4台龙门吊，投入试生产运行。

2010年7月25日，举行开港试投产仪式。第一艘集装箱货轮终于“亲吻”大浦口码头1号泊位，成为宁波舟山港一体化的标志性时刻。

之后，金塘岛大浦口集装箱产量逐年上升，从当年5万余标箱起步，至2019年达到133万标箱。

笔者听完金塘岛大浦口码头工程决策者、建设者的介绍后，感慨良多。培育一个优质港口，与养育一个青少年有类似之处。从酝酿、开发建设，到形成生产能力，再到成熟运行，恍若十月怀胎，一朝分娩，尔后历经婴幼儿期、学生期，才能参加工作、贡献社会。

就在笔者回想与沉思中，车子已驶上金塘岛跨海大桥，一种穿越海空的感觉油然而生。大桥把宁波镇海与舟山金塘岛连接在一起，犹如神话中的人物伸出一条巨臂，把海岛紧紧地拽向大陆。对岸越来越近、越来越清晰，仿若电影中的推拉镜头，由远景变为特写。

大浦口码头在大桥右侧，三面被群山环抱。一片绿色山峦中，高举出一排橘红色的桥吊。此时，天边云层刚好露出一抹耀眼的亮色，勾勒出桥吊身影。远远望去，仿佛一组皮影戏，闪烁着橘红色的光。

笔者在大浦口码头办公区戴上安全帽，穿上红黄相间的反光背心，换乘港区用车，随着陪同人员直接进入码头。

海风，呼啸有声。波涛，拍打着海岸。笔者站在大浦口码头上远眺对岸，北仑港区、穿山港区尽入眼帘。岸边一排排桥吊，堆场上高低起伏的集装箱，密密匝匝的储油罐群，北仑电厂高大的烟囱，构成一幅气势恢宏的现代海港图。从这个视角看，笔者似乎看懂了金塘岛大浦口码头的优越位置，也就更加敬佩当年赞誉者、决策者的眼光。

笔者回头来看已建成营运多年的1号、2号泊位。远东船公司一艘FESCO货轮已装卸完集装箱，正准备撤缆驶离。另一艘AS CALFORNIA轮此时正在缓缓靠泊码头，集装箱标写着马士基航运公司的标识。一进一出，一装一卸，显示出大浦口码头的紧张与繁忙。

这种场景，在甬舟公司副总经理胡如周眼里早已习以为常。

笔者请教胡如周：这些船在大浦口码头有多少作业量？胡如周答复道，这些船都不大，前一艘卸103箱，装198箱；眼前这一艘，卸291箱，装790箱。

笔者立即让陪同员工查阅一下这两艘集装箱轮的资料。获悉后面这艘货轮长222米，为39000吨级，并不小啊。转而心下暗忖，宁波舟山港人已不像当年，把一艘百只集装箱货轮作为巨轮。现在，这些货轮都属于“小船”了。在他们心目中的大船，当在2万标箱以上。事过境迁、斗转星移，宁波舟山港人的胸怀和视野非昔日能比咯！

笔者这样感慨着，抬腿走向二期工程3号泊位施工现场，边走边采访胡如周。

“咚——！”“咚——！”一艘标有“三航桩15#”字样的打桩船正在作业。船上打桩机斜身耸立，高大机身红白相间，在蓝色天幕映衬下，显得分外夺目。震耳欲聋的打桩声，穿透海面，从对岸北仑港湾传回一阵阵共鸣音。

笔者第一次近距离观看码头打桩作业。只见已被打桩机强行镶嵌进大海的管桩，分成两列4排。左边是钢管，右边是水泥柱桩，斜斜相对，交错而立。一眼看去，恍若海面上人头攒动的泅游者。

胡如周在旁介绍道，2020年，集团加大对大浦口已建成泊位的支持力度，增加了优质航线。目前，码头已开设12条航线，西非、俄罗斯、韩国、澳洲等都有了，为大浦口码头盈利创造了平台。同时，加快二期工程3个泊位的投入力度和建设速度，2020年计划投资1.65亿元。到2024年，大浦口码头将形成全长1774米岸线、5个泊位的集装箱新港区，年吞吐量将达到250万标箱。集团还把大浦口码头作为自动化码头改造试点。工程已于2020年年初上马。“您看，那边正在进行集卡自动化现场测试呢。”

真的，当笔者将目光从货轮上移开，转向码头岸线时，发现码头上正有一辆集卡在进行测试。只见集卡在远程遥控下，沿着地上路线在缓缓行驶。“嘀——嘀——”集卡试验时的提示声极具节奏感，像一首不断重复播放的乐曲。

胡如周告诉笔者，如果把码头比作一个人，自动化操作系统就是大脑。现在集卡自动化更先进，已不用地上磁钉，而采用地面路线指引，无人驾驶、远程遥控、自动抓取。全集团就梅山港区和大浦口港区两家。打算用4年时间，达到上海港、青岛港的自动化水平，感觉压力大着哩！

当笔者写到此处时，小葛发来一条微信，告诉笔者金塘岛大浦口码头近况：截至2020年11月30日，集装箱吞吐量已达130.3万标箱，接近2019年全年产量。13台无人集卡已完成单车实船测试，正开始编队作业运行，测试混编混行二路单船作业能力，以不断提升稳定性和作业效率。

真是一个好消息！

在风雨兼程的宁波、舟山港一体化中，联合开发建设鼠浪湖码头，自然也是浓墨重彩的一页。不过，笔者在前面的章节中已对鼠浪湖港区开发建设全过程作了描述，此处不再赘述。

客观地看，两港领导层一直在有意识推进一体化。2008年3月31日，宁波港股份公司创立，舟山港务集团参与发起。2011年2月，舟山港股份公司成立，宁波港是参股方之一。这种互为发起人的方式，以资本为纽带，将宁波港与舟山港紧紧联结起来，为后来的两港实质性一体化打下基础、铺垫基石。

但，囿于行政区划分割和利益主体不同，两港一体化前行的步伐显得踉踉跄跄、步履蹒跚。也许，人们只能做历史所要求和所允许做的事情。这，就是历史辩证法。

对两港而言，真正具有标志性意义的是2015年9月29日。这是原宁波港集团董事长宋越舜的评价，而两港员工简称为“我们的9·29”。是精彩首跃，也是惊险一跃。

笔者查阅这一天，有几条重要消息：中国国家主席习近平出席第70届联合国大会一般性辩论并发表重要讲话；中国国务院总理李克强主持召开国务院常务会议；美国航天局（NASA）宣布，发现火星表面有液态水活动；股市聚焦，创业板大涨5%……

这些新闻，有政治的、经济的、科技的，似乎为这个特殊日子作了注脚，也成为宁波舟山港跃升的一个宏阔背景。

9月29日，宁波环球航运中心广场。一块以海洋色彩、港口集群为背景的巨型背景板，告诉全球航运界一个重磅消息：宁波港与舟山港两个经营主体进行实质性整合，浑然一体。

两港干部职工从宣布的整合方案中得知，省委、省政府决定用改革利斧，砍去那横亘在宁波港与舟山港之间的“一杠”。宁波舟山港集团由两港通过股权等值划转整合组建而成。舟山市国资委将舟山港集团100%的股份无偿划转给宁波港集团，宁波市国资委将宁波港集团等值股权无偿划转给舟山市国资委，宁波港集团更名为宁波舟山港集团，成为宁波港、舟山港公共码头的经营主体。

说实在的，这个股权方案有点绕，读者未必能看得懂。不过，读者只要知道，宁波港与舟山港这对俊男靓女真正缔结良缘，自此成为一家人。

为搞清两港整合全过程，笔者采访了原宁波港集团董事长、现任宁波市委副书记宋越舜。

时间已近年底，地方领导工作繁忙。据说，宋越舜刚从北京出差返回。宋越舜戴口罩，接受了笔者的专访。

宋越舜生就一张方脸，浓眉大眼，发际线已稍稍后退，脸色红润、语调温和。他离开港口已逾4年，但一打开话匣子，语气中流露出的都是他对港口那份浓浓的情意和牵挂。说到兴奋处，他情不自禁摘下口罩，提高了声调。

两港正式整合的消息，还是那一年7月初省市领导找宋越舜谈话时告诉他的，组织上明确由他主抓宁波港、舟山港整合工作，并特别强调，宁波港舟山港整合，是浙江海港一体化的重头戏，一定要保证两港整合时平稳过渡，不能出任何乱子。那时，毛剑宏主要负责筹建浙江省海港集团，一时还腾不出手。

宋越舜对两港整合由衷赞成，认为这是贯彻落实习总书记战略理念的重大决策，是一件事关全省港口发展的大事。对此，他认识上没有任何问题，更没有任何含糊。他也没有考虑自己的升迁进退，干啥都是党的工作嘛！

问题是压力。组织上明确由他宋越舜来主导，这就等于把他推向第一线，当了前线指挥员。这位指挥员面前，摆着诸多问题，犹如一团乱麻。宁波港集团、舟山港集团是两个不同的法人主体，宁波港还是一家上市公司，舟山港也正在准备上市，那么大的体量，那么复杂的对象，怎么合，怎么并？宁波、舟山两市对自家港口都十分珍视，难分难舍，该怎么做工作？两家港口原先的经营理念、企业文化不同，如何梳理统一？近3万名员工，各有各的想法和顾虑，又该怎样抚慰？还有，当时航运业不景气，波罗的海指数下降严重，影响到港口经营和士气，从外界增加了两港合并的难度。

一段时间内，宋越舜的确有点寝食不安，一向谦和低调的他，偶尔也免不了焦急上火。但，既然省委作出了决策，既然组织上明确由自己牵头，他宋越舜没有二话可说，只能一门心思考虑整合，怎么整有利，怎么合有序，他就怎么做。

宋越舜觉得要平稳过渡，第一条是抓生产经营。只有稳住产量，才能稳住队伍、稳定人心。指挥不能打乱仗，生产调度系统不能出问题。他与舟山港董事长孙大庆商量，两港成立生产工作组，进行无缝对接，确保在最忙乱时，两港生产经营照样平稳有序。同时，根据两港整合后的港口条件，扬长避短，逐步调整货源和航线，大港大用、小港小用、专业港专业用，先从生产经营上显示两港整合的优越性。

稳住一头后，宋越舜腾出手来，开始做企业法人主体的合并工作。这些，涉及很多法律问题、手续问题。按照规定，先要注销掉宁波港集团，然后再与舟山港集团一起申请注册新的宁波舟山港集团。为企业取名，他反复与工商部门协商，才求得一致。然后，核实资产，划拨，转入，转出，明确授权主体、管理权限，等等。程序和环节太多了，即使现在让宋越舜说，也得说上半天，更何况当时在具体办理中还夹杂着两地两港微妙的情感与心理。宋越舜的态度和办法是，看方向，不论出身；算大账，不论细节。嘁里咔嚓，先砍一刀，把横亘在宁波港、舟山港中间那“一杠”去掉，先把新的宁波舟山港集团架子搭起来再说！不求毕其功于一役。然后，温和地慢慢地向前推进。

总算大体理出头绪后，筹备组考虑举行仪式。仪式放在哪里为宜？众人提出了几个方案，宋越舜主张放在宁波环球航运广场大楼。那时，大楼尚未投入使用，有人有点顾虑。但宋越舜想，宁波舟山港集团成立，揭开了宁波港、舟山港两港新的一页。新的一页，要有新的标记，新集团新大楼就是新标记。他要让宁波环球航运广场从启用开始就进入宁波舟山港的历史方位，或者说，新的宁波舟山港的历史要从新的环球航运广场开始书写。再说，新大楼是当时全省第一高楼，本来就是宁波港集团投资、给宁波－舟山港使用的。现在提前到位，有利于鼓舞士气、增强信心。

9月29日那天，仪式搞得非常成功，省市领导都夸赞宋越舜选的地点不错，营造了有利于整合的氛围。宋越舜觉得大家理解了，没有白费他的良苦用心。

挂出牌子，只是第一步。宋越舜明白，大家的认识未必统一，心气还没有理顺。尤其是原舟山港的部分员工，存在着被宁波港“吃掉”的想法，心理上多少有点对立情绪。他抽出大量时间和精力，几次跑到原舟山港的几个企业，会接会、面对面，做思想疏导工作。除了宣传习总书记关于海洋港口的战略理念和省委决策部署外，他着重抓两港领导班子的团结，尽快把思想认识统一到省委决策部署上来。他设身处地，体谅原舟山港员工的想法和难处，反复宣传两港整合不是谁吃掉谁，而是变成一家人。一家人就是一家亲，今后大家有福同享、有难同当。他宋越舜绝对不搞“大港沙文主义”，会一视同仁对待两港员工。他的以身作则，他的诚恳态度，他的和风细雨，他的说到做到，感染和感动了原舟山港的员工，也教育了原宁波港的员工。人心换人心，人心都是肉长的啊。一些人的委屈心理、防范心理和对立情绪开始舒缓、逐步化解，以至最终消失。一场涉及3万来人的大整合，居然没出一个事件，居然没一人上访，也算是一个小奇迹！

这一年的确很忙，很辛苦。这是宋越舜5年后面对笔者采访时说的真心话。好在没有出任何事，好在这一年经营业绩还不错，全港集装箱量超过2063万标箱，第一次超越香港港，位列全球第四。省委主要领导专程赴宁波舟山港，高兴地为第2000万标箱启动仪式揿下按钮。

大变大动之年，获得重大突破，宋越舜觉得自己尽心尽力了，没有辜负组织的信任和重托，没有对不起两港员工，这就足够啦！

就两港整合一事，笔者还采访了原舟山港集团董事长孙大庆。他在两港整合后担任宁波舟山港副总经理。这位身高180厘米，说着一口标准普通话、声音带点磁性的山东人，对两港一体化亲力亲为、感触尤深。他不太谈整合中的具体细节，只是一迭声地称赞一体化成效明显。在孙大庆看来，一体化明确了远景规划，避免了重复建设、同质建设，吞吐总量提升，从而增强了港口知名度，使宁波舟山港真正成为一张金名片。从港口资源利用来看，现在宁波舟山港可开展全货种经营，分为油气、矿石、煤炭、化工、粮食、集装箱六大品类，能满足全球所有大船进出装卸，什么40万吨级油轮、20万吨级集装箱都成。放眼全球，没有一个港口具备这样的条件和实力，为外贸物流、区域物流、港城一体创造了条件，可以更好地服务于长江经济带发展战略。

真的，1+1>2甚至>3啊！

孙大庆还感叹，两港干部队伍很有执行力。省委、省政府决策后，生活在海天佛国、渔都港城的舟山港干部职工，表现出极高的站位和极强的执行力。大家思想一致、步调统一，按照要求的时间节点，一步一个脚印，过渡期比较平稳，没有出现一丝乱象。

笔者在宁波舟山港采访的最后一个点，选在舟山本岛的老塘山港区。

季节已入深秋，真正的天高云淡、气候宜人。城乡最后一波桂花奉献出自己沉郁的香味，给人淡雅且回味无穷的感觉，似乎在向人们辞行。喜欢争当秋冬之交标兵的枫叶，已渐渐露出诱人的红色。沉稳低调的香樟，仍保持着自己墨绿的本色。

老塘山作业区位于舟山岛西南部，包括册子、富翅、里钓、外钓等岛屿。在舟山港口群中，它算得上“德高望重”。它是舟山最早的公用码头，1951年建立。20世纪80年代初，国家开始投资建设老塘山一期、二期、三期工程，以散杂货为主，后来一家做粮油的民营企业加盟，港区就开始做起粮油装卸。

接受采访的是老塘山作业区书记钟满祥。他于20世纪80年代中期从上海港技校一毕业就到老塘山港工作。当时一期工程正在打桩，一眨眼，三四十年过去。时间就像海浪，一波一波往前涌，任谁也拦不住啊！

说到老塘山作业区一体化话题，钟满祥实话实说。刚开始听说要合并，干部员工们不免有点想法。企业本来可以自己做主，现在得由别人来安排，能没有点想法？2016年，营业额断崖式下跌，由4000多万吨下降至2000多万吨，差不多减少一半。作为党员干部，会服从大局，但员工们讲实际利益呀，收入少了，他们就会嘀嘀咕咕。好在集团和市里领导都在会上表态，确保员工收入只增不减，军心基本稳定。没有想到，真的没有想到，一体化几年后，员工收入大幅度增加。您问怎么个大幅度法？这个保密，不好说出来。总之，现在全港区职工满意得很，您在作业区遇到的每个人，几乎都笑着呢！说到这里，钟满祥眨一眨眼，故作神秘状。

这仅仅是一个方面，钟满祥适时转移了话题。他说，更主要的是港口生产经营状况发生明显改变。譬如，集团投资1.6亿元，再加上中央财政补助几千万元，搞了个“散装装卸工艺系统”的技改项目。这个叫法是行业语言，通俗地说，就是建了一条2100米长的沿港区粮食输送带。这条输送带把全港所有泊位都串联起来，再与园区内粮油企业连接起来，形成通达作业区的输送网络。过去，几条船同时到港后，或因传送带没空，或因仓库周转不开，需要等待较长时间。现在不必了，任何船舶抵达任何泊位，都可通过输送带，把粮食即时送进园区内的粮油企业。这样一来，减少船舶滞港时间，提高港口综合利用率，港口接纳船舶的机会也就增加了，一举数得呢！这种事，在一体化之前是不可想象的哦。说到这里，钟满祥明显加重了语气。

还有，是调整老塘山港口产品。集团从宏观上把关，逐步把铁矿石、煤炭等货物转移到鼠浪湖码头，让老塘山码头重点搞粮油产品。钟满祥掰着指头算起账来。港区铁矿石产量，2015年2831万吨，2019年1800万吨，减少1000多万吨，2020年预计还会减少，直至最后清零。另一个大宗产品粮食，主要是大豆。今年，粮油进口数量增长很快。您想了解世界粮油市场行情，问一问阿拉老塘山码头就行。眼下，中国储备粮集团正在阿拉老塘山港区建设储罐，两期工程，150万吨的量，够厉害吧？今后，阿拉老塘山码头基本上就是粮油啦！

钟满祥显得有点兴奋。他当下在谋划的一件事是：随着矿石、煤炭逐步退出，原有堆场怎么开发利用？

笔者打趣道：在堆场上建海边别墅，然后送钟书记一套。

哈哈哈，满座大笑。钟满祥也不由得笑起来，说那不行，那不行，堆场可用作仓储，可开设交易市场，用处多着呢！

笔者站在老塘山港区，视野所及，一片开阔。钟满祥所介绍的那条蓝色输送带，蜿蜒起伏、横贯全港，把散在海岸线边的泊位串联成一条巨型珍珠项链。正在隆起的粮油储罐，似一朵朵从天而降的蘑菇云，增添着人间美景。从不远处粮油加工厂里弥漫过来的豆香油香，不由得使人晕眩和陶醉。

“一体化”浪潮席卷而来，一种新的思路，一种新的机制，造就一种新的局面。宁波舟山港所属19个港区，已形成不同定位、不同规模、优势互补、差异发展的格局。

老塘山啊老塘山，你真的应该改名为新塘山啦！笔者由衷感叹道。

南翼：凤凰涅槃与浴火重生

从浙江地图上看，温州港和台州港散落在浙江东南一侧。如果把这一侧比喻为鸟之一翼，的确形象而确切。

南翼之两端，分别是温州港集团和台州港集团。

采访先从南翼之南端温州港开始。

碧空如洗，酷热依旧。车行甬台温高速公路，走象山，穿临海，沿途丘陵连绵、隧道相接。外地人总以为浙江是水乡泽国，其实浙南多是丘陵地带。山脉似大海波涛，绿植如浓墨重彩的油画。盆地里的单季水稻正在抽穗扬花，孕育着丰收的希望。

路上车辆不多，能使人明显感觉出浙南物流的密度和频次与浙东、浙北一带不可同日而语。

腹地经济结构与总量，决定着港口的吞吐量与地位。笔者脑海中闪现前不久看到的一位航运专家的观点，为即将展开的采访作好思想铺垫。温州是闻名全国的民营经济发源地，小、散、杂是其基本特征，它带给港口的是什么呢？

走进温州港集团，首先进入笔者视野的是个简易展厅。

展厅利用弯曲走廊开设，内容简略而清晰：温州在唐代已是中国船舶建造基地之一；宋代有言，“一片繁华海上头，从来唤作小杭州”；1957年2月21日，国务院批准温州港为准许外籍船舶进出的18个沿海港口之一；温州港是港口行业首家政企分设单位，时间在2000年10月，比宁波港早出5年；温州港拥有状元岙湾、乐清湾、瓯江港等9家企业，万吨以上泊位18个；2019年，全港吞吐量4400余万吨、集装箱量80万TEU；温州港集团注册资本金35亿元，现有总资产63.5亿元。

看完展厅，笔者对温州港的概貌有所了解。

要真正了解内情，自然得找温州港当家人，董事长胡升欣和总经理杨育孜。

说起温州港历史，他俩都有点感慨。

温州港“出道”其实比宁波港早得多，开放也比宁波港早，一路从瓯江走向海边，曾经有过一段风光岁月。记得20世纪80年代初，由温州港牵头，邀约全国港口界，成立了“八港联盟”，除了“广（州）大（连）上（海）青（岛）天（津）”，还有就是福州港、厦门港和温州港，还没有宁波港啥事呢！

彼时，没有船公司愿意开温州航线，温州港职工自己集资买船，把内贸航线开起来。后来，又想方设法做外贸集装箱。没有机械设备，就先把空箱吊到船上，再把货物吊上甲板，然后装进箱子，变成“集装箱”。这做法，与宁波港初始时的做法如出一辙。经过20年奋斗，集装箱量增至百万。

但后来，温州港错失很多发展机遇。21世纪初，一家香港公司在洞头县投资兴建一个5万吨级码头，说好通港公路由地方负责配套。结果，公路10年未通，港方只得被迫忍痛放弃投资。有人比喻这就像两人还没有结婚，却先离了婚。有段时间，温州港集团转为政府投资平台，先后投资了几个港口，一年亏损3个亿，致使债台高筑。2009年，上海港集团布局温州，在七里江港口成立金洋公司，开设沪温航线。宁波港接踵而至，在龙湾港成立金鑫公司。两个港口隔江相望，就像隔着楚河汉界，开展PK。而温州腹地的经济总量并没有增加多少，故两个港口都是饿不死、吃不饱。正在尴尬之际，温州港出手圆场，3个港口干脆合资成立一家公司，避免同质化竞争。回过头来看，这家港口公司应被视作长三角经济一体化的先行者。

2016年9月，当散落在瓯江两岸“一港七区”的温州港被整体划入浙江省海港集团时，温州市领导态度积极。过去，政府每年补贴温州港两三个亿，一体化后，每年能分红几千万元，何乐而不为呀？

胡升欣和杨育孜却面对着一大堆难题。

生产经营上，需要转向转型，将原先的以投资为主，转到以生产经营为主。他们调配队伍，组织货源，先后引进洞头岛、乐清湾、金洋港水泥项目。还与母港联系，开设新航线，调拨适合温州港装卸的货源过来。过去仅仅1条外贸航线，现在增至5条，还新辟了台湾地区、东南亚航线。这样，把全港吞吐量提升到4400万吨，集装箱由60万TEU提升到80万TEU。至2020年11月中旬，温州港完成集装箱吞吐量80万TEU，已超2019年总量，同比增两成多。

清理历史遗留问题，第一步砍掉一些徒有其表的僵尸企业，该还债的还债，该剥离的剥离。原有30多家企业实现关停并转，保留下来的有9家。

文化和心理上有个融合过程。开始时，有些温州港员工的确有点想不到、想不通。两家港口，本来是“兄弟”关系，怎么一夜间，温州港成了宁波舟山港的“儿子”呢？一些员工，家里有的是钱，到温州港工作，看重的是“国”字号牌子，求的是社会名声，钱不钱的，真无所谓。一些职工，每月拿四五千元工资，却开着保时捷上下班。据说，还有位女职工，上班时穿得珠光宝气。新来的董事长胡升欣不认识她，就问办公室主任此人是干什么的。办公室主任悄悄告诉他，此人是文印员，但在外面兼着几个公司的董事长。呵，天哪！怎么会这样？！

胡升欣就给温州港员工们讲宁波舟山港的创业故事和企业文化，介绍企业精神的内涵，一遍遍地讲，并把宁波舟山港职工请来，现身说法，把先进理念和拼搏精神灌输给他们，把集装箱操作系统移植到温州港口。他还发动温州港一些班组，与宁波舟山港结对子，开展互帮互学活动。

日积月累、潜移默化，温州港员工的工作状态和精神面貌发生了显著变化。随着港口亏损减少，员工薪酬逐年递增，连体检支出标准也有所提高。目前，在温州市十大国企中，温州港职工收入最高。大家看到了一体化给温州港带来的明显变化，给员工带来的实实在在利益。这样的结果，还有什么意见，还有什么可抱怨的呢？大家只有获得感幸福感，工作劲头持续上扬。

看到这种局面，胡升欣、杨育孜自然高兴，但他俩很理智，很清醒。一个港口彻底翻身的过程，是一条抛物线，有惯性，有转折点。现在，温州港还处在这条抛物线的中端，他们还有很长一段路要走。凤凰涅槃，浴火重生。之后，便是一个全新的温州港！

南翼北端的台州头门港，却是另一番模样、另一种情景。

初秋某日，气温宜人。笔者站在台州头门港规划沙盘前，先看视频简介，接着听取一位年轻主管关于头门港“金沙湾”开发前景的介绍。他手中的试电笔闪着红光，年轻的眸子闪着亮光，兴致勃勃、神采飞扬，思路清晰、语言生动。诗意小城、新兴园区……似乎全世界的美景都在他眼前浮现、飞翔。笔者当即想起30多年前的自己，在向外商推介自己主政的那个县的开发投资前景时，也是这般神态和激情。

头门港，是一个美丽而遥远的梦。

人生总是要有点梦想的。

对头门港带头人张铁峰而言，这不仅是他的梦想，而且是他现在工作和生活的全部价值所在。

在宁波舟山港集团中，张铁锋是一位有个性、有特点的负责人。员工们评价他阳光直率、雷厉风行，称他为“铁总”。他要求所有员工，上班时一律穿白衬衫，说这样显得精神。

这天，恰巧招商国际公司派员来考察头门港，洽谈合作事宜。当地政府很重视，主要领导出面接待。集团副总倪成钢专程从宁波赶到头门港，一起参与洽商。

“铁总”早上不到8点就上班，开始连轴转。先是陪同客商到码头现场和港产园建设现场参观考察，然后坐下来开会，介绍港口情况，向客人解释政策，提出合作意向，商谈确定项目框架。直到下午4点多送走客商，他才坐到笔者面前接受采访。只见他忙不迭地喝了一口水，嘴里连连说着：“对不起，对不起，让陈老师久等啦！”

“‘铁总’客气啦！”笔者也学着员工们的称呼叫他，“您是忙人忙大事，我是闲人写闲文。不碍事，不碍事。”

看着他温文尔雅的样子，听着他轻声细语的介绍，让人怎么也难以与“铁”字相联系起来。他那高高大大的身材，才有点铁塔般的感觉。

“铁总”2020年4月才从宁波舟山港“空降”至台州港港务公司工作。说起身边的头门港，他兴致勃勃。当年张爱萍将军曾在头门山设立指挥部，亲临一线，指挥了一场闻名中外的战役，攻打一江山岛。头门山是当地最高峰，距一江山岛才15公里。据说，头门山上解放军的炮弹像铁水一般倾泻过去，把一江山岛炸得稀巴烂，国民党守军败退。这一仗打得颇为漂亮，后来成为当地人津津乐道的一个话题。言语之间，仿佛闲谈的人也曾参与了那场战斗。

说完战斗故事，“铁总”开始叙述他的故事。他在笔者面前摊开5张图一一介绍。

头门港最早的开发者是省交通投资公司，规划建设1个万吨级集装箱码头，又建港又造引桥，一期、二期搞下来，投了七八个亿，码头却没有货源，港口陷入瓶颈期，有点干不下去。交投公司毕竟不是做码头的嘛！如果不想办法，前期投的七八个亿可能要打水漂。在这种情况下，省里决定由浙江省海港集团接手，后来头门港就成为浙江省海港集团南翼之一。宁波舟山港是行业老大，有货源有专业团队，肯定是1+1>2嘛！他们一进来，头门港就活泛起来。2020年集团下达的任务目标是253万吨，他自我加压为400万吨。第一季度逆势增长，预计完成自定目标没有问题。2021年拟定目标是800万吨，比2020年自定目标翻一番。2021年头门港即可形成年吞吐量2000万吨能力，800万吨自然不在话下。之后，再继续兴建5万至7万吨级泊位若干个，主要面向东南亚和东北亚地区。不过，坦率说，即使完全达到这个规划目标，就头门港本身而言，还会亏损。"铁总"毫不讳言头门港的实情。

"那该怎么办？"笔者不由得插问。

很显然，发展思路和重点要转变。"铁总"快速回答笔者的提问。毛董事长明确告诉他，发展头门港，必须港、产、城、湾一体化，综合发展，建设独具特色的港产城，形成富有吸引力的旅游港湾。他很佩服毛董的眼光和魄力，真是有主见有担当。目前，头门港正按照毛董的思路，把头门港开发建设的重点转移到港产城上来。

笔者这才明白，那位年轻人介绍的港产城远景规划对于头门港意味着什么。

"铁总"进一步解释道：在头门港原先的规划中，留有一大块土地，就是打算卖土地、造房子。全省港口一体化后，他们放弃了这个思路。发展港口，同时发展临港产业，配套建设新城，把头门港打扮成一个靓丽的港城姑娘。这就是头门港的港城梦，也是"铁总"的创业梦。

"眼下，围绕着规划中的头门港城，已有当地政府建造的安置康居小区，还有吉利汽车集团建设的吉利花园。花园边上，是吉利集团的年装配30万辆汽车的汽车厂。中南置地公司已签约落户，正开发百余亩面积的房产。这些，陈老师上午都已看到了吧？""铁总"问笔者。

笔者点头。是的，那个康居小区看上去像别墅群般漂亮。

在叙述中，“铁总”不断接听电话，话题几乎都是招商引资。“铁总”向着电话那头的人，不厌其烦地介绍头门港优越的自然条件和优惠政策，说这里的山峰多秀丽，海景多漂亮，将来的保税区多有吸引力；讲不久高铁即将开通，海铁联运就顺理成章；还说目前这里刚起步，潜力大，先投资先获益；等等。笔者感觉得出，眼下的头门港已成为一块投资兴业的热土，而“铁总”则是一位极为出色的推销员。

北翼：因港制宜与借河出海

2017年初，浙江省海港集团开始对北翼嘉兴港进行整合，并由时任乍浦港总经理丁送平、党委书记符越全带领的团队负责。

这一宣布，事实上把丁送平推到了风口浪尖上。

笔者前文已作交代，乍浦港早在2008年就被宁波港集团收购，成为宁波港在浙北地区的桥头堡。丁送平于2010年10月被任命为乍浦港总经理，在这里已干满6年，根据集团的不成文规定，凡外派满6年的，原则上都可返回集团任职。回集团多好呀！俗话说，金窝银窝不如自家草窝，老婆孩子热床头，热菜热饭加小酒。

丁送平是个组织观念极强的人，当组织征求去留意见时，他认为自己此时不能走。他对乍浦港有着深厚感情，这只是一方面，更重要的是，嘉兴港是多个国家战略的交汇点。长江经济带战略、长三角区域一体化发展战略、国家海洋经济发展战略，都与嘉兴港有关。嘉兴港整合的好坏，会影响到这些战略在嘉兴的实施。人，干事需要一个舞台。当下正处在一体化关口，作为一个身负组织重托，又为职工所信任的港口负责人，怎么能抬腿就走呢?

丁送平对即将合为一体的乍浦码头、海盐码头、独山码头、嘉兴港等4个码头，31家企业的情况了如指掌，它们彼此千差万别。乍浦码头自然是核心码头，自己在此经营管理6年半，已初具规模。干部职工听说要与另外3个码头合并，都心存疑虑。独山码头原本属于省能源公司投资，几经变化，这次是做“入赘女婿”，职工会不会心理失衡？海盐码头生产经营不太景气，亏损严重，前行中能否赶上大部队？嘉兴港务局领导因是公务员或事业编制，都已调离，职工会不会有失落感？

一体化，就是整合。但如何整合，却大有文章可做。丁送平这样认为。当然，他也完全可以像兄弟港口一样，把所有码头往里一装，整合结束，他丁送平行李箱一提，就可打道回府。那样的话，会造成很多后遗症啊！要对党对事业对职工负责，他丁送平不能这么做！要根据嘉兴港的实际情况，找到一个有别于兄弟港的整合方案，稳扎稳打地推进。独特与沉稳，是丁送平的追求，也是他的风格。

有事，丁送平就睡不好觉，一天到晚眉头紧锁。刚巧，董事长毛剑宏到嘉兴港调研，丁送平把自己的所思所虑，一股脑儿地向毛剑宏作了汇报。毛剑宏很理解很支持丁送平的所思所虑，让他搞一个初步方案，提交集团党委会研究。

得到毛剑宏支持，丁送平进一步深入调研，并与符越全及领导班子其他成员一起商量，历时3个多月，提出嘉兴港整合初步方案。方案建议，组建统一管理的嘉兴港务公司，内设7部1室，做到规划、业务、生产、人员、文化等五个统一。乍浦码头、海盐码头、独山码头服从公司统一管理，各自负责安全生产和服务保障。

这是浙江省整合港口资源中独一无二的方案。这个方案对人们的启迪是：一体化是大势所趋，但如何“化”，却各有奥妙。任何时候都要因地制宜、一港一策。

方案很快获得集团党委批准，并于2017年5月18日这个谐音为“我要发”

的日子向嘉兴港务公司全体员工宣布。

没有任何喘息，丁送平力推整合方案落地落实。

在丁送平主导下，领导班子既着眼长远，又立足当下，对公司所属3个码头的功能作了调整优化，这是一步棋。乍浦码头，以集装箱枢纽港为目标，兼顾散杂货中转；海盐码头，以件杂货为主；独山码头定位为大宗散货，重点发展海河联运。然后，根据3大码头定位，公司统一组织货源，进行合理调拨。海盐码头以服务质量吸引客户，改变原来建材与PTA一锅煮的做法，分设泊位，供客户选用。独山码头充分挖掘潜力，开辟从矿山到贸易商的一条龙服务，半年多时间，盈利700多万元。眼下，嘉兴港区集装箱量占全市总量的90%，货物吞吐量占全市总量的70%，建材装卸量从整合前的100多万吨飙升至1500万吨，港区利润率每年以两位数递增。

另一步棋是人员重新调配。原先3个码头，所有制不同、管理者不同，员工薪酬待遇自然不同。整合后，职工人员怎么适度调配分流，薪酬怎么公平合理确定，事关每位员工的切身利益和人心稳定，最终将决定这次整合的成败。丁送平多次与大家商量，确定限高、提低、扩中的薪酬原则。原先那些薪酬已较高的员工，在维持存量的前提下，暂时不再调资；对那些收入明显偏低的职工，立即调高工资；努力扩大薪酬处于中间状态的职工人数，从而缩小嘉兴港区职工收入差距，为职工在码头之间、企业之间调动铺平道路、减少难度。

自然还有文化养成。丁送平把那些整合进来的码头和企业，比喻为原先养在别人家的孩子，现在领回家里，就要给他们温暖的母爱，也给他们立一些规矩。母爱加规矩，是小孩健康成长的两个必备条件。

一盘看似杂乱无章的棋，在丁送平手里走活了！

此后，丁送平开始一门心思研究开发内河运输。

丁送平喜欢内河运输并非始于今日。他刚到乍浦港工作时，马上意识到海河联运是嘉兴港口的独特优势所在，是将来嘉兴港的核心竞争力。乍浦古镇，就是当年孙中山先生谋划“东方大港”的港址所在地，与上海毗邻，临杭州湾而居，区域内河流纵横、航道密布，大运河穿境而过，人烟稠密、经济发达，具有发展内河航运的优越条件。集团正在大力发展集疏运体系，优化物流途径。丁送平理解，所谓优化，不就是多种形式、多种途径吗？对嘉兴来说，最好的途径就是海河联运。根据物流行业惯例，长途运输主要依靠海路、铁路、河路，最后一程才是公路。各行其道，方能货畅其流啊！我国目前仍以公路物流为主，超载超运，其实是在以牺牲环境做代价。如能让货物走河道，还路于民，利国利民啊！

2020年8月，毛剑宏到嘉兴，与地方上对接港口发展事宜。事先，他征求过丁送平的意见，丁送平谈了他对内河运输的研究和看法。毛剑宏听进去了。在与嘉兴市委书记张兵互动交流时，毛剑宏建议嘉兴市着力打造浙江海河联运中心。张兵深以为然，欣然接纳这一提议，决定建设嘉兴海河联运示范区。

海河联运一事，遂成为港地领导共识，并上升为战略目标。于丁送平而言，还有什么比这更令人高兴的呢？

眼下，嘉兴港内河运输已形成4条航线：乍浦—长兴线，进军皖南地区；乍浦—衢州线，连接浙西地区；乍浦—诸暨线，穿越绍兴地区；乍浦—长江线，将触角伸向长江南岸。将这些航线连接起来，就是一张内河航运图，形似宁波舟山港的毛细血管。

丁送平还不满足。他的理想是建设“水上公交”，实现“内河公交化”，让内河船舶像城市公交车那样，行人随叫随停，箱子重进重出，那样才方便而经济啊！

笔者赴嘉兴港采访时，丁送平已升任宁波舟山港股份公司副总经理。接受采访的是嘉兴港务公司办公室宓主任。这个“宓”姓少而冷僻，最著名的是“宓妃”，相传为羲氏之女、洛水之神。不过，宓主任是位俊朗的男士，戴着一副漂亮眼镜。他是海宁人，与徐志摩、金庸是同乡，一眼看去，颇有书生之相。据他自述，已在嘉兴港待了近20年，算是老码头啦！

宓主任接受采访，并让人陪同笔者到乍浦码头、独山码头现场考察。

乍浦码头坐落在杭州湾跨海大桥左侧。大桥宛若一条彩虹，悬挂在杭州湾上空。波涛犹如一锅沸腾的开水，卷起一个个旋涡。11个大小不一的泊位连成整体，一排涂抹着深蓝色的桥吊正在忙碌作业。只见抓钩敏捷地从船上抓起一只集装箱，然后，“嘀嘀嘀”鸣叫着从空中移动过来。箱子对准集卡，稳妥安放好，集卡疾速离开。每一两分钟装卸一箱，紧张而有序。

笔者一数，看到有4个集装箱泊位，其余均为件杂货码头。原本足够巨大的泊位和桥吊，与笔者已见过的穿山港区、梅山港区相比，竟有一种小比例的感觉。笔者转而一想，宁波舟山港十几亿吨货物、数千万只集装箱，就由这些大大小小码头提供。这些货物，犹如溪流涌泉、小河小溪一般，当它们汇聚起来，就成为浩浩荡荡的大江大河。

码头左前方有个岛，叫菜荠山。清光绪《嘉兴府志》云：“两山如门，中有菜荠港。海舟出入，于此最险。乍浦三关，此其一也。”据说，当年孙中山先生曾经登临过，故在其《建国方略》中选择乍浦至澉浦段作为“东方大港”港址。

站在乍浦码头上，笔者遐思联翩。中山先生百年前的构想，如今变成现实图景。假如中山先生今天莅临此地，看到眼前这紧张繁忙、热闹异常的港口，该作何感想？

在码头，笔者碰到一位员工指导员。他叫沈德峰，三十来岁，舟山海运学院毕业，2015年进嘉兴港，现管理着三十来名员工，算是个“小头头”。他已结婚成家，并有了小孩。爱人在平湖当地一家日资企业打工，小家庭生活得蛮不错。

随机采访，小沈向笔者简略介绍了码头情况。4号至7号是集装箱泊位，其余为件杂货。岸线900米左右，水深大多是负10米，最大可靠泊5万吨级货轮，不过，那需要候潮进出。

说到全省海港一体化，小伙子显得很满意。笔者问他满意什么。他不假思索地侃侃而谈。多港合并后，人员精简，效益会高一些。劳动强度没有增加多少，但更规范啦。还有，现在乍浦港成了省属企业，省属企业嘛，地位高一些，名气也大一些，感觉有点不一样。

不出港区，笔者随陪同人员步行一公里多，即来到乍浦港内河码头。

内河码头呈凹形结构。三边为水泥建筑，中间深凹进去的部分即是内河之口，可同时停泊两艘内河货船。每小时装卸50只集装箱，一年365天，可全时段全天候作业。

此时，一艘货船正在装箱，另一艘货船正缓缓驶进河口，不远处，几艘货船在排队等候。岸边小型桥吊轻松抓起、放下。一艘内河货船可装36只标箱，最多48只标箱。现在桥吊动辄上万只集装箱，内河船这个数量，恐怕连小菜一碟都算不上吧?

看到这样独特的地理位置，笔者猛然醒悟，知道丁送平和集团领导把乍浦港作为浙江海河联运中心的缘由了。

在旁的内河工段指导员蒋曙告诉笔者，这是乍浦港海河联运的衔接点。外与杭州湾相接，内与京杭大运河相连。海与河间隔距离不超过两公里，海轮与内船可在一个码头完成货物装卸，全国独此一家。

蒋曙是乍浦人，今年31岁。2012年进乍浦港，现在当上指导员，管理着20来名员工、3台机器、13辆车。小伙子说话时总是笑眯眯的。面对不速之客的提问，他的笑中含了点羞涩。

问起港口整合情况，蒋曙随口答道：岸线规划得好，过去内河只有2条航线、10多个码头，现在增加到3条线、40多个码头，这就是变化吧！还有，过去乍浦港是个地方小港，现在叫浙江省海港集团了，这名气就大多啦！公司管理也越来越严格，还统一着装，箱子磕磕碰碰的情况少了许多。还有，收入也提高了，家里人认为在港口工作，蛮好的呢！

“那么说来，蒋曙在家里的地位也提高啦？”笔者开了个玩笑。

蒋曙粲然一笑。看得出，那笑发自内心，充满了自信和满足感。

这种自信和满足感，在独山码头副经理王卫东那里，显得尤为明显。

一身工装的王卫东，矮墩墩的，微微发福，戴着一副高度近视眼镜。说话声音洪亮，并辅之以手势，表示强调。

来独山码头前，王卫东一直在乍浦码头工作，一体化浪潮把他推到独山。他现在对独山码头的情况已一清二楚，说起来，如数家珍。

独山码头原本由浙江能源集团投资开发，总共投入20多个亿。2012年开建，竣工不久，独山码头就被整合进嘉兴港务公司，相当于一位大姑娘，被嫁到婆家。其实，这位大姑娘真的很漂亮哦。不吹牛，在全国港口中，独山码头的设备和环境是最好的，有点高大上。建港时，光环保这一块，就投了3个亿。建了2个干煤棚，输送带全程遮盖密封。特别稀奇的是那个堆场防尘瓦，清一色18米高，用高分子材料制作，具有“破风”功能。它能降低风级，平时不会产生吸附。所以，独山码头经得起环保检测，环保要求越高，它越适应。

王卫东把笔者引到独山码头总控室。

总控室建在南北两道闸门之间。在王卫东指点下，笔者看到，南面闸门外是波涛汹涌的杭州湾潮水，北面闸门外是条宽阔的内河。两闸中间有条几百米长的过渡带河流，用水泥砌成陡壁河岸。若启动南闸，可引海入河；若启动北闸，则可放河入海。真正的天造地设、举世无双啊！

王卫东告诉笔者：独山码头外海一侧有3个泊位、3条输送带，设计能力5万吨级。内河一侧有3个岛堤、18个泊位、6艘装船机，可装卸500至1000吨级货物。2019年达产1500万吨，其中直接装卸量占30%。2020年目标是2300万吨。独山码头货物直接装卸，带来许多便捷，大大降低了运费，眼下码头已开始盈利。

笔者站在高高的总控室边上，眺望杭州湾，眺望整个嘉兴港区。只见浩渺无垠的杭州湾海面，潮水有节律地涌动着，一波波拍打着岸边，呼应着王卫东那滔滔不绝的讲述。恍惚间，笔者依稀看到，浙江海港这只巨鸟的北翼，正拍打着健美而漂亮的羽翮，振翅欲飞。

2020年11月26日，宁波舟山港股份公司第五届董事会第七次会议在环球航运广场举行。董事长毛剑宏主持会议，董事、总经理宫黎明等出席。董事会决定以56.42亿元的交易对价，一次性收购南北两翼的嘉兴港、温州港、台州头门港和义乌陆港的全部股权。

至此，宁波舟山港这只巨鹏的南北两翼正式生成。

多联：无水之港与无形之港

义乌，地球人都知道它是小商品之城，那里，小商品如海洋般无边无际。

而义乌作为中国第一大陆港进入世人视野，却是前不久的事。

笔者对义乌陆港的采访，从追寻陆港历史开始。

陆港，通常是指沿海港口在内陆经济中心设立的具有口岸和港口功能的多式联运设施，俗称无水之港。现有资料显示，世界上最早建设无水港的是巴基斯坦，该国拉合尔无水港始于1973年。欧美起步于西班牙海斯特无水港，发展最成功的案例是荷兰鹿特丹内陆无水港——它直接连接欧亚大陆桥，把港口功能辐射到整个欧亚大陆，形成欧洲最大的物流基地。

将几百公里，甚至数千公里外的陆地，视作“陆上海港”，简称“陆港”或“无水港”，竭力拉近陆地与海洋之间的距离，从而实现“天下无处不连港，天下无处不海港”。这，不能不说是人类智慧的迸发，是人们理念和思路的一大创新。

近年来，宁波舟山港人接过陆港这个概念，并将它延伸、拉长。2008年，首先在萧山获得突破，创造了“提还箱＋双重运输”运营模式；之后，无水港攻城略地，渐渐遍及浙江及周边地区；再之后，连接上了义甬舟大通道。2017

年3月28日成立的义乌陆港公司，就是飞翔在义甬舟大通道上的一架战斗机。

笔者这个比喻，是受原海军某护卫舰政委、现任义乌陆港公司总经理鲍卫东“演讲”的感染而萌生的。

鲍卫东高个，皮肤黝黑，身材壮实，理着板刷般平头，头发中夹杂着些许灰白，初看上去，酷似一位体育健将。他的介绍像激情四溢的演讲。他自述人生经历非常另类，从懂事起，就开始卖香烟、卖红糖。参军后在舰艇上待了13年，转业后，在政府机关又待了13年。两个13年，等于把自己的青春都献给军队、献给国家啦！不过，他没有想到，最后会献给浙江省海港集团。

这是真的。义乌陆港公司原先属于义乌陆港集团，2016年一体化时，不知哪位领导灵机一动，将它划入浙江省海港集团。当然，当然，这个思路相当对。义乌港与浙江省海港集团初心、使命、目标都相同，谈判就容易得很嘛！海港集团要腹地，义乌要出海口，双方一拍即合，甚至有点相见恨晚哦！

义乌陆港似乎找到了真正的娘家。海港集团定位义乌陆港是区域性物流枢纽平台。鲍卫东按照海港集团定位，又从义乌陆港实际出发，开展初心与使命教育，提出企业精神与愿景：共融，共赢，共创，共享。他还把职工队伍建设要求概括为“六力”以推进注重企业文化的培育和养成：担当需要能力，创新需要活力，攻坚需要动力，管理需要潜力，团结需要合力，廉洁需要定力。目前，义乌港班子和谐，员工认同感、获得感增强。更让鲍卫东欣慰的是，经过几年努力，义乌陆港2020年上半年终于扭亏为盈，开始赚钱啦！

说这些时，鲍卫东显得那么顺畅，根本不需要停顿，更不会去翻什么笔记本。似乎这一套套语言、一个个思路就堆积在他口腔内，只要他一张开嘴，这些词就像机关枪一样，“嘟嘟嘟”奔突而出。

鲍卫东上任后，把突破点选在仓储上。义乌港有4万平方米仓库，在义乌这个寸土寸金的商贸城市，真是令人眼红啊！但以前没有经营好，企业居然连年亏损。鲍卫东将此形容为端着金饭碗讨饭吃。在介绍中，鲍卫东讲了个细节：原先这家企业一年居然要用上万吨自来水冲刷仓库和厕所。他来之后仔细一观察，发现厕所设计的是自动冲水，不管有人没人，每隔几分钟就冲一次，连周末休息日都是如此。这样做，企业不亏损才怪呢！

理念转变，也许是最重要的前提。鲍卫东告诉员工们，仓库不光是堆放货物的场地，现代仓储更是货物交易、交割、展示的场所，是物流资源的配置市场，具有货物链功能。应尽量将港务、关务、船务前移，相当于“海外仓”。

在此基础上，鲍卫东要求企业转变经营方式。原先是纯粹的出租，现在要以合作经营为主导，以自主经营为示范，以租赁为调节。这些词语，是鲍卫东挖空心思想出来的。他觉得这些句式清晰地表达了他的经营思路和方针。

光要嘴皮子当然不行，员工不会服气，更重要的是，企业没有盈利，大家都得喝西北风。义乌有上千家外贸货代公司，鲍卫东天天与大家商量，搞他的“顶层设计”，即建立优质客户体系，实行网格化管理，还抛出了一个招租选商方案。这个方案，除常规的“商务标”“技术标”外，别出心裁地增加了一个“共享度”，共18项指标，包括与当地政府的关系、与宁波舟山港的紧密度等。投标企业但凡与这18项内容相关联，即可获得优先或优惠，甚至让银行降低利率10%。

背靠大树好乘凉。鲍卫东接通了宁波舟山港这根“天线”，再加上优质服务，多种资源配置，自然对客商产生极强的吸引力。

招租选商方案甫一推出，即获得热烈反响。客户报名之多、竞争之激烈，甚至超出鲍卫东预期，义乌陆港的仓储，一时成了稀缺资源。

不过，鲍卫东并不满足，他清醒理智、粗中有细着呢。一看入选名单，鲍卫东发现脑袋中挂了号的宝通公司却没在内。这家外贸企业专注于喀麦隆业务，老板是个小伙子，做生意蛮灵光，产品更新换代快，符合鲍卫东有货源、有箱子、有客户、有特色的选商标准。让人一查，才发现这家企业也报了名，只因竞价低了些，被挤到13个名额之外，排在第16位。

肯定有什么原因！鲍卫东坚信自己的眼光和判断。他即刻找上门去，与宝通公司那位年轻老板有了如下一段对话。

“你知道你为啥落选了吗？”

“知道，我们报价低了！这次入选底线价是每平方米600多元，我们出价554元。”

“为什么你的报价偏低呢？”

“当初不太理解。不就是租房吗？哪里知道会有那么多客户竞价。”

“现在呢？”

“现在认识到你们仓储的优势和吸引力，有点后悔，但来不及了！”

“你现在急需吗？”

“当然，现在业务发展快，场地周转不开，都快急死人啦！”

“那你现在还愿意承租吗？”

“自然愿意。但不是都竞价完了吗？”

“我们还有一些公司自营的仓储，可以调剂。但有条件：第一，底价每平方米不低于650元。第二，你要在18项关联度中选择一两项作为附加分。”

年轻老板稍做权衡，答应了鲍卫东提出的“苛刻”条件，而且兑现了他的承诺。不久，他出资几十万元，与市公交公司联手，设立一条从小商品市场到义乌陆港的公交专线，并且把自己的公司总部搬迁到义乌陆港。他的唯一要求是，将那条公交线路其中一个站点命名为“宝通站”。这件事，鲍卫东用几个电话协调，轻而易举地做到了。于是，双赢、多赢。

笔者随后见到了那位年轻的老板。小伙子姓包，36岁，瘦小精干，永康人，浙师大职业学院毕业。留着一个儿童发式，戴一副高度近视眼镜，T恤是花式的，像个地球图案。手上那块金表，在灯光下闪闪烁烁，时刻刷着它的存在感。

说到向义乌陆港租赁仓储，小包老板似乎到眼下还在后悔。竞价低了些，租赁面积小了些，现在又不敷使用啦。他说，当时他报的是市场同行价，谁晓得义乌港仓储会那么火，那么多人想用，这远远超出他的想象。他自认为与西非地区做贸易，从来没有失算过，却在这件事上大意了。好在后来弥补上了。他向义乌陆港打了报告，表达了强烈意愿。鲍总约谈了他，显得通情达理。只是，价格高了些。高就高呗，生意渐渐大起来，每月走200多箱，自己必须有仓储，这是没办法的事。

问起公交线冠名一事，这位年轻老板情不自禁地笑了起来。他说，鲍总真有办法，自己也是一时头脑发热。鲍总建了个微信群，把中标的10多家直通仓用户都拉了进来。然后，鲍总在微信群里抛出那个公交线路冠名方案，让各家企业自由竞价，最高者中标。哪知一家比一家报得高，价格慢慢就抬了上去。自己又不甘人后，结果，他以最高价4.5万元获得冠名权。线路开通后，又不断涨价，现在每月须支付9000元。

“那您后悔吗？”笔者试探着问他。

“不后悔，不后悔。毕竟在义乌市有个公交站点叫‘宝通’，譬如做广告，也譬如做社会公益啦！”小包老板爽快地回答。

小包老板的叙述，从另一个侧面反映出义乌陆港公司的转型升级，也印证了鲍卫东采取的多联策略获得了小小成功。

辞行时，鲍卫东告诉笔者一个与义乌陆港相关的好消息：义乌市被省里确定为“四港”联动发展示范城市，义乌陆港今后好戏还多着哩！

“四港”联动是个什么东西呀？给笔者彻底解开这个谜团的，是“四港”联盟秘书长滕亚辉。

第一次听说滕亚辉这个名字，是在采访原宁波港务局书记沈保清时听他提起的。说21世纪初，滕亚辉在香港找到一位导师，准备出境留学一年。在讨论同意不同意他留职进修时，不少人认定滕亚辉将“黄鹤一去不复返”。沈保清力排众议，拍板让滕亚辉出去。自然，滕亚辉不负众望，学成后义无反顾回到宁波舟山港。后被集团派往杭州，出任“四港”联盟秘书长。

滕亚辉的办公室坐落在杭州市区最繁华地段，紧邻杭州大厦，连着京杭大运河。站在办公室窗前，视野开阔、天高地远。

这是一位儒雅、沉稳、清秀的中年男子，穿一套半旧西装，内着白衬衫。

从滕亚辉轻声细语的介绍中，笔者才了解到“四港”联盟的来龙去脉。

“四港”联盟背景广而深远。习近平主席在“一带一路”高峰论坛上提出关于“陆上、海上、天上、网上四位一体连通”的战略部署。2018年5月，时任浙江省省长袁家军对海港、陆港、空港、信息港“四港”联动一事作了部署，并提出“七个一”设想：成立一个运营主体联盟，建立一套工作推进机制，规范一套多式联运服务标准，健全一项一体化通关协作制度，构建一套多式联运设施体系，打造一个综合服务数据交换平台，推进一批示范项目。

“四港”联盟于2019年10月12日在浙江省人民大会堂宣布成立。10家成员单位囊括了省内海陆空信领域的领军企业。除浙江省海港集团外，还有浙江交通集团、浙江机场集团、中国铁路上海局集团、中国邮政浙江分公司、传化集团、顺丰控股、圆通蛟龙集团、浙江电子口岸公司、浙江交通大数据中心公司等，明确由浙江省海港集团担任理事长单位，实际上就是由浙江海港来牵头。重点抓好“六联”：枢纽联通、通道连贯、信息联网、标准联结、运输联程、企业联盟。

滕亚辉理解，省里的意图是以海港为龙头、陆港为基础、空港为特色、信息港为纽带，将海港、陆港、空港、信息港相互打通、连成一体，建设无形之港、云上之网。这也是他滕亚辉的梦想。如果（他说的是“如果”）真能把浙江省内的“四港”连接起来，实现信息互通共享，统一服务标准，让客户有多种便捷便宜的选择，那该多好啊！现在许多客户就盼着打破行政和行业壁垒，一体化，省心省力省费用哩。

不过，理想是丰满的，现实是骨感的！滕亚辉深深感到“四港”联盟势单力薄。自己要与阿里云、腾讯这样恐龙般体量的企业抢地盘、抢主导权、抢话语权，想想心里都发毛。再说，各行业各领域都有自己的利益和小九九，人家为什么要对你开放？你凭什么让人家开放？都是个问题啊！还有，“四港”联动会涉及无数家船舶代理、货物代理和物流企业，大家对“四港”联动的必要性、紧迫性、优越性还缺乏共识。你要断人家财路、端走人家饭碗，人家不跟你玩命才怪呢！

滕亚辉明白，要真正推动“四港”联动落地、开花、结果，需要巨大的体量和能量，而这种体量和能量，不可能用行政手段赋予，只能靠自身努力慢慢积聚。他也明白，“四港”联盟也有自己的优势，那就是省里高度重视、浙江省海港集团大力支持，具有行业背景。关键在于找准站位、选好切入点，持之以恒、久久为功。他眼下正在策划成立“四港”主体联合会，再向信息业实体过渡，最终成为连接四大行业的信息平台。

滕亚辉的梦想很宏伟，甚至可以说有点“狂”。但，当我俩站在办公室窗前眺望运河时，笔者看向滕亚辉尚显年轻的脸庞，他的眸子里，闪动着一种热切的光。

做人干事，总得有个梦想，万一实现了呢！

第六章

塑造少女般聪慧靓丽的形象

云想衣裳花想容，春风拂槛露华浓。

——李白

港口底色应是蓝与绿

在一次采访中，老码头翁继学曾给笔者讲过一段诙谐而辛酸的相亲故事。

那时，镇海港区码头刚建成投产，附近又新建了浙江炼油厂、镇海石化总厂、镇海发电厂，男职工多，女职工少，也就是俗话说的僧多粥少。办公楼里和镇海城关镇的姑娘们就成了香饽饽，镇海码头上的男青年无形中成了弱势群体，找对象竞争激烈。他们干的活不是背水泥，就是铲煤块，既脏又累。码头有个电视室，还是彩色电视。当时，彩色电视是稀罕物，一到晚上，城关镇一些年轻姑娘上门看电视，借机物色对象。一些男职工蠢蠢欲动，但又不敢自报家门，便先到镇上照相馆拍张靓照，托人送给人家。人家姑娘看着照片蛮好，就允诺下来谈。但她们也精得很，有时白天偷偷溜进码头“侦察”，一看一个个像黑猩猩似的，就再也不肯交往下去。

翁继学就亲身经历过一回。经人介绍，他认识了城关镇上一位姑娘，人家姑娘见他头脑灵光，也有点文化，就答应谈谈看。翁继学留了一个心眼，从不安排姑娘在码头见面。这样，他可以放心大胆干活。谁知，有一天，镇上放映一部呼声很高的新电影，姑娘也是好心，抓紧买了两张票，兴冲冲跑到码头上来约翁继学。翁继学自然没思想准备，正在与煤堆打交道，根本来不及洗漱和换衣。一看姑娘驾到，心知大事不妙，但也只得硬着头皮露面。不见面犹可，一见面，那姑娘看到了一个黑咕隆咚的翁继学，俏脸立时拉长，当即将两张电影票往翁继学面前一甩，扬长而去。弄得翁继学原地立定，足足十分钟回不过神来。

笔者还听到另一则故事。以前，有位年轻的龙门吊司机，特别喜欢穿白衬衫，因为他觉得白衬衫能显得年轻帅气。但自当上龙门吊司机后，场地上满是柴油机喷发的黑烟和油气，一件簇新白衬衫，在班上穿一天，就脏得不像样。此后，他再也不敢穿白衬衫上班。等到龙门吊“油改电”工程完工，他做的第一件事就是跑到商场，挑选了一件挺括的白衬衫。第二天，穿着它上班。同事们都夸赞他英俊帅气，他自己也洋洋得意。

在常人生活中一件稀松平常的事，在港口人这里却成为一种奢望。

彼时，码头是脏和乱的代名词，码头工是苦和累的代表。

港口，真的应该是这个形象吗？

宁波舟山港人开始思索。港口是一座城市的窗口，它的底色应该是蓝色和绿色的。蓝，是大海的颜色；绿，是植物的颜色。要采用新科技、新方式，将绿色环保和可持续发展理念移植进码头生产和建设全过程，把最好的风景送给市民、还给自然。

造成码头环境污染有多重因素，其中之一，是柴油发电引发的“浓烟滚滚”。显而易见，改变码头现状需要对症下药，“油改电”是其中一招。

宁波－舟山港“油改电”项目起步于2007年，在全国港口中属于第一拨吃螃蟹者。

集团决定把第一个试点选在北仑港区第一集装箱码头公司，工程技术部主任工程师胡松虎理所当然地成为技术主管。

13年后的一个夏日，笔者采访胡松虎，向他了解当年码头“油改电”工程情况。

胡松虎名字中有“虎”，但生肖并不属“虎”。不过一眼看去，他的确有点“虎相”：头发浓密、双目炯炯，是位攻坚克难的行家里手。

话匣子打开，胡松虎口若悬河、如数家珍。

堆场龙门吊和货轮靠泊作业时柴油发电机释放油烟油气，的确严重污染环境。有专家研究，1公斤柴油排放的二氧化碳，大约在3公斤左右。还有因二氧化碳燃烧不充分造成的一氧化碳、碳氢化合物、氮氧化合物等。胡松虎一开口，就给笔者作了一番科普。

他接着说，以前，港口作业主要用柴油发电机，靠它给各种装卸设备提供动能。这种动能转换效率很低，设备能耗大、成本高。更要命的是，它还有废气排放、废油水泄漏、噪音等，严重污染码头环境。因此，交通部早就提倡“油改电”。所谓“油改电”，就是改变原先动力提供模式，由柴油发动机提供转换的电能，改为直接使用高效清洁的网供电能。实现这种改变，要做两件事，一是修改龙门吊内部电力系统，这个修改由龙门吊制造商来做；二是在堆场上和岸线边铺设新的供电系统，进行配套。

到底是技术专家。胡松虎用两三句话，把一个复杂问题说得清清楚楚、明明白白。

这事，原理蛮简单，看上去也并不复杂，但实际一操作，难度还蛮大。胡松虎似乎沉浸在对往事的回忆之中，稍作停顿。

“那么难度在哪里？”笔者忍不住插问道。

“难度在于，堆场龙门吊不能固定，而在时刻移动，它要装箱卸箱，一会跑到这里，一会跑到那里。电能也要会“移动”，保证龙门吊在堆场任何一个点都能接触到电，对不对？”

对呀，对呀！笔者虽然外行，但这点常识还是有的。

“龙门吊要能随时随地‘触电’，且不能对电网造成干扰。也就是说，龙门吊上升用电时，不能产生干扰波；龙门吊下降时，又要把利用下降势能自动生成的电能返回到电网。够难的吧？”胡松虎似乎在自问自答。

笔者不由得点点头：“够难的。那么您是怎么攻克这个难关的呢？”

“办法总是有的。不是说，只要思想不滑坡，办法总比困难多嘛！”胡松虎嘿嘿一笑，神态显得轻松了些。

后来，胡松虎他们到别的港口考察取经，发现别人运用城市无轨电车触碰点原理解决了这一难题。大家可能都乘坐过无轨电车，但未必会去注意它的触碰电技术。无轨电车车顶置放着一根被叫作“集电杆”的家伙，与弹簧座相连接。弹簧的张力把集电杆压在架空电线之下，确保两者始终处于接触状态。集电杆顶部是个带坑道的鞘，鞘里有石墨，可让电缆自由滑过。这一套东西与堆场龙门吊供电需求十分相似。当然，胡松虎他们根据自己码头的特点，反复论证，优化组合，制作具有收放功能的电缆转盘，采用高架滑轨线触碰，以不影响堆场内集卡自由行驶。同时，采用交流960伏中高压供电，降低线路损耗，确保龙门吊全程稳定运行。

胡松虎是顽强的，也是谨慎的。为减少工程风险，避免投资失误，他们逐步推进“油改电”工程。先试装一条线，进行实验。成功后，巩固一下，再建第二条，最后建成堆场高架滑轨线网。

耳听为虚，眼见为实吧，待胡松虎介绍完毕，笔者提出去堆场看一看。

胡松虎自己开车，带着笔者在码头和堆场转悠了一大圈。因码头有规定，外人一律不得下车步行，笔者只能摇下车窗玻璃，探出半个头，观察泊位和堆场状况。

眼前的港区，再也见不到滚滚浓烟和震耳欲聋的柴油发电机声。堆场内，规规整整地耸立着一座座银灰色塔架，形成覆盖全场的电网。几十台龙门吊，犹如几十个移动的门，在堆场上自由直行、转弯、穿越，或给集卡“喂食”，或从集卡身上卸下“重负”。

在上百公顷堆场里穿行，胡松虎轻车熟路。不一会，他将车开到一台旧式龙门吊前，稍作停顿。他扭头告诉笔者，这就是他们港区第一台龙门吊，他参与了安装调试，后来，又将它作为“油改电”示范吊，现在成为标志性纪念物，矗立在这里，供外来的人参观。

这台轨道式龙门吊，在簇新漂亮的龙门吊群里已显得有些陈旧且笨重，但似乎仍透出一种贵族般的气质，有着睥睨一切的眼神。胡松虎深情地注视着它，仿佛面对着一位老友。

胡松虎的介绍，引发笔者对港口“油改电”工程的极大兴趣。不久，又到北仑第二集装箱码头考察采访。

码头副总经理干文辉和“夏天创新工作室”负责人夏天接受笔者采访，介绍码头的“油改电”工程及其创新做法。

2010年，集团开始全面推进码头“油改电”工程，要求北仑第二集装箱码头公司跟进。于是，干文辉带着夏天等几个人前往上海港、深圳盐田港、天津港等处考察。干文辉在考察中发现，这些港口大多采用高架滑触线，他们就想照虎画猫。回来后到现场一看，感觉不对。原来，他们码头的堆场和岸线场地非常窄，一般只有三四米宽。如采用高架线，集卡就无法通过，这自然不行。干文辉和夏天就决定另辟蹊径，改用低架滑触线，用380伏电压。

虽说原理相同，但做法不一。为慎重起见，干文辉找了家企业，由夏天团队配合，制作了一条实验线。谁知一试，开关“嚓”地跳闸，而且七八条线路接二连三跳闸，“嚓，嚓，嚓”，把人吓一大跳。这不对呀！干文辉和夏天反复查找原因，才发现那家企业根据惯例，在线路总开关上安装了保护装置。当龙门吊自由落下时，产生不平衡电流，致使开关跳闸。

病症找到后，去掉保护装置，就再也没有出现跳闸现象，实验获得成功。

干文辉给笔者算了一笔账：该项目总共投入4600万元，每年可减少二氧化碳排放量1896吨，节能3931吨标煤，节约成本1200万元。也就是说，4年时间可收回全部投资。该项工程得到集团表扬，荣获中国港口协会科技进步奖三等奖。

笔者从《宁波港报》上看到一则消息，至2012年12月5日，宁波港龙门吊“油改电”项目全部完成。项目于2007年开始启动，总概算4亿元，分别在北仑第一集装箱码头等实施。共完成191台龙门吊改造。建成高架滑触线21条，总长度33425米；建成低架滑触线36条，总长9570米。4年时间，节能3.8万吨标煤，减排二氧化碳9.8万吨，节约开支2.4亿元。

还有那洁净的空气，还有那蓝天白云呢？报道没有说，似乎也不必说！

首战告捷。但宁波港人没有满足，他们接着开展集卡“油改气”工程和岸电工程。

目光还是回到“夏天创新工作室”吧！因为，这些工程，都是夏天带着创新工作室人员一起干的。

这位名为“夏天”，但性格脾性很像“春天”的中年人，说起来头头是道。

集卡，是码头重要的运输工具，这不言自明。但过去集卡用柴油，像改造前的龙门吊一样污染环境。而且，集卡数量多，使用频繁，造成污染的程度比龙门吊更严重。公司决定引进液化天然气集卡技术，建设绿色环保型码头，并把这个任务交给“夏天工作室”。夏天组织一拨人，着手进行“码头专用低速LNG（液化天然气）集卡”的应用探索。先后与3家汽车制造公司合作研发试用低速LNG集卡技术，从2011年起开始批量应用LNG集卡。几年时间，完成在港集卡的“油改气”替换任务，项目获得中国港口协会科技进步奖二等奖。

还有值得夏天自豪的，是他们研发的岸电供电系统。

夏天告诉笔者，远来的船舶在码头靠泊期间，船上仍须维持基本用电。一般做法是，关掉主发电机，开动辅助发电机。但可以想象，一艘巨轮的基本用电量也是蛮厉害的。自然耗油量高，会排放出大量废气，势必对码头空气环境造成较大污染。码头日益绿色化、环保化，不能让货轮靠泊污染成为被遗忘的角落。公司决定投入几千万元，建设岸电系统，一劳永逸地清除这个污染角落。

具体的技术任务自然又落在“夏天工作室”身上。夏天不负所托，带领工作室团队日夜攻关，很快在码头岸线安装了2套高压船舶岸电供电系统，设置了4个高压上电点。

项目难点不在于码头自身，而在于船公司。夏天有感而发。先要让船公司接受岸电供电理念，还要让船舶改装好相应设备，这样，码头岸电才能发挥作用。第二集装箱码头岸电系统于2018年10月全部建成投产，成为中国港口首个高压岸电全覆盖的集装箱码头。岸电系统建成后，仿佛年轻女孩把自己打扮得漂漂亮亮，等着新郎一样。他们盼着船公司前来使用验证。

第一家前来洽谈的，是美国美森船公司。尽管这是一家有着上百年历史的著名公司，但也从未用过岸电。人家蛮重视，派出一位副总来考察。干文辉陪着那位老外，把码头里里外外、上上下下看了个遍。干文辉和夏天又在边上，通过翻译解释了半天。最终，那位老外竖起大拇指，表示“OK”。信了，也服了，同意签订一份高压岸电连船安全操作协议。

美森船公司没有失信，不久即有两艘货轮抵达。干文辉和夏天站在码头上，看着岸电系统启动，顺利送电，直至货轮完成装卸，缓缓驶离。

此后，中远船公司、长荣船公司等纷至沓来。北仑港第二集装箱码头岸电送电，成了一道亮丽风景线。

时近2020年底，中国经济信息社和交通运输部水运科学研究院发布报告。报告对全国港口作了一番评价，宁波舟山港的绿色发展名列前茅、成绩亮眼。

宁波舟山港诗人远岛曾这样描绘并赞美他工作着、生活着的“东方大港”：

宁波港的意境，

正日趋深邃。

东方大港

钢铁轰鸣，
塔吊挤瘦了天空；
金属的肌体，向世界
展示出一个民族的气魄。
港区流光溢彩，
码头簇新的目光，
紧紧握着五大洲进港的汽笛声。
一会儿中餐，
一会儿西餐，
宁波港口的胃口渐渐好起来了；
从格林威治走来的时间，
露出了惊愕。
朝阳般年轻的港城，
英气逼人，
且不断生长魅力。
巨轮是彩色的水鸟，
在汉语声里飞进飞出。
霞光如涌，
一只羽毛崭新的中国水鸟，
飞出港口的巢，
射向一个新的纬度。

打造智力超群的“港口大脑”

2002年10月的某一天。

朱水林突然被召到李令红局长那间简陋的办公室谈话。当时的他，一头雾水。

李令红直截了当地告诉他，宁波港务局任命他为宁波港务局信息中心主任。即日起，走马上任！

这……？瘦小精干的朱水林一时还真有点反应不过来。

你不是早就给局里写过一份考察报告，建议港务局加快推进计算机在港口发展中的应用吗？好，现在我们接受你的建议，并由你主持这项工作。目标是：国内领先，国际先进，与宁波港这个大港的地位相匹配。你看怎么样？

啊？世上还真有这事？朱水林这才想起，20世纪90年代初，学化学的他，受港务局委派，到西德进修学习港口管理知识。回国后，洋洋洒洒写了一份考察报告，提出几点建议。其中第九条就是建议港口加快推进计算机应用。想不到，自己提的建议，现在由自己去主持操作。

李令红继续做他的工作。他说：“在‘二次创业’讨论中，有不少同志建议港务局重视港口自动化问题。宁波港要大发展，要靠科技进步，靠信息化。

这就要求有专门机构、专门人员来落实这件事。有人向我提及你当年的建议。你那么早就有那种想法，肯定作过系统思考，是不是？那就在实践中试一试。港务局决定，把相关几个单位合并起来，成立宁波港信息通信中心，形成一个拳头。局里每年补贴你1500万元，先补3年。以后靠自己造血，面向市场，赚钱养活自己。”

经李令红这么一点拨一激将，朱水林心里立刻涌起一种试一试的冲动。如果能在自己手里把宁波港信息化搞起来，至少能开个头，岂非人生一大快事？

他应允下来，第二天就与中心全体员工见面，着手组建工作。

朱水林面临的第一个问题，就是撤并。宁波港原先有个电话通信站，万门程控，53名员工。这得社会化，不能留。朱水林与各家电信公司联系、沟通，经过比较，成建制移交给中国网通。那些员工哭哭啼啼不肯离开，有的说把她们嫁了，有的说把她们卖了，反正什么话都有。朱水林心肠一硬，当作没听见。

送走这帮员工后，接着就是全局计算机技术人员整合。这些人原先散布在各单位各岗位，大多是技术骨干，单位和岗位都舍不得他们离开。有人就责怪朱水林挖墙脚、拉队伍，各种风言风语都有，朱水林也不管不顾。反正这是港务局定的，与我朱水林无关。到第二年三季度，总算七拼八凑，把基本队伍组建起来。

然后，朱水林就开始考虑顶层设计，搞宁波港信息化规划，并获得局里同意。随着港务局转为宁波港集团公司，信息中心也转变为信通公司。朱水林给自己和同事们定了个小目标：年营收1个亿，利润5000万元。那时，大多数人认为朱水林这个小目标遥不可及。十来个人，七八条枪，猴年马月才能达到这个数呀？

赚多少钱，在朱水林心目中，其实并不很看重。只要打开局面，钱自然会像甬江水一般滚滚而来。关键是发展思路和途径。而面对这个事关全局和愿景的问题，公司员工中出现了两种观点：一是向老外买系统，二是自己研究开发。朱水林对两种观点作了分析。老外的港口管理系统已用了十几年，自然比较成熟、稳定、风险小，但费用太高，每个码头至少得投入250万元。自己搞开发，显然难度大、风险高，成不成不一定。但如果开发出来，有自主知识产权，不必受制于人。朱水林力主自己研发，最终，他的思路得到局里支持。

有了局里支持，再加上李令红答应的1500万元投入，朱水林跃马扬鞭干了起来。他在港口干过，对港口需要什么，心里一清二楚。他与大家商量，围绕港口核心业务，开发港口急需的管理系统，他把这个系统称之为“港口生产业务协同系统”。之后，组织人员进行技术攻关，二代，三代，不久把这个系统研发出来了。这个系统能建立港口指挥调度中心，从全局上了解调度港口作业，还可坐在办公室甚至家里指挥调度。据说，李令红常常把一些著名船公司老板请到他的办公室，在电脑屏幕前，向那些船董们演示，你们船公司有哪些船在途中，有哪些船即将离港。那些见多识广的老外，看得一愣一愣的，并因而对宁波港产生一种信任感，放心地把业务交给宁波港来做。这，自然是港口信息化带来的溢出效应。

当同事们把这个消息告诉朱水林时，他心里自然蛮开心，觉得没有辜负宁波港。

2007年，欧盟面向全球，招标“集装箱运输智能化项目”。欧盟还为此专门成立一个招标团队，全球有37家企事业单位参与竞标。欧盟招标团队希望在中国找到一个有影响力的港口，于是，他们通过国家海关总署找到朱水林，询问愿不愿意承揽这个项目。朱水林心下一百个愿意呀。这是走出去与世界交流的好机会。再说，欧盟是行业游戏规则的制定者，能突破进去，参与规则制定，不是一件大好事嘛！不过，朱水林还是显示出宁波人的硬气，他说：“要我们做可以，但你们不得在东南亚再找港口！”

他的话说得掷地有声、底气十足。对方答应了。

那就做呗！朱水林组建了一个竞标团队，邮件往来，反复沟通。最后，居然中标了。标的不高，十几万欧元，但意义重大！

朱水林在向笔者说到这十几万欧元时，特意强调了它的意义：这是宁波港信息化工程中第一次赚老外的钱，而且是欧元。

令朱水林没有想到的是，2008年5月12日，他被调任第二港埠公司老总。也许，李令红认为他已圆满完成第一阶段任务，需要压更重的担子了吧？

接班的是任海东，一位同样瘦小精干的中年人，有着跳跃式思维和机关枪般的语速。分管技术业务的叫彭捷，个子不高，身体结实，言语间显得特别自信。业务部经理朱甬翔，后起之秀。

彼时，宁波港集装箱业务发展迅速，被业界誉为“宁波港现象”。穿山港区集装箱码头投产在即，未来集装箱量必将猛增。长期参与港口管理软件开发的彭捷，心里自然清楚，他们使用的美国纳维斯公司（NAVIS）集装箱码头操作系统有点滞后，且每年须交纳20多万美金的升级维护费。

能否自己开发一个系统代替它？某天，彭捷的脑海中突然浮上一个大胆的想法。宁波港使用这套软件已有一段时间，事实证明，这套软件并非完美无缺，不还是靠彭捷和同事们修修补补、增增删删维持着吗？与其如此，不如放手一搏，自己试着干！

彭捷的这个想法，不知怎么的被纳维斯公司的人听到了，对方一耸肩、一摇头，给彭捷捎来一句忠告：你们根本理解不了这套软件背后的技术设计思想。没有8年、10年，成不了软件操控专家！

彭捷偏偏不信这个邪。他组织了个小团队，连自己在内4个人，开始另起炉灶。为表达宁波港人的决心和特点，他特意把这套待开发的集装箱码头操作系统称为“n-TOS”，含义是宁波港新的、持续创新的软件。

10多年下来，他们对原先纳维斯软件的界面、功能已完全熟悉。但对于开发新的软件系统而言，这些仅仅是皮毛。关键是要了解并破解背后的技术路径，知道它为什么这样设计，又是怎么体现港口需求的。

彭捷和同事们仿佛进入无人险境，荆棘丛生、险象环生。既然选择了前方，就得风雨兼程，没有回头路可走。他们把对方的软件数据视作文件，猜测、模拟、试验、反证，不断试错，分析对方的逻辑思路，探究对方的技术路径，测算对方从技术路径到界面反映的时差。

无数个白天夜晚在鏖战中，在苦思冥想中度过。一天，彭捷看完央视《新闻联播》，按照老习惯出门散步。他边散步边思索，突然间有如电光石火一般，彭捷悟出对方系统采用的是多维度算法，因而，从技术逻辑反映到界面上，只需三四秒钟，大大超过一般软件十三四秒的速度。与此近似的逻辑结构，是证券交易架构软件，瞬息间，千万种变化。

原来如此！踏破铁鞋无觅处，得来全不费功夫！

彭捷把几个新招录的大学生找来，开了个小会，进行“战前动员”。他把自己的发现告诉这些年轻人，集团要加快推进港口信息化，决定研发一套属于自己的集装箱生产操作软件，那样会大大提高宁波港的安全系数，且不会受制于人。彭捷提示大家，研制开发这款软件，关键的关键，是要研究出指令派发模块。

这几位新来的大学生中，就有后来成为集装箱开发中心副主任的夏侃。

那年，23岁的夏侃，刚从温州大学信息管理专业毕业，经特批进入信通公司工作。夏侃是“三本生”，也就是高考录取时第三拨才轮到的对象，且学的并不是计算机专业。那些计算机知识，是他大学期间蹭课学来的呢，纯粹属于“三脚猫”。按照招工规定，他都没资格进宁波港工作。是时任信通公司总经理任海东从招聘对象资料中发现夏侃曾获得全省大学生计算机技术与软件专业技术资格考试第二名，因此推荐了他。

夏侃做梦也没有想到，信通公司领导会把他这只“三脚猫”，还有别的“二脚猫”等，放到这么前沿的科研位置上，研发这么重要的软件，说明这里的领导真是开明啊！

年轻人嘛，谁不想显山露水、建功立业呀？夏侃从彭捷的一番话中听出了这个软件的重要，他兴高采烈地加入这个研发团队，全身心投入进去。

时间、速度、质量，不容许有任何延宕和疏忽。公司明确，研发人员集中居住，实行封闭式管理。办公和住宿就在一套房内，房子是由北仑港第一集装箱公司租的，无偿支援他们，夏侃把它形容为秘密居住的“黑屋”。那段时间，4个年轻人就像士兵一样，办公室—食堂，食堂—办公室，两点一线。家里父母不理解为什么不回家。哪有这样，跟当兵一样。其实，夏侃感觉他们比当兵还苦。好在自己是男孩，父母亲不至于担心吃亏。

采访中说起这些时，夏侃会笑出声来。

那时，夏侃年轻气盛、充满朝气。同样是一个人，同样是两条胳膊两条腿呀！别人能弄好的软件，宁波－舟山港人为什么弄不好？团队成员相互打气，任海东、彭捷等不断鼓励年轻人，有时表扬、有时激将、有时慰问，反正让他们几个感觉心里暖暖的，当然，也有很大压力。研发不出来，怎么对得起这么一大帮人呢？

真正上手后，夏侃不得不承认，纳维斯公司的软件很先进。否则，也不会有那么多国家、那么多港口用它。现在，他们试图开发一套属于自己的集装箱码头操作系统，要像人家一样高并发、低延时、很可靠。彭捷老师说，要站在巨人肩膀上。这个肩膀就是多维度算法，研发路径就是采用类似于证券交易的架构。但港口毕竟是港口，宁波－舟山港集装箱生产到底需要一套什么样的管理软件呢？夏侃当时并不清楚，彭捷心里也不太有底。

研发出第一版本，拿到港口一试，就毛病百出，差距太大，根本不能满足码头生产需要。港口上的人，自然会说这说那，夏侃感到有点受打击，有点挫败感。自己辛辛苦苦，好不容易搞出一个版本，却是个残次品。在港口人眼里，甚至连残次品都算不上，就是一个废品。在夏侃心里，这孩子虽然生得难看，但毕竟是自己养育的第一个孩子呀！

这时，彭捷，还有部门经理朱甬翔站出来鼓励夏侃他们，不要灰心，摆正心态，相信最终会超过国外版本。继续！

夏侃冷静下来，认真考虑了几天，找到了第一版的毛病。夏侃发现，第一版其实用的还是别人的框架，没有体现宁波－舟山港的特点，再加上自己对港口业务不熟，想得过于简单、过于理想化啦。

对症下药。根据任海东老总的意见，夏侃几人暂时放下手头的编程工作，深入码头第一线。金塘岛码头和梅山码头还没有上国外的管理软件，金塘岛码头侧重于集装箱中转，梅山码头侧重于集装箱自装，合起来，就是集装箱码头的全部业务。恰巧，这两个码头负责人与任海东都极熟，任海东两个电话，就等于给夏侃他们开了两张进码头的通行证，也等于为夏侃他们提供了6个月时间。夏侃甚至想到，这个时间空隙似乎是特意为他们留的。

夏侃和伙伴们在接下来的6个月时间里每天到金塘岛或梅山码头上班。一个个泊位走访，一台台桥吊观察，一艘艘货轮试验，了解每道程序，掌握每个细节。

晚上，夏侃和同伴们一起，把自己关在办公室里，熬夜，加班。其实，也说不上是不是加班。因为，他们一天到晚，除了吃饭、上洗手间，都在研究，哪有上班下班之分呀？

最难的事，是研发指令派发模块。指令派发模块，相当于人的大脑。装船、卸船、进箱、提箱、移箱、翻箱，六大作业工艺，都听它指挥。这是码头管理系统关键中的关键、核心中的核心。夏侃他们要把那么多因素浓缩进指令编程中，在毫秒级计算出哪个指令优先、指派给谁、怎么达到最优，还要考虑到未来，为将来发展留下余地。总之，有一大堆课题需要面对、需要攻克。

开始时，夏侃他们也曾心存美好幻想。不就是美国纳维斯公司最好吗？那就虚心向人家请教呗！夏侃他们试图与对方联系，打电话，发邮件，一副诚恳态度。对方开头也还不错，回应他们，但只是讲一些大路货，解释一些概念。

一涉及关节点，人家就跟你打马虎眼、打哈哈，说一些美国风景真好、你们宁波风景怎么样之类。美国的风景、宁波的风景，与这个软件有半毛钱关系吗？没有！夏侃渐渐明白，人家根本就没有打算告诉你！事后想想也对，谁会把自己的核心技术告诉人家？谁会帮助别人成为自己的对手？他夏侃也不愿意啊！

还得靠自己。核心技术是讨不来、买不来的！事实教育了这帮年轻人。得，还是自己来吧！

只要连续问下去，这个世界总会有答案。夏侃深信这一点。

那段时间，夏侃的头脑中一天到晚思考着那个指令派发模块。坐在电脑前想，走在路上想，吃饭睡觉时也在想。指令派发模块，占据了他的全部神经、全部思维。

有一次，夏侃像往常一样，到职工食堂打饭。排队的人多，队伍有点长。夏侃利用这点时间，还在想他的指令派发模块。边想着，边挪动步伐。前面队伍在缩短，渐渐靠近食堂窗口。突然，夏侃来了灵感，他想起了彭捷老师的一段话，悟到了一个道理。要建立“码头大脑”，首先要解决“我是谁”“在哪里”“状态怎么样”“怎么做”“路上怎么样”，作业指令看上去完全智能化，但这个智能化，实际上是人的思路逻辑数字化。码头管理软件，相当于一位婴幼儿，不会无师自通。要让软件懂得怎么管，编程的人首先自己要弄懂该怎么做。要有人一步步“教”它，从小学、中学、大学，直至硕士生、博士生、博士后。

对！就是这个原理！夏侃忘记了自己是在排队买饭，也顾不得队伍中惊诧的目光，立即转身，一路小跑着回到电脑前，把那个闪光的念头付诸编程中。

笔者写到这里，想起大作家徐迟的报告文学《哥德巴赫猜想》和曲波的《林海雪原》，更加理解了数学家陈景润，更加理解了小分队英雄们。彭捷、朱甬翔、夏侃及成千上万的宁波舟山港人同样也在攀登。他们用四肢、用指爪攀登，也算得上是艰苦卓绝！他们像那些征服珠穆朗玛峰的英雄登山运动员，到达雪峰和现代冰川后，有时也会产生严重缺氧的感觉。他们像那些身披白色风衣、穿行于林海雪原中的小分队队员，偶尔也会迷路。前面是绚丽芬芳的郁金香花园，还是荆棘丛生的羊肠小道，抑或是深不可测的沼泽草地？他们不知道。但他们愿意做赴西天取经的唐僧师徒，历经九九八十一难取得真经。他们期待着有朝一日上天之梯垂挂下来，脚下泥泞之路化作雪莲万朵，托举宁波舟山港升入自动化管理的殿堂。

一次又一次编程，一遍又一遍跑码头，听取意见，回来修改，有时通宵达旦，记不清多少个日子是这样度过的。

但夏侃记得蛮清楚的是2010年8月28日。那天，韩国“向珠”号集装箱船在梅山码头泊岸，一向标尺极高的梅山码头负责人许晨，终于被任海东、彭捷说动，同意让夏侃他们在码头试用他们自己研发的管理软件。夏侃他们就这样逮住了一个机会。软件上线后，船方提出许多具体要求，夏侃他们一个个改变、改进，直至完全适用。

“向珠”轮集装箱装卸完毕。在众人期盼的目光中，由宁波舟山港人自主研发的集装箱码头操作系统——n-TOS1.0版本，犹如一位足月的婴儿，呱呱坠地。

夏侃他们自然没有止步，也止不了步。宁波舟山港在急遽发展，码头管理软件怎么可以止步不前？到2016年，n-TOS系统升级为2.0版本。在2.0版本中，夏侃他们让这个n-TOS系统做到了翻箱率最少。翻箱率越低，说明港口效率越高。软件引导集装箱进来放在哪个位置最合适，何时出箱、怎么走箱为最优，还融入了更多宁波舟山港因素，譬如台风天气对集装箱装卸的特殊要求等。

毛剑宏上任后，对智慧港建设异常重视。他告诉任海东和夏侃这帮年轻人，智慧港的实质是管理理念、管理手段和管理模式的创新。

对智慧港的建设，时任集团总经理蔡申康也作了很多思考。在蔡申康看来，今后港口之间的竞争，不是码头大小的竞争，而是港口服务能量和质量的竞争，港口信息化、智能化就是其中一个重要环节。他从宁波舟山港一体化后生产经营的实际需要出发，并预测未来港口的发展趋势，酝酿提出了一套智慧港口建设的思路和方案，要求逐步实现操作系统、管理系统、物流系统、商务服务系统的信息化、智能化。

港口领导层的理念和思路引导夏侃他们提高了站位。他们开始着眼数字化、自动化港口管理要求，让传统码头向信息化、智慧化码头顺利过渡，不断提高设备自动化率、智能系统覆盖率和生产效率，并加入了无人集卡自动化调度模块。它能实时读取生产作业指令数据，综合考虑作业工作点的优先等级，根据无人集卡实时位置、电量、附近设备忙闲状态，“指挥”无人集卡在码头进行常态化作业，实现最佳最优配置。

到2019年，n-TOS升级为3.0版本。这个3.0版本，有120万行代码。每一行代码，均由信通公司团队研发，拥有自主知识产权，体现了宁波舟山港的科研实力。

夏侃告诉笔者，2019年，n-TOS系统3.0版本在金塘岛大浦口码头试验，在集团逐步推开。2020年初，在太仓武港码头成功上线。接着，在梅山港区成功上线。之后，已转任集团技术和信息部主任的任海东，盯着穿山港区总经理方剑波，提出穿山港区更换版本。5月的某天凌晨，在方剑波、任海东指挥下，穿山港区组织40台桥吊、120台龙门吊参与实验，实行并发作业，检验1000万标箱的支持能力，仅用两个多小时，就成功地将n-TOS系统2.0版本更换成3.0版本。目前，除港吉码头和大榭招商码头外，宁波舟山港其余码头都已上线使用这一系统。穿山港区集装箱码头更换版本后，已稳定运行3个多月。实践证明，这个n-TOS系统，可以实现秒级指派，能支持千万级标箱码头，支持桥吊、龙门吊远程遥控技术，支持自动化集卡运输，还支持海铁联运等许多系统。但凡港口管理需要的，这个n-TOS系统里都有。

不吹牛，这个n-TOS系统在国内港口中处于领先地位，它获得了中国港口协会科技进步奖二等奖。拿到国际港口去比较，它也属于先进，局部甚至比国外系统还先进些。价格比国外同类产品便宜一半，效果则比人家还好。宁波舟山港是全球最大港口，我们做的标准，也就是国际标准。过去，是人家有的我们没有；后来，则是人家有的我们也有；现在，是我们有的人家不一定有。夏侃充满自信地总结道。

采访时，面对着这位身穿黑色T恤、高个帅气、自称喜欢听郭德纲相声的年轻人，笔者有点惊讶，更是充满惊喜。他叙述着他与n-TOS的故事，宛若年轻人在回忆甜蜜的爱情故事，在向亲友介绍他心仪的女孩。当然，他懂得感恩，感叹宁波舟山港良好的科研和创业环境，感叹自己遇上了大舞台、好时机，感谢那些开明的领导那么信任自己，为这么年轻的自己搭建舞台，让他独当一面。没有以上这些，他夏侃今天可能还在打酱油，什么都不是，什么都干不成。“良禽择木而栖”，夏侃不晓得自己算不算“良禽”，但“栖”在宁波舟山港这棵树上，肯定是“栖”对啦!

结束采访时，夏侃建议笔者去环球航运广场45层，考察一下集团的调度指挥中心。那也是n-TOS系统3.0版本的组成部分。他说：“在那里，陈老师您可以了解港口管理系统软件的功能，更直观地看到数字化的神奇魅力。还有，智能理货系统，也值得采访。”

夏侃用宁波人少见的标准普通话说着，声音中流露出某种自信与自豪。

笔者特意选择一个细雨霏霏的周日，与调度指挥中心来了个亲密接触。

宁波舟山港调度指挥中心，设在环球航运广场45层，占据一半楼面。这天窗外云层显得特别低，白絮般的云丝从窗外飘过，站在45层高的大厅内，仿佛置身于云端之上，这使笔者产生一种不真实感。

产生不真实感的另一个视觉冲击，来自调度指挥中心那面巨型屏幕墙。屏幕墙全长近29米、高2米，由大小6块荧屏、36个视频画面组成，具有不同功能。

集装箱吞吐量实时滚动显示最为醒目，年计多少，月计多少，日计多少，时计多少，分计多少，精确到秒。从数字看，宁波舟山港与2019年同期相比，集装箱吞吐量已止跌飘红。

此刻，全球洋面上，有57艘40万吨货轮、493艘LNG（液化天然气）货轮正在行驶。未来一个月内，将有730条船抵达宁波舟山港。每一艘船现在所处位置、时速，一清二楚。那些标识货轮位置的一面面红蓝色小角旗，宛若一群群游走在溪水中的小蝌蚪，摇头摆尾，煞是可爱。随机点击其中一艘来自美国佐治亚州的货轮，屏幕立马显示，该轮将于某月某日到达，指定靠泊北仑国际集装箱码头。

视频转到虾峙门航道的灯塔、礁石、滚滚潮流，一艘日邮捷航船进入视频画面，正缓缓驶来。置身在大屏前，能清晰看到货轮周边缭绕的云雾，船头破开海面的白色浪花。进一步打开链接，几行介绍跳入眼帘：日本船，集装箱货轮，长度299.8米，宽40米，总吨位75201吨，载重吨77950吨，还有相应的图片资料。

大榭招商调度中心：一艘宁波远洋的“江海之悦”号轮正在作业。大雨中，集卡来来往往、桥吊上上下下。一只只集装箱被快速提起，放进船舱内。这时，一滴雨水掉在视频探头上，洇润开来，画面瞬间变得一团模糊，像是一笔中国山水画。然后，水珠滴落，画面重显清晰。

鼠浪湖码头：卸船机正在工作，3只抓斗插下去，不一会提上来，倒入料斗中。同时可以见到料斗底下吐出一道小瀑布，喷泻在传输带上，进入传送廊道……

笔者站在大屏幕前，仿若站在一个个码头上，与集装箱、与桥吊、与龙门吊对话。现代化装置，拉近了人与物的空间距离，甚至重新定义了“现场”“目睹”等概念。

调度指挥中心副主任罗科杰在旁热心地做着介绍。他40来岁，不胖不瘦、不高不矮，用一副宽边眼镜将自己那漂亮的双眼皮藏在后边，看上去显得精干灵光。他自述已在调度指挥中心工作了16年，属于“老调度”啦！

宁波港调度指挥中心老早就有。而这个新的调度指挥中心大厅，始建于2015年。最早由调度指挥中心提出技术工艺要求，平时能观、急时能用。由集团信通公司负责软件开发应用。核心是内容，灵魂是数据，大屏只是一个实景展示，分段整合，再拼接起来。刚建设时，属于全国领先，不少港口都来参观考察，现在也就一般般啦！小罗一副淡定低调的神情。

接着，小罗又给笔者介绍大厅功能。主要作用是调度指挥，可实时掌握全港生产作业状况。目前，全港有航线250多条，一半以上是远洋干线。万吨级以上泊位100多个，5万吨级泊位60多个，中小型码头泊位更是多了去啦！像过去那样打电话指挥调度，根本来不及，只能依靠这个自动化、信息化平台。还有，特殊的应急安全指挥，一旦发生事故，可以随时切换到那套模式系统，及时了解槽罐的压力、液位、无名火、泄漏、产品名。这个系统对每一种情况都有相应的应急预案，可以知道什么地方出事，应当怎么消除事故。当然，希望这套系统永远用不上，但宁波闲话说，出门带伞、肚饱带饭，有备无患啊！

小罗用略带自豪的口吻说，这套可视系统配备了3600多个探头，覆盖全港各个角落。最好的探头，可视距离为10公里，即使在雨天，画面也很清晰，使人仿若身临其境。

那么正在行驶中的货轮怎么也会在这个系统内呢？笔者有点不解。

这不难。小罗解疑释惑。信通公司连接上了AIS，也就是国际海事平台的船舶自动识别系统，就可显示各家船公司船舶的航行动态。

哦，原来如此！

接受夏侃建议，7月中旬的某天，笔者站在宁波外理公司演示厅，听王寅经理演示介绍外理公司的业务内容和智能理货情况。演示厅里，五六位员工正在紧张工作。

理货，是航运界专用术语，也就是清理货物，在船公司与客户之间起着中介和公证作用。集装箱从船到堆场，或者从堆场到船上，是货物的“位移”。这个也是行业语言，通俗地说，就是集装箱移了没有、移了多少只，外包装形状怎样，需要有人见证和确认，船公司据此验收，海关据此放行。理货公司就干这活。过去，集装箱装船卸船，都由理货公司派人在现场盯着，一台桥吊一个人。被派的人，一天到晚站在甲板上，一张纸、一支笔，用眼观察、用笔计数。真的连眼睛也不敢眨一眨，唯恐眨眼之间看错、记错。那个辛苦就不必形容了。日晒雨淋是常态，还有安全隐患，与桥吊和集装箱磕磕碰碰，也是免不了的事。因而人们说起现场理货这份工作，都把头摇得像拨浪鼓一般。

后来，每有创新之思的宁波外理公司老总蒋平昌，提出用信息化手段、自动识别技术，进行智能化理货。2014年初，他撰写的论文《集装箱船舶智能理货的探索研究》发表在业界权威杂志《港口经济》上，引发广泛关注。

在业界还在讨论时，宁波外理公司却在蒋平昌带领下，在港口界率先开始智能理货的实践探索。

难度自然很大，没有人走过这条路，连老外也没有。国外没有理货行业，人家都依附于公证公司。但仔细一了解，国际上有一种用来识别箱号的软件应用系统，专为码头设计。那就好，说不定可借鉴借鉴。

蒋平昌老总咬定牙关要干这件事。他抽调人员，与信通公司成立了智能理货专项工作组，专门负责研发智能理货系统。第一个试验点，选了梅山港区10号吊机。

先是试着用手机拍照，然后将照片传给后台处理。这只是解决了一半问题，人还得在现场。

蒋平昌自然不满意。他带着5人团队，根据梅山港区特点，大胆进行探索。没有先例，探索自然艰难。一年半时间里，他们不知为此开了多少次会，刮了无数次“头脑风暴”，从现场到室内，从前方到后方，提出技术路径设计、工艺流程、操作方法、制度标准、运行管理等。先画出集装箱船装载图，建立船舱空间模型，将每一只集装箱变为一个点，明晰每只集装箱在装载图中的位置。根据不同船型、船舱，结合不同时段潮位高低，通过反复试验、计算，找到核心经验值。利用桥吊钢丝绳读数，既能识别每只集装箱的箱号，又能准确计算出船舱内集装箱船的定位。

一开始，精度不那么高，后来慢慢提高。到2015年6月，技术基本成熟。当桥吊把集装箱吊到一定高度时，安装在桥吊上的摄像头会自动对焦、识别箱号，并告诉系统，自动对号辨识。其精确率达到97%至98%，留下2%至3%，依赖人工识别。这就大大减轻了现场人员的工作劳动强度，提高了工作效率。一个人可以同时监管4路。王寅介绍到这里，显得有点兴奋。

解决这个难题的关键是OCR。王寅知道笔者不懂，就作了一番解释。这OCR是光学字符识别系统的英文缩写。先是引进国外软件，后来，他们与武汉理工大学合作开发。开始技术不过关，集装箱与别的物品不一样，大小不一、高低不一。有的箱子经年累月在海上漂，在雨中淋，原先的字迹已模糊不清。吊装过程又处在移动变化状态。他们开发的视频和软件，有独特算法，运用数学模型，克服了上述难题，处于国内领先地位。

王寅继续往下说。方案成熟后，梅山港区开始推广，从1台吊机扩展到1个泊位，从一个泊位扩展到整个港区，再到整个面上。集团先后投入5500多万元，全港域116台桥吊完成设备安装、上线运行。宁波舟山港由此成为全国港口界率先推行智能理货的港口，吸引了全国不少港口同行前来考察学习，得到高度认可，被复制推广到天津港、南京港、重庆港、太仓港等，还获得第十六届全国交通企业管理现代化创新成果一等奖和中国港口协会科技进步奖二等奖。王寅不无自豪地说。

智能理货效果非常明显。理货安全度提升，标准化、信息化程度提高，可以说是对外理货的一次革命性改变。王寅感叹道。

似乎为证明自己所言不虚，王寅给笔者讲了个小故事。宁波有一家铜业公司，专做铜锭进口业务。一次，在铜锭过磅时，发现数量严重短缺，集装箱包装封条也严重磨损。货物价值巨大，铜业公司理所当然提出索赔。但外方矢口否认、推卸责任。铜业公司心急如焚，却一时无从下手。追究责任，就必须证明集装箱进口装卸时的状况。铜业公司找到理货公司。理货公司第一时间派人到货物现场勘查，通过视频影像，从最初进口卸船开始，逐个环节进行倒查。最终证明该集装箱从卸船、进场、出卡、抵达货主单位状况一致。理货公司出具了第三方证明，外方在完整证据链面前，被迫承认数量短缺责任。铜业公司索赔成功，挽回损失。这家铜业公司老总亲自登门道谢，并送上一面绣着“全程式服务”“全方位满意”字样的锦旗。

王寅说完这则小故事，又给笔者提供了一个数据：公司一线理货人员由500多人减少至206人，办公室人员也大幅度精简。您看，现在我们坐在办公室工作，很轻松，却拿着高薪。

未等王寅说完，办公室内笑声四起。笔者也忍俊不禁，哈哈大笑。

哦，过去讲秀才不出门，能知天下事，那其实是不可能的事。而在当今，宁波舟山港人做到了。在背后支撑的，是人类创造的现代科技，是宁波舟山港人自己开发研制的n-TOS系统。

智慧港、信息港、数字港，正阔步向宁波舟山港走来。

“易港通”与“一港通”

“易港通”是宁波舟山港于2016年6月成立的一家高科技公司。不知是哪位高人灵机一动，取名为“易港通”。“易港通”者，“一港通”也！而“一港通”，是成立“易港通”的初心和使命。

易港通老总童建忠的行事风格似乎与众不同。公司成立伊始，他做了两桩令人刮目相看的事。一是组建高知年轻团队。公司全体员工均是大学及本科以上学历，成为集团旗下企业中员工学历最高的单位。二是先搞规划，把公司发展目标和三五年内要干的事列出来。那思路和做法，似乎有点模仿华为的任正非。

易港通走出的第一步，是开发手机APP电子支付。童建忠认为，每个集装箱有8大要素，这8大要素在进出港时会发生变化，有变化就要改签，要改签就要人工跑。每天进出港口的集装箱有万把只，从概率上计算，至少有三四百单次变化，那就意味着每天至少会有三四百人开着车，在泊位、港口、海关、边检、银行之间穿行，想想那场面就觉得杂乱，更不要说还在银行排队、等候。一个货代员，驾着车，开上两小时，怎么也得花上200元吧？那么300人，至少是6万元。这是每天的费用。如果一年呢？小数不可大算啊！

童建忠决定开发一个手机APP支付系统，为港口客户提供优质服务，让客户可在手机上直接修改或支付。集团领导比较开明，思路也超前，明令易港通公司不要收费，同意开发费用由集团承担。童建忠说，易港通就是“做雷锋”。

开发这款软件并不难。童建忠这么认为。童建忠毕业于浙大，还是潘云鹤教授亲自教的高才生。2009年，他赴新加坡港学习观摩2个月，对外部世界比较了解，开发这款软件得心应手。手机APP系统是现成的，易港通就是在原有系统中增添一个港口支付通道，就像在满园花卉中，再插上一株牡丹或桃花之类。

您问难在哪里？难在推广呀！难在让客户使用它，并要说它好！

首先试着推广到码头和船公司。码头是自家人，领导一表态，好说，开始试行。船公司开始有点嫌麻烦，不接受。集团业务部门出面协调，船公司当然不愿放弃宁波舟山港，经不住一说再说，就陆续答应下来。

最难的是银行，特别是那些国有银行，店大业大，有点看不上这类APP。员工们一家家银行跑，大多空手而归。总得找个突破口吧，童建忠让员工试着找找浦发银行。浦发银行是股份制银行，也许市场灵敏度高一些？

果真不出童建忠所料。浦发银行一直来苦于宁波舟山港的基本账户被两家大银行把持，正想着如何介入宁波舟山港庞大的产业链中来。易港通找上门去开拓新业务，相当于人家瞌睡时递上一个枕头，浦发银行求之不得，当即表示有兴趣尝试，并立刻上报给浦发银行总行。总行领导也看好这项新业务，即刻派人到易港通洽谈。双方一拍即合。

浦发银行自介入后，此项业务的营业额立马上升到2个亿。工行、建行等几家大银行见此情景有点坐不住，纷纷跑上门来找童建忠，要求分一杯羹。易港通货比三家，看谁的服务好就跟谁做。

第二步是推广到集卡司机。要实现一港通，集卡司机是个必须跨的坎。每个集卡司机使用APP，成为一港通的基础。童建忠通过集团明确，但凡进入港口的集卡司机，必须注册APP、装上APP、学会使用APP。不会用APP，就不能当宁波舟山港集卡司机。这一道“门槛”一立，立马在集卡司机队伍中掀起轩然大波。

集卡司机是支庞大队伍，中间什么人都有。从20多岁到60多岁。车源地极多，有安徽、江苏的，有河南、河北的，独独宁波本地人不做集卡司机。使用的手机更是五花八门，什么机型都有。一些司机不会装APP，也不会用APP。一些老司机抱怨，过去用《集卡司机提示》小册子，没有用APP，不是一直干得好好的嘛！这童建忠是什么人呀，怎么那么缺德？居然想砸咱们饭碗！

设身处地想一想，也真是呀！要人家打开一个个手机页面，对着那些细小文字，看上半天，然后才明白需要做什么、怎么做，要是换成你，是不是也觉得蛮烦的呢？

面对着这支特殊队伍，易港通研发团队开始有点蒙，童建忠自己也有点束手无策。后来，他想到了集卡司机的年龄和生活经历，意识到这是一种生活习惯的改变。他点拨研发团队，要注意“用户体验度”。不要从年轻人视角去设计集卡APP技术路径，而应当把自己设想成一位五六十岁的人，怎么能快速弄懂，怎么方便使用。

这一提示立刻见效。工程部经理柯冬澄，想到不少集卡司机年龄较大、文化程度不高，有的视力不好，便考虑将手机页面的文字提示改为语音提示，让这些司机一听就懂、一学就会，一步步引导解决问题。

想到问题，仅仅是开始，实际开发还有难度。将语音提示引入APP，此前没有人做过。研发团队将集卡司机手机APP需要做的事，分解制作成三组语音提示，在功能单上设置一只“小喇叭”，并让从英国归来的朱雨露录音。此后，朱雨露就成了集卡司机的“导航员”。她的普通话很标准，声音很甜美，一些集卡司机为了听听朱雨露的声音，会经常打开手机里的“小喇叭”。

团队四处推广，童建忠出面讲课。易港通模仿网购营销手段，端午节在手机APP上发粽子，吸引集卡司机下载使用。于是，父与子相帮，兄与弟互学，还有同乡同村出来的老乡，沾亲带故的，你帮我、我帮你，慢慢推了开来。用了一年半时间，终于在全体集卡司机中普及了这款手机APP。

两步走成功后，童建忠带领团队开始迈出第三步：开展预约服务，实现港口“无纸化”。

业内人都知道，在传统集装箱进口业务中，所有业务单证均为纸质，依靠人工流转。一票货物从抵岸至提货，那张纸质单证要从船公司转到货代员手中，寄到车队驻地。集卡司机拿到后，再到码头，凭纸质单据提货。环节众多，流程烦琐，效率低下，耗费大量人力物力，且容易造成交通拥堵，带来安全隐患。

在童建忠眼里，港口，看上去是个传统行业，老一辈码头工人就是装装卸卸，在英语中，“港口”一词本意就是“末端”。但时代发展到今天，港口已不再是过去的港口，不是货物末端，而是主导型的物流中心。要把围绕着港口的所有元素都集聚起来，集成为物流综合服务商。而易港通要做的事是，改变现实的空间流程，在网络上实现无纸化流转。

想明白这些后，童建忠给易港通团队确立了技术思路：让船公司、码头、车队三方信息对接互通，进出口集装箱在工厂、货代、堆场、码头、船公司等各物流节点流转的信息实时动态可视、可控。换句话说，要实现集装箱流转模式的创新。

整个过程自然艰难，甚至“惨不忍睹”。流程需要重新设计，童建忠把它称之为“流程再造”。要对原先所有的流程进行归纳、梳理，让它们从实物状态变成电子流。且这个流程要简便、快捷、优化，集卡司机能懂、会做。

项目从2017年初提出，到2018年4月，这张流程电子图终于成型。

接下来是推广。推广不开，易港通就是纸上谈兵的赵括，再好的方案都归于无用。

平台与船公司对接，与码头对接，与堆场对接，与货代对接，与集卡司机对接。那段时间，童建忠和全公司的人，眼睛盯着对接，脑子想着对接，走路为了对接，梦里还念叨着对接。童建忠让人画了一张大图，把需要对接的船公司、码头、堆场、集卡点、口岸管理单位、货代公司等共计1000多家全部列在上面。乖乖，那些点，犹如作战地图上标识的一个个堡垒。之后，他们把点标注为3种颜色：原始色是白色；开始做工作的，标上蓝色；拿下一个点，插上一面小红旗。

开始时，自然是一片白色。一些同事问童建忠：要消灭这么多白点，需要多少时间？童建忠说不知道，但理论上，只有一年时间。一年拿不下来，就会被别的港口赶上，甚至超越！

哇！这也太紧张了吧！团队都是些年轻人，哪见过这阵势、这压力？忍不住哇哇叫唤起来。

童建忠也下了狠心，每周开一次会，会议室背景墙就是这张“作战图”。会议开始，第一个议题是盘点“攻城拔寨”成果，盘点本周有多少进展、在哪里。然后，当众标注拿下的时间、主办人员姓名。这一招，弄得易港通公司60余名员工寝食不安。一些员工甚至对这张“作战图”和每周例会产生一种反射性紧张感，一看到这张图，就会自主不自主地头晕。

有头晕的，先休息一会儿。没有头晕的，继续干。易港通商务研发部经理王强算是没有晕菜的一位。他每天频繁穿梭于货代、码头、堆场、车队、船公司之间。

王强发现，港口无纸化，并没有什么牵头单位，港口只是其中一环。仔细分析起来，源头是船公司。要推行无纸化，就要从源头找起，从船公司谈起。船公司也得顺应大趋势，逐步电子化，这就是易港通与他们的共通之处，或曰利益共同点。与宁波舟山港打交道的大小船公司共有60余家，程序、方式、格式都不一样。有些船公司起先不愿做，认为过去做得好好的，何必另起炉灶、另搞一套？有的船公司则提出，要做一起做，否则没有意义。

一些员工做工作时吃了闭门羹，有的见对方不接电话，难免有些畏难情绪流露出来。童建忠鼓励大家不要灰心，要看到政府和社会都在力推港口无纸化，相信随着无纸化的逐步推开，想做的船公司会越来越多。只要突破50%，就会形成一个气场，等到超过80%时，再固执的船公司都会跟上来。

事实真的如童建忠所分析的那样。王强看准了影响力大的中远海运船公司，由集团领导牵线搭桥，他找上门去，与对方一次次洽谈。几次沟通下来，效果不错，中远海运船公司松口答应试一试。2018年10月，中远海运船公司第一单集装箱无纸化运行成功。之后，马士基、地中海、长荣、阳明等航运公司先后加盟港口无纸化阵营。

这样，易港通就开始上网试验，先试进口集装箱，效果不错。然后，顺理成章，再试出口集装箱，大体用一年左右时间，把进出口集装箱都试了个遍，结果“OK”。

如果用文字描述，全程无纸化流程大概是这样：一位办事员在电脑前输入信息、点点鼠标，两三分钟时间就能让“数据”跑起来。船公司将出口设备交接单以电子数据形式传输至宁波舟山港电商平台，货代确认后获取提箱二维码，司机凭提箱二维码到码头快速办理提空箱业务，免去人工跑单时的装箱单、设备交接单等5份纸质单据，每箱至少可节约流程时间1.5小时。

易港通终于赶在2019年“五一”国际劳动节前举行新闻发布会，正式向社会公告：宁波舟山港全面上线集装箱出口业务全程无纸化服务功能，实现“一港通”。全区域从事出口集装箱业务的6家码头、60余家船公司、28家港外堆场、200余家订舱货代、1200余家实际用箱人、2.8万名集卡司机之间，实现了系统互联、数据互通，线上提箱的占比已达到90%以上。宁波舟山港成为全国首个实现集装箱进出口全程操作无纸化、物流节点可视化的港口。

自然，还有不可计量的环保方面的益处，并且缓解了交通拥堵。以宁波舟山港2018年完成的集装箱吞吐量测算，无纸化流程可减少集卡司机作业总时长约700万小时，节省燃油成本1.2亿元，减少二氧化碳排放4.4万吨，减少各类单证用纸6300万张，为物流企业降低成本1.5亿元以上。

数字是枯燥的，但数字连接着的能源和环境，却与我们每个人的生活息息相关。

宁波舟山港实现通港无纸化的消息上了央视《新闻联播》节目，童建忠和易港通公司的员工们没有想到。

然后，在“无纸化”基础上实现“可视化”服务，在电脑和手机上同步动态展示司机堆场提箱、工厂装货、码头进港等集装箱进出口全程物流各节点信息，为货代、船公司营销服务提供科学参考依据，为港口、车队、堆场生产作业计划提供数据支持。

宁波舟山港“一港通”平台还在步步升级，永远不会有止境。

支撑其平台的易港通公司也在逐步长大。

只是，易港通公司内却不见了童建忠。换句话说：另有任用。

弄懂港口安全辩证法

2015年8月2日22时51分46秒，天津港危险品仓库发生剧烈爆炸，爆炸总能量相当于450吨炸药。现场火光冲天、烈焰滚滚，灰白色蘑菇云瞬间腾空而起，上百名赶来救火的消防队员被爆炸波吞没，造成直接经济损失68亿余元、165人罹难。

天津港的巨大爆炸声震惊国人，留给中国港口人永远的痛！

人们蓦然发现，港口是个高风险地带。

宁波舟山港体量庞大，每天靠泊船舶以百艘计。码头作业时人机交织，每年进港1000万吨液体类罐装箱危险化学品、1亿吨原油、18万箱360万吨左右的集装箱危险化学品。不进这些嘛，显然不行，那样，全省化工企业都得关门。进来嘛，风险真的很大。

倪彦博，浙江省海港集团、宁波舟山港集团生产安全部主任。他感觉自己整天好像坐在火山上、坐在炸药包上，随时有可能发生不测。

虽然全港生产始终如临深渊、如履薄冰，但还是发生了一个事故。

2017年3月1日，倪彦博至今想起来还有点后怕的日子。

那天下午，镇海港区化工区进行例行检修。港口规定，化工区内的管道，按照化工企业标准，每3年必须作一次彻底检查，届时用X光透视，发现问题及时切割修理。

一位焊工修理管道破损点，焊花四溅，一不小心，引燃了回收池里残留的化学液体。那些残液一经点燃，呼呼呼，很快沿着回收池沟渠一路烧将过去，几百平方米回收池瞬时成为一片火海。池子两边，是危险化学品储罐，情况万分危急。镇海港区报警，集团自己的消防车、地方上的消防车先后抵达现场展开灭火。毛剑宏和倪彦博、市区有关部门负责人第一时间赶赴事故现场，戴上防毒面具指挥灭火。但戴上面具后，彼此说话就听不清。倪彦博见毛剑宏一把扯下面具，大声喊着指挥灭火。消防员一边用泡沫扑灭回收池里的火焰，一边为附近储罐浇水降温。好在老天爷帮忙，那天刮的是北风，火苗顺着风向，形成“穿堂风”，从两排储罐中间穿越而过。消防员经过两三个钟头的奋战，终于将明火扑灭。据倪彦博观察，最前端的火焰，离储罐仅隔十几米。

险情消除，幸无人员伤亡，财产损失也不算大。但此事给人们尤其是给倪彦博带来巨大心理冲击。万一那道烈焰引发爆炸，那就会毁掉整个镇海港区危险化学品储存区，造成不可弥补的损失。

真正是万无一失，一失万无！倪彦博痛切地感觉到了这句话的分量。这是港口安全辩证法啊！

彻查事故原因，处理相关责任人员。倪彦博发现，设立回收池，本意是为了安全，防止危险化学品运送途中泄漏。但在此次事故中，它却成为火焰通道，原因在于对回收池残液没有及时清理、消除隐患。那位焊工，没有按照焊接规程操作，现场没有人监管，以至引发事故。还有，镇海港区危险化学品储罐区有16家业主单位，互不隶属，极易发生扯皮。而发生事故的那家公司，是集团与镇海化工区合资的企业，管理权并不在镇海港区。有的储罐建设年代久远，那时标准较低，因而储罐设置太近、太密。还有，还有……倪彦博想到这些，感觉背脊一阵阵发凉。他进一步看到了港口安全管理中的薄弱环节，看到了管理体制上的不顺、管理力量和技术手段的不足。

集团领导和倪彦博决心要汲取事故教训，采取有效对策，真正将坏事转化为好事，使之成为宁波舟山港安全生产的转折点。

毛剑宏自己领衔牵头，宁波市分管副市长参与，设立防范化解镇海港区危化品安全风险课题组，从宏观上研究体制和对策。毛剑宏和倪彦博多次找市政府领导商谈探讨，界定政府与企业在港口安全管理上的职责，明晰各个安全环节的责任单位，调整安全管理的体制机制，请求政府授权赋能，把具体管理责任下放给港区消防主管企业。

得到政府明确授权后，倪彦博出面，将涉及危险化学品的16家业主单位请到一起，明确授权由镇海港区众安公司集中统一管理，代表政府和宁波舟山港行使具体管理职权，并由众安公司统一向政府提出奖罚建议。16家业主单位作为责任主体，必须用好自己的人、管好自己的罐。众安公司引入第三方安全技术服务公司，加强对化工区动火作业的日常检查，规范对动火作业的审批与过程控制，加强对作业现场安全管控，开展现场隐患排查。

毛剑宏带着倪彦博等人几次深入镇海化工区，到化工码头、LG压力罐、宁远罐区等重点安全部位现场实地踏看，检查安全状况。毛剑宏要求镇海港区树立安全生产从严管理思想，宁可“十防九空”，不可“失防万一”；对违规处罚要经济、行政、纪律手段并用；既要在微观上整改到位，又要在宏观上有长远系统的谋划。毛剑宏还叮嘱倪彦博，抓紧实现镇海化工区应急指挥系统与集团调度指挥中心的衔接，加快推进化工储罐远程操控系统改造。

根据毛剑宏的这些意见和要求，倪彦博把生产安全部人员调动起来，抓好督促。

倪彦博首先想到的是，改进完善安全管理制度。生产安全部学习借鉴党委巡视组进行政治巡察的做法，对从事危险化学品生产的企业建立安全稽查制度，并聘请外部专家参加安全稽查，人选从全省乃至全国专家库中随机抽取。

稽查组事先不打招呼、不定时间、不分日夜，随时进出，直奔主题。对稽查发现的问题，提交集团党委会讨论，进行追责和纪律处分，真正把安全生产的责任和压力分解落实到基层企业。

改造港区硬件设施，自然也是必选题。生产安全部提出，对过密过近的危险物品储罐进行拆迁或改造，形成必需的隔离带；鼓励具备危化品管理丰富经验的荷兰孚宝跨国集团等收购兼并现有储罐，劝导一些小而杂的业主单位有偿有序退出；在5个集装箱码头，设立危化品专用堆场，与普通集装箱堆场形成隔离带，从空间布局上杜绝发生连锁爆炸的可能性。

在倪彦博眼里，构建危险货物标准化、程序化、规范化系统，方是治本之策。生产安全部对化工储罐和危险品集装箱操作程序和堆放距离作出规定，什么箱子可放在一起，什么箱子不可放在一起。他们还与信通公司一起，研发出一套危险货物安全管控平台软件，覆盖所有危化品储罐和集装箱。从危化品船舶进港靠泊码头，到装卸、运输每个环节，实施动态管理，做到所有部位、环节都可视可控。如果出现违规现象，系统会自动报警。同时，每位消防人员的手机安装管控平台APP，进行实时监控。

但凡能想到的，宁波舟山港人都想到了；但凡能做到的，宁波舟山港人也做了。省政府连续3年对宁波舟山港进行安全考核，他们获得“安全生产优秀单位”称号。

采访结束时，倪彦博告诉笔者一个信息：2020年8月，黎巴嫩贝鲁特港口发生特大爆炸后，国务院安全生产委员会办公室立即启动对国内港口安全问题督查。这是一次极为严肃严格的检查，国内一些港口企业负责人因存在重大安全事故隐患，被通报、撤职甚至刑拘。国务院安委会第六检查组前赴宁波舟山港开展督查，明察暗访，翻箱倒柜，把宁波舟山港安全生产、危险化学物品管理状况地毯式梳理了一遍，最终认定宁波舟山港没有重大安全隐患，只指出了6个具体问题。检查组当天下午2点半指出问题，倪彦博他们照单全收、立行立改。当天下班前改正了5个问题，另一个问题在第三天也得以解决。然后，他们“有图有真相”地作了汇报，第六检查组对宁波舟山港的安全生产状况和整改速度表示满意。

耳听为虚、眼见为实。笔者在采访宁波舟山港各港区码头时，一直留心观察着安全问题。

2020年9月初，笔者到大榭实华原油码头采访。九号台风“麦莎克”从宁波、舟山地区边缘滑过，留下一片雾茫茫天空后悄然远离。天气，仍酷热难耐。

一过大桥，就进入大榭岛地界。“宁波大榭开发区”几个大字迎面扑来。

大榭岛四面环海。一幢幢新建筑沿海边展开，围成一个大圆圈。岛上层峦叠嶂、树木参天，秀丽如盆景、绿色似泼墨。

大榭岛因当年荣氏集团买岛开发而蜚声海内外，笔者寻觅的，只是其中一个点：实华原油码头。它处于大榭岛东面，与东海为邻。

采访对象叫沃川学，现任实华原油码头操作部经理。他是一位50来岁的老码头，五官端正，壮实厚道，头发已有点灰白。沃川学在宁波舟山港颇具知名度，原因之一是，他曾4次接卸全球最大的45万吨级油轮——通体白色的“泰欧”轮，并与它亲密合影。这艘“泰欧”号油轮现已退役，成为绝唱。

沃川学让笔者和小葛等人换上跟他一模一样的“宁波实华防静电服”，这是他们的工装，也是走进码头泊位必备的着装。

笔者等人坐上一辆小巧电瓶车，沃川学在旁边当起导游。

先看到的是中石化成片油库。一数，共14个油罐，可存储143万立方米原油。沃川学介绍说，油库工程分3期。一期6个油罐，由宁波港建设，后卖给中石化。中石化自己又分两期，建了8个油罐，才形成今天这样的规模。现在，油库由中石化自己管理，沃川学他们就管码头。

“这样分开管理，危险性会不会相对小一些？”笔者问。

“其实也差不多。”沃川学答道，“如果，我说的是如果哦，如果中石化油库发生意外，我们码头也难以幸免。”

也是呀！城门失火殃及池鱼，更何况是原油。笔者心下同意沃川学这一说法。

说着，就来到码头前沿。沃川学告诉笔者，码头共有4个泊位，其中1个可靠泊45万吨级油轮，还有两个可靠泊25万吨级兼靠30万吨级，1个可靠泊2万吨级兼靠5万吨级。换句话说，实华原油码头可停靠世界上所有油轮。沃川学说这话时，明显带着自豪的口吻。

1号泊位上，一艘标着“飞马座”的油轮正在作业。原油通过泊位输油臂，源源不断地输入铺设在码头上的输油管道，再进入中石化输油管网，流向华东和长江沿线。码头上，弥漫着一股怪怪的味道。仔细一辨别，才知是淡淡的油气味与咸腥的海水味混杂在一起，形成原油码头特有的气味。

这是一艘小油轮，中海油的，才7万多吨。沃川学言语之间，似乎有点轻描淡写。是啊！对接卸过45万吨“泰欧”号油轮的沃川学而言，这7万多吨，实在太小了。小到沃川学都不愿意报出它的吨位，甚至觉得让笔者见到这么小吨位的油轮，都有点不好意思。

那“泰欧”轮多牛啊！好家伙，45万吨级，通体白色，打扮得像一位漂亮的新娘，也像一座洁白的雪山。卸完油后，大家都争着与它合影留念，盼望着下次再见。谁知，这家伙竟然退役了，不再来阿拉港口啦！沃川学似乎还沉浸在对当时场景的回忆中，满脸是遗憾之色。

所谓曾经沧海难为水，除却巫山不是云哦！笔者深深理解沃川学此刻的心情。

不过，还得把话题拉回到港口安全生产上来。

经笔者提问，沃川学的思路回到了现实中。

原油码头的安全问题从泊位设施开始，一般油轮设置3只输出口，泊位相对应安装3个输油臂，输油臂间距与油轮输出口间距相同，口对臂，专管专用。卸油动力来自油轮，输油动力依靠油库泵。沃川学非常专业地介绍着。

一只只输油臂，犹如巨人伸向天空的臂膀，仿佛是它们擎托住了云层。

陈老师，您看这里！沃川学指着压力表、温度表说。笔者见此刻压力表上显示0.28MPA，温度为46℃。沃川学解释说，这是正常的压力和温度。如果检测人员发现压力下降，就表明有原油泄漏，需要及时排查。压力表还有极限压力设置，接近极限压力时，会自动报警。

哦，这倒是蛮科学的呢！笔者心想。

还有，泊位两边安装了两门消防炮。高的那门喷泡沫，矮的那门喷水，也就是俗称的“水枪”。两门消防炮喷发量都是每秒100升。这样的量，消除一般性燃油事故没有问题。沃川学肯定地点点头。

当然，重点还是管理人员的安全意识。沃川学负责码头安全生产已多年，对此十分明白。实华原油码头119名管理人员，同时都是消防队员。他们每月接受培训，定期进行消防演练，以确保万无一失。

沃川学口中，在念叨这句话：万无一失，一失万无。他经常用这句话警醒同事，也警示自己。

这时，泊位边波浪里，浮现出一只小海豚。它一会儿跃出水面，侧脸仰视着我们，一会儿又泅回潮水中与潮水嬉戏，可爱极了！

沃川学也看到了，竟然开起玩笑：海豚在欢迎你们！

笔者被沃川学的幽默所感染，心里同时想到，海豚能出现在泊位附近，说明这里水质环境不错，还没有被油气所污染，这才是真正值得欣慰的事啊！

从活化石上开出的丝路指数之花

在宁波环球航运广场边上一幢写字楼内，有个特别的单位，做着一件特别的事情。它，就是宁波舟山港集团所属宁波航运交易所，主要工作是发布海上丝绸之路指数，简称“海丝指数”。

“海丝指数”到底是什么？笔者自然想一探究竟。

夏末秋初的某天下午，笔者按照约定时间，推开了宁波航交所的大门。

于是，一扇关于“海丝指数”的大门，也豁然洞开。

镜头切回到2011年。宁波市为贯彻浙江省委提出的海洋发展战略，决定设立宁波航运交易所，原先一直在电信行业摸盘滚打的董善华被聘任为航交所总经理。董善华上任的第一件事，是招聘同样在电信系统工作多年的冯扬文担任技术经理。两人前后脚进场，搭起台子唱起戏。

董善华虽然曾经在电信系统工作多年，但平时比较关注世界航交所状况。国际上著名的航交所有那么几家，都设在英国伦敦。最有名的自然要数波罗的海航交所。该所于1744年在英国伦敦针线街的“弗吉尼亚和波罗的海”咖啡屋成立，故取名为波罗的海航交所。目前，全球46个国家的656家公司，都是波罗的海航交所会员。它发布的波罗的海综合运费指数BDI，成为代表国际干散货运输市场走势的晴雨表，是衡量国际海运状况的权威指数。眼下，英国伦敦港的吞吐量与世界大港相比已微不足道，但伦敦作为全球航运业中心的地位却未曾动摇，波罗的海航交所和波罗的海指数，是其中的重要因素。董善华深深懂得，航交所及其发布的指数，在某种程度上决定着一港甚至一国在全球航运界的地位。

国内有10来家航交所，各有特色，也都在探索。

宁波航交所是什么？做些什么？准备怎么做？董善华上任伊始，就接连问了自己3个问题。

说真的，董善华内心有点“野”，或曰有点“狂”。航运是为贸易服务的，而国际贸易中，90%是海运，海运就是国际性的。怪不得人们说，人类居住的，其实不是地球，而是“水球”。他董善华负责的宁波航交所，要么不做，要做就做国际性的，要有国际影响力，向国际前几名看齐、靠拢。

目标易定，决心易下，关键在于怎么做。国外航交所，少则几十年，多则两三百年，怎么赶超？只有靠互联网。在互联网面前，大家几乎处于同一起跑线，互联网为后来者，自然也为宁波航交所和董善华提供了弯道超车的可能性。

董善华选择做集装箱指数。指数是信息产品的最高形态，像一面旗帜，引领着相关行业。而集装箱在物流过程中产生大量数据，具有做成指数的先天条件。这一选择，立马让宁波航交所在理念和经营模式上与那些老牌的航交所平起平坐。

关键在数据，数据从哪里来？博闻强记的博士生冯扬文告诉笔者，世界上最早的证券指数，靠的是人工搜集情报，甚至派人到前线观察，然后提供给证券交易所。现在自然不可能那样做，但“信息孤岛”现象仍比比皆是。

董善华据此采用“互联网＋国际贸易＋航运”的思路。数据首先从宁波－舟山港来。宁波－舟山港为各类集装箱船舶、集卡、港口、铁路提供着服务，每天产生大量数据。这是宁波航交所得天独厚的环境条件。近水楼台先得月，向阳花木易为春嘛！数据也从别人那里来。这种“来”，有的是无偿的，有的是有偿的，采用市场化方式，用这些数据做产品，再用这些产品服务于航运企业，实现良性循环。渐渐地，原先有偿的数据，变成了无偿提供的数据。譬如，货代的，海关的，市场平台相互交换的。现在，宁波航交所的数据量达到惊人的16亿条，在中国国际贸易集装箱行业中名列前茅。

数据人人会有，指数各有不同。要让指数有权威性、影响力，必须取一个响当当的、国际化的名称。宁波？宁波太小啦，这个名称应当不含地域性，要面向全世界。董善华和冯扬文都这样认为。不过，他们冥思苦想，一时找不到中意的名字。

说来也真是奇特。一次，董善华和后来加盟航交所的李聪陪着一位北京来的领导参观中国港口博物馆。董善华一边陪同，脑袋里还在继续琢磨指数名字。博物馆内，展陈了中国港口的历史，也介绍了中国港口的今天，其中有个板块，介绍海上丝绸之路，说宁波是古代海上丝绸之路的发源地、活化石。海上丝绸之路？发源地？活化石？这几个词强烈地撞击着董善华的视网膜。对呀！我们何不将指数与海上丝绸之路挂钩呢？人人都知道海上丝绸之路，“海丝指数”，独特、新颖、包含面广。好，就这个名字啦！

2013年9月1日，宁波航交所“海丝指数”第一次发布。一发布，就引发航运界和新闻界热议，海丝指数一炮打响。

到2015年2月，“海丝指数”得到国家发改委认可，有关领导向部委推介。第二年，“海丝指数”被写进国家“十三五”规划纲要和“一带一路”行动方案，并被列入第二届“一带一路”国际合作高峰论坛成果清单，说明国家已把它作为制度性、基础性的数字产品，作为国家发展战略和目标的重要内容。

让人高兴的事还有，宁波航交所发布“海丝指数”后，大名鼎鼎的伦敦波罗的海航交所主动找上门来，希望彼此进行合作。从2013年4月起，双方互派代表团进行交流。2015年，宁波航交所与伦敦波罗的海航交所签订合作协议。从此，波罗的海航交所开始在其官网上持续发布“海丝指数”。中国“一带一路”官网和全球最大的财经资讯公司彭博新闻社都采用了“海丝指数”。“海丝指数”由此登上全球航运界的大雅之堂。

说到2019年宁波航交所为宁波舟山港收购并重组，董善华显得蛮高兴。融入宁波舟山港大家庭后，航交所真正成为海港一体化的组成部分。有一个航母级海港企业作后盾和靠山，大大增强了航交所的实力和辐射力，使得航交所不再浮在半空、虚无缥缈。它对丰富丝路指数内涵、扩大丝路指数外延、构建航运大数据生态圈非常有益处。他们也可为航运企业提供更多服务，使员工待遇明显提高。据说，当时重组时，贯彻自愿原则，可留可走，悉听尊便，结果，全所35人，只有1人因报考事业单位而离职，其余34人都留了下来，包括宁波舟山港集团唯一的博士生冯扬文。

被重组后，宁波舟山港文化成为支撑并涵盖集团的企业文化慢慢渗透进宁波航交所。而具有自己特质的宁波航交所文化，也成为宁波舟山港企业文化中一道亮丽风景线，企业文化愈发显得丰富多彩、具有强大魅力。

冯扬文博士告诉笔者，宁波航交所以“海丝指数”作为品牌，陆续开发设立了集装箱运作指数和贸易指数等，2020年开发设立了航运气象指数，把远洋航运与气象结合起来。他觉得，能做的指数很多，最终形成一个大组合，向波罗的海指数看齐，攀登那金色的巍峨的全球航运指数塔顶。

第七章

托举起大港的奋斗者

江山如画，一时多少豪杰。

——苏轼

遍地开花的职工创新工作室

2009年初春的某一天，春光明媚，天气晴好，窗外的东风吹进办公室，带着花香鸟语，吹得整个人软绵绵的。铁路公司工会主席冯布觉得自己不太适应这样的办公室环境，又如往常一样，随手拿了个小本本到工地现场转悠。

冯布祖籍宁波，出生于上海。父亲是位军人，四海为家。母亲在西安一家纺织厂工作，对布匹特有感情。冯布出生时，母亲就把这种感情转移到儿子身上，为儿子取名为“布”。

当年46岁的冯布，说着一口标准普通话，但这并不影响他与说着“宁普话”或阿拉宁波话的职工们交流。在职工们眼中，这位个子瘦小的工会主席，一线管理人员出身，管过生产，跑过市场，性格随和，热心，喜欢跟工人们聊天，与大家人缘不错。工人们遇到一些烦心事、捉摸不定的事，也爱找冯布主席说一说，冯布主席会帮着作个参谋。因而，冯布在铁路公司员工中蛮受欢迎。

那天，冯布不慌不忙地踱到铁路信号工区，然后，慢慢悠悠地登上二楼，走进技术维修室。正是工间休息时间，外间围坐着一些员工，三三两两，闲聊、喝茶，说着各种各样的段子。有几个翻看着新买的手机，相互比较着款式。大家跟冯布都熟，也没把他当外人，打过招呼，递个眼神，该聊天的继续聊天，该干吗的继续干吗。

冯布用目光一打量，咦，怎么不见王康荣师傅呢？

有人用目光朝里间示意。冯布这才听到，从里间传出“叮叮当当”的敲击声，他就知道王康荣师傅又在鼓捣什么。冯布熟悉王康荣。王康荣是铁路信号工区有名的能工巧匠，从年轻时就开始干电器维修，简直入了迷。平时喜欢搞些小革新小发明。以他为主搞出的电源板显示电铃，曾获得交通部表扬。他会修理各式各样的广播、电视、录音机，懂木工、铁工、管道工，为人还特别热心，总是帮人家修这样、做那样，一双手，从不闲着。这种老工人，冯布自然蛮喜欢。

进得里间，只见王康荣正专心致志、心无旁骛地在研究什么。他似乎没有听见外间的动静，也没有察觉冯布走了进来，整个人仿佛入定一般。直到冯布用手去扯了一下王康荣的帽檐，王康荣才反应过来。

冯布直截了当地问：王师傅，在忙什么，那么着迷？

王康荣这才一股脑地告诉冯布，近段时间，自己迷上了铁路道口自动控制，正琢磨着呢。

道口自动控制，怎么回事呀？冯布事先听说过铁路道口不适应眼下需要，但说到技术问题，他还是似懂非懂。

是这样。王康荣耐心细致地向冯布作了解释：几条铁路进入港区途中，留有6个道口。留出这些道口，自然是为方便行人与车辆交通，但增加了港区铁路的管理难度。彼时，道口信号还没有实现自动化，仍依靠港口调度电话指挥。通知早了，道口早早关闭，等待在道口上的行人就会骂人，车辆就会鸣笛抱怨；通知晚了，道口来不及关闭，会造成车毁人亡。有位铁路站长就向铁路信号工区班长王剑军和王康荣师傅提出，能不能设置一种信号灯，让火车在不远不近处发出信号，提示道口管理员及时关闭。王剑军与王康荣商量能不能试一试。两人还连续几天偷偷跑到铁路道口观察，掌握第一手资料。自然，他俩也听到了路人的埋怨声，由此心里更为着急。

这不，王康荣眼下一天到晚琢磨这事呢。

冯布不听则已，一听很是惊喜，冲口而出：这是好事呀！王师傅，这能行不？

王康荣回答说，不是不行，他也跟王剑军议过几次。这是一个比较难的项目，需要一些条件。

什么条件？王师傅您说！冯布立刻意识到王师傅遇到了困难，也同时意识到了他这位公司工会主席的责任。

王师傅掰着手指说，要增添一点人手，要一些原材料、电路板，还要一台电脑、打印机等，要花些钱呢！

哦，是这样。王师傅别急，让我来想想办法。冯布当场向王师傅表态。

好，那我就等着冯布主席的好消息！说完这话，王康荣这才舒展开紧锁着的眉头。

冯布家住在宁波市区。吃完晚饭后，他照例出门散步，同时观赏观赏宁波市区夜景。

这几年，宁波经济发展很快，市区夜里似乎比白天还热闹。渐渐地，冯布都有点不认识自己生活的街区啦！时尚亮丽的商场内，灯火通明、五光十色。马路上人流熙熙攘攘，远处高楼的霓虹广告如海涛般闪烁，映照得人眼珠子变得五颜六色，想想也真是滑稽。

这个晚上，冯布感觉自己有点心不在焉，心里一直记挂着王康荣的事，看什么都入不了心。

采取什么办法和形式，才能帮得上王康荣的忙呢？靠王康荣一个人的力量显然不够，那么组织几个人一起干？几个人一起干，叫个什么名堂好呢？中国人讲究名正言顺，名不正则言不顺，言不顺则事不成。这个名叫什么好？这个名叫什么好？冯布反复自我设问，但一时找不到合适名目。

冯布的视线无意间掠过街上店牌。艺术工场，造型艺术馆，光与影工坊，摄影工作室……工作室？对呀！冯布顿觉眼前一亮，社会上不是流行工作室吗？什么艺术家工作室、画家工作室、文创工作室，码头职工为什么不可以搞？对，就叫工作室，职工工作室。这件事，由王康荣为主牵头，那就叫王康荣工作室！

王康荣工作室的名称，就这样在不经意间闪电般掠过冯布脑海，在他思维深处定位定型。

第二天，冯布将自己的发现、思考和初步想到的名称，向铁路公司总经理蒋昌平、党委书记杨晓春作了汇报沟通。蒋总和杨书记异口同声表示赞同。蒋总还提出：这个工作室要提个格，作为公司职工工作室，给人给钱给名誉。

冯布似乎拿到了尚方宝剑，再次兴冲冲地跑到信号工区，找王康荣和王剑军商量。王康荣是主角，王剑军是工班长，没他俩的态度，事情就没法往下做。

一开始，王康荣有点支支吾吾、不好意思。这事来得太突然，也太大了些。哪有以他个人名字命名的呀？他王康荣算什么呀？不就是铁路公司一个信号维修工嘛！他只是喜欢小改小革、小搞小弄。这事宣扬开来，他王康荣不成了众矢之的了嘛！

王剑军倒是积极赞同，并表示愿意参加王康荣工作室，并尽可能从班组角度提供支持。

这就好啦！在冯布一再的“帮助”“启发”下，王康荣终于不再坚持，勉强答应试试看。

2009年10月18日下午1点，全港区第一个以工人姓名命名的工作室——王康荣工作室正式宣布成立，杨书记参加揭牌仪式。

这个表述，自然是后来新闻报道的文字。其实成立时，蛮简单的。两间旧办公室，稍微粉刷一下，添置了一些必需的设备和原材料。找来一张塑料面板，让人喷涂上“王康荣工作室”几个字，往门口一贴，就算名牌了。当时有心人拍了一张照片，照片背景是大名鼎鼎的招宝山，女书记笑容满面，王康荣站在右边，仰着头，眼神充满期待。

就这样，王康荣、王剑军，加上擅长电脑技术的陈增颇，把王康荣工作室搭建起来。半年后，铁路道口遥控信号灯研发成功，一炮打响。

打响了第一炮，但毕竟是在铁路公司内部悄悄进行，外面知道的人并不多。说来也巧。集团工会主席吕力群来铁路公司工会搞调研，了解工会工作情况。吕力群曾长期在铁路公司工作，对冯布、王康荣、王剑军等人熟悉得很哪。冯布当时心中有种冲动，就把创建王康荣工作室的起因、形式、做法、成效，绘声绘色地向吕力群作了汇报。吕力群一边听，一边把眼睛睁得大大的。

原来，吕力群担任集团工会主席后，一直在思考新形势下工会怎么开展工作、发挥作用，切入点在哪里。他了解来了解去，大家的思路和做法，大多还沿袭传统的那一套。吕力群想寻找一种新形式，为职工搭建一个新平台。这种新形式新平台，能把学习、练兵、比武、创新、班组建设等融合在一起，还能解决企业生产工作中的一些难点。王康荣工作室，不就是这样一种新形式新平台嘛！不就是工会工作的创新之举嘛！

此后一段时间，吕力群三番五次到王康荣工作室实地调研、了解情况，与王康荣、王剑军、陈增颇诸人聊聊工作室、聊聊技术创新，越聊越觉得王康荣工作室这个典型有新意、有价值，决意将它升格为集团工会职工工作室，并在工会系统予以推广。他让冯布准备准备，在集团工会季度交流会上作重点发言。

冯布自然高兴铁路公司职工工作室引起领导关注。他精心准备发言材料，还特意制作了一套PPT（演示文稿图片）。会上，他图文并茂、声情并茂地作了精彩介绍，赢得满堂喝彩！会后不久，有几家类似的职工工作室冒了出来。

第二年初，集团工会发文，正式将创建职工工作室列为工会重点工作之一，并要求拓展视野，打破单纯的维修类的局限，扩展到生产型、业务性、安全型等方面。吕力群私下还给各单位工会负责人许诺，但凡基层单位成立职工工作室，他一定到场揭牌。

吕力群说到做到，后来各单位成立职工工作室，他无一例外到场揭牌。有时还把集团总裁李令红、党委书记闻建耀请去，给基层工会鼓劲。

宁波港集团开展创建职工工作室活动的情况，很快吸引了上级工会领导的目光，全国总工会和省市总工会领导不时前来考察指导。

2010年下半年，全国总工会及浙江省总工会开始推进创建高技能人才创新工作室活动，为集团创建活动添了一把旺火。集团工会更加清晰地认识到此事的意义和作用。上下同欲，不谋而合；左右协调，形成合力。

职工工作室或曰创新工作室，如星星之火逐步燎原。到2014年底，集团先后涌现出18家职工工作室。譬如，研制开发桥吊操作技术的竺士杰工作室，研究船舶轮机国产化的吕成杰虞成安工作室，侧重技术创新的夏天工作室，还有专注企业管理的马力工作室，而且，“马力”是个虚拟人物，类似于集体创作的一个笔名。

那年，吕力群到龄退休，由陈国荣接任集团工会主席。

陈国荣是从宁波港湾里土生土长的企业领导，工作扎实而颇具魄力。

上任伊始，陈国荣就抓住创建活动不放，采取得力措施，扩容改造、扩量提质。他提出职工工作室必须做到“7个有”：场地、制度、成果、标识、标牌、经费、台账。达不到的，一律取消称号。同时，由集团工会设立补助基金，每创建1家职工工作室，补助2万元；由集团评选优秀职工工作室，每家奖励2万元。宁波舟山港一体化后，集团工会迅速将创建活动延伸至所有单位。集团工会牵线搭桥做“媒人”，单位与单位自找对象、自由恋爱，相互结对。开展互访互学、人员挂职、技术交流、信息交换。或者组团帮助、协同攻关，实现创建标准、工作节奏一体化。目前，温州港区已有职工创新工作室5家，嘉兴港区已有职工创新工作室3家。北仑港第一集装箱公司的“夏天”与甬舟公司的“青蓝”走到一起，温州港区与北仑港第二集装箱码头结为一对，现已开始“度蜜月”呢。

宁波舟山港职工创新工作室眼下如何？这是笔者比较关注的一个问题。为此，笔者专门采访了集团工会办公室主任陈建。

陈建是“老工会”了，对集团职工创新工作室情况了如指掌。他根本不看文档，随口报出一连串数据：集团现有各级职工创新工作室46家，实现生产型企业职工创新工作室全覆盖。其中，全国级4家，有胡耀华、竺士杰、张仲华等；省级5家，有王康荣、虞成安、华林江、王海波、夏天；市级10家；其余25家属集团一级。这些创新工作室历年累计完成攻关项目1111个，产生经济效益3.06亿元。能把数据精确到小数点后两位，可以看出陈建的认真与细致。

宁波舟山港职工创新工作室活动，处于全国第一方阵，名列全国港口行业前茅。陈建非常明确地作出这个判断。他说，这不是他自吹自擂，是全国总工会领导说的。正因如此，全国总工会才会把深化产业工人队伍建设改革试点放在宁波舟山港。试点单位，全国才7个。2020年2月，《人民日报》、新华社、《光明日报》、《工人日报》等中央主流媒体，专题报道了宁波舟山港产业工人成长环境和创业干事的劲头。这有点不简单吧。全国总工会还把筹建全国港口工匠创新联盟的具体任务交给了宁波舟山港集团工会。这个，不是自己想争取就能争取的吧。

“忽如一夜春风来，千树万树梨花开。”这是笔者在采访时的感觉，更是笔者深入采访一批职工创新工作室后的感叹。

笔者在宁波舟山港各单位采访，一定会到各单位职工创新工作室考察学习。留给笔者的印象是，各个工作室规模、形制各不相同，研发攻关专业各有所长，但都有一个像模像样的场所、一套完整制度，配备工作所需设施设备。

工作室雪白的墙壁上，张贴着工作室成员名单及彩照，罗列着当年攻关项目及其责任人、完成时限，还有历年攻关成果或获得的各类荣誉。假如您是位外来客人，只要看清这些后，就会大体了解该单位工作任务和技术路径。

第一次采访夏天工作室和马力工作室，笔者就有这种感觉。

那天恰巧是中国共产党99周年华诞。笔者在路上时，心里还发了一番感慨。中国共产党之所以到今天还保持着青春和活力，原因之一，就在于与时俱进，源源不断地吸纳新鲜血液，把各个方面各个层次人才凝聚在自己周围，最终，长成参天大树。

这棵大树的根部，扎在基层，它是由千千万万个像“夏天”“马力”那样的产业工人群组成的。根深枝繁、枝繁叶茂。

夏天工作室，是以往日的青年工人、眼下的中年工人夏天的名字命名的。上班时间，夏天穿一套橘黄色工作服，身材略显瘦小，理着平头，偶尔抽口烟。问他本人为什么叫夏天，他狡黠地笑笑，说，也许父亲姓夏，他生在夏天？夏天就这么打哈哈。

不过，夏天很会说话。不是一般的会说，可算能说会道，这在普通工人中不多见。

说起成长经历，夏天说自己的起点就是一名普通员工，刚入职时表现并不好。首次桥吊司机培训，他还逃了3天课。后来被批评教育，他也认识到自己错了，这才走上正路。知错能改善莫大焉，而夏天的确有点小聪明，手上有些绝活。别人一整天查不出来的问题，他10分钟就能弄明白。后来，他入党，当副班长、班长，2011年创设工作室。集团工会为他申报省级工作室。但省级工作室有个硬杠杠：领衔人必须是省劳模。集团工会就帮着夏天向省劳模目标发起冲击。夏天先自学大专，后又报考中央党校函授本科，逐渐提高自己的文化品位。后来，夏天被评上省劳模，他领衔的工作室也就顺理成章地升格为省级工作室。

夏天工作室的环境和设施，在集团里也许算最棒的。夏天介绍起这些来，脸上藏不住笑。一层两大间敞亮的工作室，楼上还有一间偌大的操作间。墙上镶贴着红色字样的“夏天工作室”，边上还有一个自制徽章。一眼看去，墙上挂满了玻璃镜框，镜框内或文字，或图片，介绍夏天工作室概况、工作室18名成员及职责、工作室工作方针和目标、历年有代表性的攻关成果，2020年技术攻关目录及完成进度要求。当然，吸引笔者眼球的，还有夏天工作室获得的各级各类奖牌。

夏天工作室创立时间不算最早，但工作室成果却相当丰硕，譬如高压船舶岸电供电，譬如集卡“油改气”，譬如龙门吊能量回馈改造，等等。夏天还较为详细地向笔者介绍了一项在他看来最为实用也最为得意的技改项目：简易集装箱空箱吊具。

这个课题是由现实逼迫出来的，夏天就这么认为。近年来，集装箱船舶大型化趋势越来越明显。船越造越大，甲板上集装箱也越摞越高，有时像七八层楼那样。但夏天和同伴们驾驶的桥吊，最高为39米，对付一般性吃水深度的船舶还行，对那些吃水深度浅而空箱高叠的船舶就有点无可奈何。夏天和工作室同伴们一起，天天与桥吊和集装箱打交道，经常面临窘境。集装箱上不了岸，就意味着码头会被淘汰、他们桥吊司机会被淘汰。也有人建议加高桥吊，甚至更换桥吊。夏天想的是，那样做工程量太大，设备投资太多，严重影响码头生产进度。他开始琢磨码头设施，观察桥吊形状，研究集装箱船特点，终于设计出一种专门用来装卸简易集装箱空箱的吊具，从总体上压缩吊具设备之间空隙，变相提升桥吊高度1.5米，一举突破桥吊装卸瓶颈。夏天工作室这项创新，相当于给桥吊插上了升腾的翅膀。

听完夏天的介绍，笔者走进相邻的马力创新工作室。马力工作室也是2011年创办的，却是另一种类型，它属于管理类工作室。

工作室主要负责人沈璐给笔者解释说，“马力”是个虚拟人名，含义就是

“蚂蚁”，人多力量大的意思。工作室把各类管理人才组合起来，开展企业管理创新。说起来蛮有意思。他们先后开展了5个企业管理创新项目、4个党建创新项目。譬如说，他们设立了一个“客户情绪管理法”项目，模拟港口运行实景，让工作室人员扮演集卡司机，设计各种矛盾纠葛，找出码头与客户与司机的情绪化冲突、心理冲突，然后采取有针对性的措施进行化解。对个别胡搅蛮缠的司机，以柔克刚，用女性细腻温和的态度作风去解决，收到良好效果。

看到这里，有些读者可能会问，职工创新工作室，除了攻克技术难题、为港口创收之外，能给参与其间的职工带来什么？

笔者同样有着此类疑问。在王康荣创新工作室，笔者与工作室成员王剑军作过一次长谈。

王康荣因年龄到杠退休，虽还不时到工作室帮忙，但工作室的日常工作改由王剑军负责。

说起王康荣退休后工作室的名字问题，王剑军毫不犹豫地回答笔者。荣誉问题，很好解决。成就别人，就是成就自己。他的初心是要把事情做成，而不是挂谁的名字。作为工班长，应该把大家的积极性调动起来，而不是考虑自己能得到什么，挂不挂自己名字。他是个小工人、初中毕业生，现在被评为首席工人。他还在不断突破自己，想知道自己到底有多少潜力。这就是他当下所追求的。

王剑军还在考虑，一般人认为做技术工人没有什么出路，中国缺乏技术土壤，他不这么看，他认为，关键在于激发工人对技术的兴趣和动能。多数人都有功利心，调动这个功利心，就会形成动能。千百万工人投入到技术创新中去，那我们整个国家的技术进步就会更快。现在，国家高大上工程很多，但缺乏大量技术工人，造成巨大“温差”，成为我国制造业的一个短板。职工创新工作室，就是一个“技术生态”温床。工人进了这个工作室，思考的面就会扩大，眼界与见识就会不一样，这也是创新工作室的另一层意义。

如果不是亲耳所闻，笔者都不会相信，上述这段话，出自一位普通工人之口。笔者没有任何艺术加工，几乎是原话实录。职工创新工作室对职工提升思想境界、开阔观察视野的作用，读者们大概可从王剑军这段话中自己得出结论了吧！

创纪录的桥吊司机

在宁波舟山港采访的日日夜夜里，笔者总是被一些人、一些事感动着，兴奋乃至亢奋，失眠乃至无眠。这不仅仅是因为港口的宏大壮观，更是因为那些普通而伟大、平凡而崇高、实在而又充满理想的干部职工。他们的所思所想所为，让人肃然，使人动容。笔者由此领悟到，各行各业、各领域各界别，都有一批最可敬、最可爱的人。他们是行业的中坚，更是中华民族的脊梁。

桥吊司机竺士杰和王海峰就是这样最可敬、最可爱的人。

竺士杰在宁波舟山港知名度极高，说他大名鼎鼎也不为过。笔者在采访中多次提及竺士杰，几乎没有人是不知道他的。他是竺士杰桥吊操作法发明人、浙江省总工会兼职副主席、全国青联常委、全国劳动模范、“大国工匠”，有一大堆头衔和荣誉。

说来也有趣，竺士杰广为人知，并不是由于他的桥吊操作法。因为，桥吊，毕竟是行业和专业里的事，了解的人还是有限。要说竺士杰为何为全国人民所熟知，不得不说是因为他那次在央视《挑战不可能》栏目中精彩而惊险的表演。

那是2016年12月25日晚上9时25分，笔者也跟很多人一起，习惯性地候在电视机前，收看那档充满刺激性和正能量的节目《挑战不可能》。

节目由著名主持人撒贝宁主持。台上，坐着三位嘉宾。一位是永远保持着职业性甜美微笑的董卿，一位是长相英俊的歌手王力宏，还有一位比较特殊，他就是闻名遐迩的国际刑事鉴识专家李昌钰。

撒贝宁介绍说，今晚的挑战项目，是桥吊！

电视画面切到宁波舟山港现场。镜头里出现港口人熟悉的场景：波涛翻滚的大海，似断似连的海岛，宽阔平坦的海港码头，巨人般耸立的桥吊……

镜头拉近。现场依次排列着3个竖起的“足球门”。

竺士杰开着桥吊，准备用集装箱“踢”足球。这种踢法，考验桥吊司机对桥吊的操控能力。竺士杰要利用桥吊，将重达2.3吨的集装箱笼吊起来、荡过去，形成钟摆运动，将平台边缘放置的足球，依次“踢”入台下30米、32.5米、35米处的3个“足球门”。3门全中，则为挑战成功。

挑战者竺士杰，共有5次“射”门机会。

前两次，竺士杰挑战失败。

第三次，“呼隆隆——”随着桥吊启动，庞大的集装箱笼被轻松吊起，呼啦啦往下降、往下降，开始一次撞球。那只足球，像是被足球运动员马拉多纳的双脚缠绕住一般，乖乖地腾飞起来，旋转着、腾挪着、飘移着。它竭力摆脱海风的纠缠，尽力按照主人给它的方位、力度，自由而飘逸地飞翔着。“哐”的一声，准确无误地落入球门之中……

击中后，球门周边的6个水柱喷涌而起，似乎在向人们报告足球落入球门的喜讯。竺士杰脸上，漾开童真般的笑容。

第二球、第三球接连落入球门之中

“哗——”人群中惊叹声、呼喊声一次次响起。

桥吊非常巨大，相比之下，球门是如此袖珍。太了不起啦！

在观众的掌声和欢呼声中，身着工装的竺士杰轻松自如，来到电视演播厅现场，面向着观众，笑着挥手致意，他似乎已很适应这种场面，只是他的妻子和女儿略显拘谨。

3位嘉宾向竺士杰表示祝贺。

李昌钰赞叹道："青出于蓝，胜于蓝！"

董卿注视着竺士杰，动情地说："从16年前一个被人嘲笑的落后生，一直追赶到现在，成为全国劳动模范。我觉得，你用自己的这种坚持，在平凡岗位上创造出不平凡业绩，迎来一个属于你的时代！"

最后，3位嘉宾一致同意竺士杰和他家人进入《挑战不可能》节目荣誉殿堂。

竺士杰由此走进央视节目荣誉殿堂，更走进观众的心中。

笔者也由此记住了竺士杰，这位有着高超技能的桥吊司机。

但见到竺士杰本人，他的朴实和谦逊却出乎笔者预料。与他相处、跟他聊天，你会想起田野里的红高粱，想起风吹过成熟低垂的稻穗，想起小路边到处蔓生的小草，想起只发声不露脸的布谷鸟，而不会联想到高大上，不会联想到光环、镜头、视频等。

这是笔者见到竺士杰第一眼时的感觉。

竺士杰说自己从小记忆力非常不好，读小学时，背不出整篇文章，经常被老师叫到讲台前罚站。但他的理解能力和动手能力颇强，但凡那些属于技巧性的活，没有能难住他的。还有，他体育成绩极好，铅球、铁饼、中长跑都是强项，有一次，有体育项目居然获得宁波地区选拔赛第一名，被送到衢州比赛。衢州人吃辣，竺士杰不懂，跟着吃，不小心吃坏肚子。吃坏肚子本来也没什么，服点药就好。但那是比赛阶段，肚子一坏，就没了体力，自然就无法比赛，灰溜溜地回到宁波。要不是让人倒霉的辣椒，竺士杰说不定早已是哪个项目的全国冠军啦。

跟体育冠军无缘，竺士杰开始把目光投到港口。他的老爸在上海打工，那时来来回回都坐客轮。竺士杰每次都会到码头接送老爸，一来二去，竺士杰居然有了港口情结。那大码头、大客轮、大吊车，经常出现在他少年时的梦境中。带着这样的梦想，他考进宁波港技术学校，成绩就好起来了。尤其是实际操作铲车，竺士杰能把铲车开得滴溜溜地转。那时，竺士杰想，一辈子能开着铲车，倒也不错哟！

毕业分进北仑港第一集装箱码头，领导上让竺士杰开日本住友公司制作的龙门吊。这龙门吊高大威武，那铲车根本没办法与其相比，他高兴、满意、上心。20多个同学一起进码头，一般实习6个月才能熟练掌握龙门吊驾驶技术。竺士杰哪用呀，一个星期过完，他就把龙门吊开起来，在堆场到处飞奔啦！带队师傅叮嘱竺士杰不要骄傲，继续好好学。好不容易捱过3个月，码头组织考试，竺士杰一考即过。师傅有点惊讶，当场认下这位徒弟。

开着开着，竺士杰又不满足了。他的眼睛开始离开龙门吊，转向桥吊。桥吊多高啊，桥吊多好呀！每天上班前，他先到泊位上转一转，“致敬”一下桥吊，然后再回到堆场开起龙门吊。下班时，也要隔着远远的堆场，向桥吊致意，然后下班回家。

竺士杰的神情，自然逃不过师傅和工班领导的眼睛。也许是竺士杰时来运转、心想事成吧。此时，第一集装箱码头快速发展，生产泊位持续增加，急需一批新的桥吊司机。竺士杰从师傅那里听到这消息，第一时间找到队长蒋涛，提出要做桥吊司机。蒋涛是以严肃出名的车队长，一听竺士杰想去，故意板着脸说：“桥吊不好学，这可是你竺士杰自己报的名哦！到时退回来，可别怪我翻脸不认人啊！”

退回来，怎么可能？竺士杰才不相信自己会被退回来呢！

退不退回是将来的事，眼前最要紧的是掌握驾驶桥吊的技术。码头给竺士杰找了一位高技艺的师傅，叫陈波。陈波就让竺士杰直接上桥吊。

在龙门吊上干得顺风顺水的竺士杰，来到桥吊面前又成了新手，当起徒弟。竺士杰告诉笔者，第一次面对一台日产三菱桥吊机，他有点兴奋，也有点忐忑，毕竟是大姑娘上轿，头一回呀！天，雾蒙蒙的，只见他乘坐吊车电梯，“嗖嗖”地升到工作台面，然后再跨进驾驶室，一下子发现自己悬在半空中，有点腾云驾雾的感觉。龙门吊高度才18米，桥吊高度49米，桥吊差不多是龙门吊的3倍。还有，龙门吊稳定，桥吊没有稳定系统，极易晃动，运行速度也快，每秒3米。竺士杰坐正身体后，试着拉了一下操作柄，“呼”的一声，驾驶室往前一冲，竺士杰吓出一身冷汗。再看下面箱子，体积变得小多啦，竺士杰全身使劲，脸贴近玻璃窗，把吊具放下去，锁扣怎么也扣不到位，集装箱怎么也吊不上来。一晃10多分钟过去，竺士杰一只箱子都没有吊成。忙得满头大汗的竺士杰只好向师傅陈波求救。只见陈波把吊具用得如行云流水，不到1分钟，就轻松地把一只集装箱吊起，放进岸边的集卡中。

这一经历，是竺士杰亲口告诉笔者的，由此说明，竺士杰并非桥吊的天赋神人，他后来独创的桥吊操作法，是在这样一个基础上摸索总结出来的，殊为不易。

桥吊司机队伍中，有一批驾驶技术特棒的人，竺士杰把他们称为“半仙”或“大侠”。竺士杰就盯住这些“半仙”或“大侠”不放。别人下班了，竺士杰缠着这些人学技术、练功夫，有时甚至有点死皮赖脸，慢慢把这些人的绝活、诀窍学到手。竺士杰还会去观察那些开得特别慢的司机，竺士杰称他们为“姜太公”。然后拿“姜太公”与“大侠”对比，分析这些“姜太公”为什么慢，与“半仙”“大侠”的差距在哪里。

3个月分析比较下来，竺士杰桥吊驾驶技术有了明显长进。考试时，第一个合格。有位同时学习的职工，考试没有过关，真的被退回原岗位。竺士杰回过头去想想，当时蒋涛队长所言也不尽是吓唬人。

竺士杰的桥吊技术，在日复一日的实践中，慢慢进步到每小时抓取30只集装箱左右。这就达到中上水平，偶尔能进入桥吊司机“龙虎榜”。

转眼到了2002年，北仑港集装箱运输进入快车道。尤其是法国达飞开辟的欧洲航线，几乎每周都有集装箱轮过来，每艘次装卸几千箱，码头为此成立青年突击队。这太有诱惑力了，竺士杰好不容易挤进突击队之中，开始显山露水。当时用的是诺尔桥吊，非常先进，速度极快。连一些桥吊老手也不敢开到100%的速度，一般都只开到75%。

不能试着开到100%？干着干着，竺士杰开始不安分了，他想突破这个75%的限制。那么好的设备，不用到百分百，不是太可惜了吗？就像他竺士杰一样，没有使出全身的力气，心里感觉不爽呀！

那段时间，竺士杰有点入迷。平时，他还是照样上班下班，用75%的速度操作，对竺士杰来说已是家常便饭，一点问题都没有。下班后或上班前，竺士杰盯着诺尔桥吊，跑前跑后、来来回回、爬上爬下。或者一遍遍甩吊具、找感觉。

熟悉集装箱装卸业务的人都知道，吊具装卸集装箱的过程，是一个前后摆动的抛物线运动，这个抛物线越短，就越节省时间，工作效率就越高。竺士杰就想，要让这个抛物线短而快，关键是找到集装箱晃动的“停止点”，越早确定集装箱的“停止点”，就越能让驾驶小车找到减速点位。

“停止点”在哪里？竺士杰苦苦寻觅这个点。竺士杰坐在驾驶室内苦苦思索，在家里吃饭穿衣时也时刻不忘。一天，他无意识地从上衣口袋中拉出手机链，突然发现，吊着锁链的手机来回摇晃一会，便自动回复到稳定位置。这，不是人人皆知的钟摆原理嘛！竺士杰脑海里兀然出现了一台座钟，他似乎听得清指针在嘀嘀答答地移动，钟摆在有节律地摆动。一会左，一会右，但必定有一刻处于“垂直点”。对！就是它！就是这个道理！集装箱也是这样。不管吊具把它吊得多高、抛得多远，它总有一刻处在这个垂直点上。如果能掌握起吊到形成这个垂直点的时间，让桥吊小车减速与吊具回摆速度相吻合，就能实现最快最优啊！

犹如黑暗的夜空划过一道闪电，仿佛一层窗户纸被无意间捅破，也像在悬崖边坐上热气球腾飞。竺士杰用一年多时间悟出这个原理，并把它应用到桥吊操作中，形成自己的独特方法。核心理念是“人机合一”，特点是稳、准、快。

2003年，竺士杰被作为桥吊老师傅，调到蓬勃兴起的穿山港区，演绎出后来的一系列故事。

此时，竺士杰还停留在感性阶段。他自己会操作，效果明显。从原先每小时30只箱提高到45只箱，后来甚至是60只箱，差不多翻了一番。他当上了工班长，教徒弟，言传身教、口口相传，让他们学会、提高操作技能。他教的第一位徒弟，获得了集团技术比武第一名。他一连教了10个徒弟，教一个，他写一些带徒笔记。然后，根据徒弟们的反馈和提问，再深化、完善、补充和展开。这个从小最讨厌作文的人，居然每晚在家里的台灯下写写画画，父母都惊讶得瞪大了眼睛，似乎不认识这个儿子。在父母疑惑的眼神中，慢慢地，竺士杰手上有了厚厚一叠稿子，他称之为操作法一书的“雏形”。

2006年，竺士杰被评为宁波市首席工人、技术能手。穿山港区领导认为推出竺士杰操作法的时机已经成熟，遂隆重召开大会，命名“竺士杰桥吊操作法”，向全公司推广，并上报集团。集团于2010年向全港码头推介，并在教育培训中心专门举办“竺士杰桥吊操作法”培训班，先后有2000多人参加培训学习。

随后，竺士杰操作法一步步升级改版。公司成立“竺士杰操作法推进研究室”，2万余字的《竺士杰桥吊操作法》2.0版编印成册，后又拍摄了视频动画版。竺士杰创新工作室成立，40多名优秀人才聚集在一起。工作室研发出检测一次性着箱率的软件，凭它可统计出每位桥吊司机每个时间段的着箱数。2020年春天，中国工人出版社正式出版《竺士杰工作法》，介绍他的桥吊操作基本方法与实际应用，列入“大国工匠工作法丛书”。

竺士杰硬生生将不可能变成了可能，将一个看上去遥不可及的梦想变成了现实。更重要的是，因推广竺士杰桥吊操作法和其他革新举措，全港一天能多装卸3400多只集装箱，一年就是100多万只集装箱，这箱量相当于1个泊位的全年产量。而建设1个泊位，至少需要投入10个亿，更何况，还需要深水岸线和场地。

采访中，竺士杰让笔者看图片、看视频，他在边上介绍着桥吊操作法和他的故事。自然，他不忘说起6次见到习近平总书记的事。感觉得出，他不是为了炫耀，而是把这作为记忆深处最珍贵的东西。最后，他在《竺士杰工作法》一书上工工整整地签上名，送给笔者作纪念。

在宁波舟山港，还有一位与竺士杰同样有名的桥吊司机，他叫王海峰。

一些人告诉笔者，王海峰已吊装50余万标箱，如果将50余万标箱垒起来，其高度相当于146座珠穆朗玛峰。王海峰创造的桥吊速度世界纪录，至今无人突破。

人们习惯于体育赛事的世界纪录，津津乐道于那些常人难以企及的高度、速度、长度、烈度，桥吊竟然也有世界纪录？

“当然有啊！”此刻，王海峰就坐在对面，回答着笔者的疑问。

仅看王海峰的外貌，你很难将他与世界纪录之类联系起来。他个子不高，略显精瘦，四十来岁年纪，生得眉清目秀，爱笑，说起话来，多少还有点腼腆。

“港口为什么要创造桥吊纪录呢？”笔者好奇地抛出第一个问题。

王海峰笑了一下。他接受过很多采访，许多人都问过这一问题。怎么说呢？港口不是体育比赛，但同样讲究速度和效率。他创造桥吊世界纪录，主要是为公司、为港口创品牌、作宣传。桥吊效率体现桥吊司机的技术素质，体现港口组织管理水平。人们不是常说，时间就是金钱、效率就是生命嘛。吊得快，意味着港口效率高，意味着船舶在港口靠泊装卸时间可以缩短。这就为船公司创造效益，船公司自然就会找上门来。再说，人都有追求的欲望，都想知道自己到底有几斤几两。比一比、逼一逼，不就显出来了嘛！

说得真有道理！笔者深以为然。

王海峰也是宁波港技校毕业的，21世纪初来到港口。因从小跟着父亲出海闯荡捕鱼，练就一身抗御摇晃的“童子功”。同伴们都恐惧摇晃的桥吊，王海峰却稳如泰山。班长沈行侠慧眼识才，不多久就看出王海峰是块干桥吊活的好料，便悉心培养。

到2006年，码头开始使用双吊具桥吊，抽调一批技术过硬的司机学开双吊车，王海峰毫无悬念地成为其中一员。双吊车司机要同时操作两个吊具、两只集装箱，按钮多一倍，锁眼多一倍，操作难度显然增大，还要讲究脚的配合。但这些对王海峰来说都不算什么难题。王海峰似乎就是为双吊具而生的人。他看到竺士杰桥吊操作法，就想着创造一个双吊操作法。王海峰勤学苦练、专心研究，一段时间下来，推出王海峰高效操作法。他个人和班组在“龙虎榜”上的位置“噌噌噌”地往上蹿。

沈班长和操作部乐主管适时提出，希望王海峰冲击桥吊效率世界纪录，给公司创创牌子。王海峰心里也正有此意，就与同伴们偷偷用单吊试了一下，居然达到134.19箱/小时。但因时长不够，不算数。

说到这里，王海峰给笔者简要介绍了中国港口协会规定的桥吊“比赛规则”：必须连续操作4小时以上，算出平均数；一般为卸空箱，重箱不好做；现场还要有公证，自己说的不算。

还有那么多规矩！不过，想想也对，否则，大家自说自话，岂不乱成一锅粥？

创造一个世界纪录，需要天时地利人和。这是王海峰的切身体会。台风或大风季节，雨雪或大雾天气，作业都有困难；对船型也有要求，不能太大，也不能太小，要有足够空箱量；司机连续作业4小时以上，中间不能换人；等等。难着呢！

第一次是在2009年9月26日。王海峰回忆着，并打开随身带的手机佐证。王海峰把自己创造桥吊世界纪录的日期都保存在手机里，偶尔翻出来看看，用以激励自己。

提前3天，码头领导把这个任务交给王海峰，王海峰当时蛮兴奋。立马找来这艘“常熟”轮的有关资料进行研究。王海峰一看，这艘船不大不小，是最合适的长度和宽度。甲板上码放四至五层，且以小箱空箱为主，不高不低，是最理想的高度。这“常熟”轮似乎专为王海峰创造世界纪录量身定制，他真心敬佩码头领导选择的眼光。王海峰与团队成员一起，分析了所有可能出现的问题，精心制定了几套预案，模拟安排好作业流程。

当天下午，码头上热闹非凡。作业即将开始，指挥员站在船上指挥，给王海峰“当眼睛”。开锁、解绑的人陆续上船，做好准备工作。岸上排满比平时多得多的接卸集卡。泊位四周站满了人，大家的目光齐刷刷地射向王海峰。王海峰感觉有点小紧张。但他很快提醒自己，注意放松心态，跟平时一样就行。

一切准备就绪，船上指挥员一声令下，计时开始。

此时，王海峰反而镇定下来，按照平时的操作要领，凭着过硬本领开始操作。“轰隆隆——”“呼啦啦——”王海峰把一双吊具快速放下去，打开，准确无误地扣住集装箱上锁眼，然后，往上提，优美的抛物线，对准岸上集卡，合位，安放……一连串动作，如行云流水，快捷、准确、完美。

王海峰觉得周边世界已不再存在，他的眼中、脑中、心中、感觉中唯有吊具和集装箱。他全神贯注，保持着同一姿势，重复着同一个动作。中途，有人给他送包子上来。他不想浪费时间，更不想错失这个机会。他命令自己的肚子挺住、自己的膀胱憋住，不吃不喝、不拉不撒，一连4个多小时，直至完成。

王海峰是自己走下吊机的。至于怎么走下来，他已全然忘记了，也忘记是谁告诉他这个好消息的。他当时光顾着高兴，光记得他创造了桥吊单吊效率的世界纪录：136.66自然箱/小时。

港口界也与体育界一样，大家比着谁更快、谁更高。王海峰创造这一纪录没多久，就被别的港口同行超过。王海峰自然不甘心，逼着自己，一次次挑战别人、挑战自我。

接下来，场景有点像电影叠加镜头：

2010年8月28日，在“马士基巴的尔摩”轮作业中，王海峰用单吊成功创造141.37自然箱/小时的世界纪录。

2011年8月5日，在“新武汉”轮作业中，王海峰驾驶16号桥吊，创造出223.27自然箱/小时的桥吊单机效率世界纪录。

2012年9月4日，在“新郑州”轮作业中，王海峰驾驶第13号桥吊，创造出235.6自然箱/小时的桥吊吊机效率世界纪录。这一世界纪录一直保持至今，尚无人超越。

2013年9月19日，王海峰团队在“新丹东”轮作业中，以642自然箱/小时的成绩刷新宁波—舟山港船时效率新纪录。

王海峰以这样的高度和难度向世界港口界显示自己的实力和韧劲。山至高处人为峰，海到尽头天是岸。

笔者问王海峰：“在创造这些纪录的过程中，有哪一件事让你印象特别深刻？”

王海峰不假思索地回答：“自然是第一次创纪录啊！”

第一次创纪录那天，王海峰原本约定与未婚妻去影楼拍婚纱照。确定任务后，王海峰就与未婚妻商量，是否推迟几天。谁知，未婚妻不干。说好不容易与影楼约好时间，自己也已请好了假，再说今天万一真的破了纪录，不是更有意义吗？王海峰转而一想，觉得未婚妻说得蛮有道理，也就答应不改期了。

没有想到，码头现场操作时间有点延后，再加上破了纪录，领导上祝贺，同事们拥抱也花了一些时间。待王海峰抽身出来，开着车飞奔到影楼时，早已过了12点30分。他连蹦带跳、气喘吁吁地跑到影楼前，只见未婚妻早已打扮停当，一直站在影楼大厅眼巴巴地等着自己。王海峰心底突然一热，眼眶就有点湿润起来。未婚妻倒没有任何埋怨，只是催着他快换衣服。等到王海峰一身西装，与未婚妻手拉着手出现在摄影师的镜头前时，王海峰真心觉得“今天是个好日子”，眼前的准新娘如此漂亮；未婚妻也觉得今天的日子选对了，她的准新郎如此潇洒。两人四目对视、含情脉脉。摄影师见此情景，立马按下快门，将这一刻定格。

这眼神、这场景，也就定格在王海峰心底，直至永远。

雕塑海上国门形象的人

中国宁波。

2015年盛夏的一个午后。地中海纽约号（MSC）货轮驶入镜头。中国宁波港高级引航员宣晓东登上了地中海纽约号货轮。

一声汽笛，波涛回应。

地中海纽约号货轮，是一艘超长型集装箱船舶，全长399米，可装载1.9万个标准箱。

只见宣晓东在巨轮内部穿行，然后登上舷梯，走进驾驶舱。船长微笑着，递上望远镜。宣晓东微微点头，接过望远镜，开始眺望海面。

从宣晓东站到驾驶台上那一刻起，这艘巨轮的指挥权便掌握在他手中。

汽笛长鸣，巨轮缓缓航行。宣晓东镇定自若地用英语下达舵令和车钟令，指挥巨轮驶过台风之后浑浊的东海海面，奔向港口。

黄昏来临，夕阳如金。地中海纽约号轮稳稳地停靠在穿山港区泊位。

…………

以上是大型文献纪录片《中国港口》第一集《长河帆影》开篇对宁波港引航员宣晓东的描述和介绍。观众眼中的宣晓东：俊朗、潇洒、专业。

宣晓东毕业于大连海运学院海洋船舶驾驶专业，这是个专门培养引航员的专业。在国外，引航员地位很高，由资深船长选拔考试产生。大二实习时，宣晓东曾去过日本鹿儿岛。那些日本船员专门为引航员让出通道，宣晓东感觉引航员是“大人物”，非常厉害。中国引航员培养体系与国外不同，由高校直接培养，宣晓东是其中之一。

1992年宣晓东毕业，被分配到宁波港引航站工作，工号19，由此开始他的引航员生涯。

那时，宁波港还是个小港，引航的也都是小船。他们住在镇海港区，第一个集装箱码头尚在建设之中。宣晓东记得，第一艘船是浙江远洋公司的“潮星”轮，132米长，三四百只集装箱。师傅俞晓洪引航，他在边上跟班学习，看师傅怎么上下舷梯，怎么与船长交流，回来后追忆过程和细节，把它们记录下来。原宁波港务局副局长沈支俊说过，引航员需要科学家的头脑、指挥员的胆识、外交家的风度、运动员的体魄。宣晓东觉得这话有道理，也把它记在本子上，不时翻出来看看、想想。

很快，宣晓东熟悉了整个东海海域，见识了矿石、原油、化工、煤炭、集装箱等各种类型的船，懂得了不同船舶的不同特性，就像人有不同脾性一样。矿砂船都是散装，船宽肚子大，吃水深，比较笨重，操纵性差，受海流影响明显。集装箱船马力大、船速快，船上集装箱形成很大受风面。其船底平宽，作用于海面，船下水流受压大。船头船尾空置，船舶中间部位不够长，很容易剐蹭到码头上的桥吊，靠泊时要有一定提前量。油轮一般都比较大，动不动就三四十万吨，吃水深达22米以上。海面上，看似平缓，深水处却存在逆流旋涡。再加上适合大油轮行驶的航道很少，要注意避免礁石、浅滩，万一触碰，原油泄漏，会发生海洋污染，整个东海渔场会受到严重影响，还会弄得全世界都知道。所以，引航界公认，油轮对引航员各方面要求最高，凡能引航30万吨级以上油轮的引航员，各方面必须极为出色。靠泊还有窗口期，要选择高平潮时靠上泊位。所谓高平潮，就是潮水涨到最高位，但还未来得及退潮时，这个时候最适合靠泊。当然，这个时间窗口很短暂，完全凭引航员自己观察和把握。潮汐每天都在变化，船型、风向、风速也都在变化。俗话说：一个人不可能重复踏入同一条河流。这句话用在引航员身上，真是再适合不过啦！

那天，宣晓东坐在办公桌边，接受笔者采访。已是中年男的宣晓东，穿着一身漂亮的引航员制服，黝黑肤色、一头短发，坐在笔者面前，用成熟、沉稳的语音，有板有眼、慢条斯理地分析着、陈述着，还不时用笔在一张纸上写写画画，诠释从他嘴里吐出来的术语、行话。听宣晓东讲述这些，你会觉得是在听一堂引航专业的课，宣晓东讲得通俗易懂、有理有据。

“陈老师，我还是给您讲个小故事吧！”笔者欣然，连忙点点头。

有段时间，宣晓东连续引航3艘超大油轮，感觉身体有些疲惫。当他引航最后一艘“塔斯”号油轮时，出现一个特殊情况：因前面几艘油轮靠泊装卸延误推迟，“塔斯”号轮靠泊窗口期已过。天色越来越黑，风越刮越大，平时1节以内的潮水流速，此时加大到4节。怎么办？这艘船的英籍船长感觉左右为难。继续靠泊吧，风险太大，万一出事，无法挽回。不靠吧，就得重回锚地等候，而第二天就有冷空气南下，若等到冷空气过去，那就是一笔不菲的费用。

关键时刻，宣晓东对自己充满信心。他与船长沟通，宽慰对方，说自己对港口状况很熟，只要他们配合得好，他有把握让船安全靠上码头。

那位英籍船长似乎有点将信将疑，但也别无良策。无奈之下，同意试一试。

宣晓东也是第一次引航这种油轮，夜间靠泊更有很多不利因素。白天可用目测作出判断，夜间视线不好，显然会影响目测精度。但他事先研究过这艘船，对其特点比较了解。此时，他结合气象条件、潮水状况、时间节点，运用多年积累起来的经验，充分考虑各种因素，现场制定了一个引航方案：潮流方向与船身夹角不宜太大，否则，船身移动速度会过快；要用船的功率对冲海流的作用力；用4艘拖轮咬住靠泊巨轮，对冲靠泊巨轮的外推力。

那晚，宣晓东像一个军事指挥员，同步指挥着油轮、拖轮，协调着船员和岸线人员，不断调整着船只的方位、速度、功率，靠上去、靠上去。最终，油轮被岸上抛出的缆绳牢牢拴住，靠泊成功！

那位英籍船长走过来，紧紧握住宣晓东的手。感激之余，还说了一句浪漫的话：宣，您是一朵悄悄绽放的玫瑰花！

这个引航故事，除说明宣晓东艺高胆大外，洋人船长的信任也是重要因素吧？

对笔者的好奇，宣晓东表示理解。他给笔者解密引航员工作的诀窍。宣晓东说，做好引航工作，关键是取得对方船长的信任。有什么诀窍吗？有，也没有！一是靠自信。引航员代表国家在行使海域主权，不是个人身份。从某种角度讲，外轮接受引航带有强制性，不接受不行。老外从海域入境，接触的第一个中国人就是我们引航员。说引航员是海上国门形象第一人，一点都不夸张。当然，我们得尊重外轮驾驶团队，做到不卑不亢、彬彬有礼。另一个靠专业。你一观海况，一问船况，一下达指令，人家立马就能掂出你有几斤几两。所以，开头3分钟蛮重要。不错，你在观察人家，人家也在观察你。设身处地想一想，人家把船交给你，也就相当于把身家性命交给你。这是多大的信任啊！引航是一门艺术，而艺术无止境。永远不能自满。任何时候都不能说自己可以，没有问题！

宣晓东一边实践，一边研究并撰写论文。他两次出席世界引航大会，代表中国引航界作学术交流发言，赢得国际同行一阵阵热烈掌声。

从2016年4月起，宣晓东开始担任引航站副站长，做起管理工作。他自嘲有点“不务正业”。当然，他现在仍到第一线引航，但毕竟频次少了许多。在宣晓东看来，拳不离手、曲不离口，引航员应当像战士在战场上一样，永远奔走在船上、海上。

笔者对这些海上国门形象塑造者充满好奇，等候着捕捉他们出海引航的现场机会。

当笔者向12号引航员提出时，他爽快地一口答应。

12号，是潘国华在宁波引航站的工号。说起来，蛮有意思，引航站人员讲究先来后到、依次排序。外人只要一听这个工号，就可知道他是资深还是新手。有的船公司与引航站打了多年交道，仍开口闭口几号几号，居然不知道对方尊姓大名。

潘国华自然是资深引航员。资深到什么程度？大概除了老一辈劳模张锁珍、站长陈杰外，就算他啦。潘国华得过全国性大奖，上过央视新闻。论起入职辈分，宣晓东恐怕还得叫声叔吧。

端午节那天，笔者跟随潘国华师傅“出现场”，随手写下一篇《潘国华出海记》，兹抄录如下：

总算约定跟着潘国华师傅出海，昨晚有点小紧张、小兴奋，睡得迷迷糊糊。清晨6点半出海时，头脑还有点迷迷糊糊。

“这么早出门，老婆又说了吧？”笔者跟潘国华开着玩笑。

潘国华今天穿着笔挺的引航员制服，稍稍发福的身材，显得特别精神。哈哈哈……6点半不算早啦，半夜三更是常有的事。有人叫我们这一行是“讨潮水”，跟着潮水涨落走啊！潘国华爱笑，笑起来声音响亮，极易感染人，会带节奏。

今日是我国传统的端午节，按例应当在家吃粽子、插艾叶。不过，引航员照样需要出海，因为，外国没有端午节，船舶也不过端午节。

“不过，真是巧了，今天还是国际海员日呢！”潘国华半真半假地说着，一脸满不在乎。

8时许，车子到达轮船码头。离码头不远，即是闻名于世的千万箱级的穿山港区。晨曦中，林立的港口桥吊显现出高大宏伟的剪影。

在码头上，潘国华指导笔者和小葛穿上救生衣，把我俩打扮成“海上救援队”队员模样，然后跟着他登上一艘引航拖轮。一起上船的，还有他的徒弟小李、小赵。小赵今天进行晋升引航员现场考核，潘国华是他的现场指导老师。能不能通得过，就看小赵在引航现场的表现啦！

潘国华把笔者、小葛、小李、小赵介绍给船老大。船老大与笔者同姓，五十多岁，精瘦、黝黑，一脸沧桑，一看就知道是个海上大腕、浪里黑条。

待我们在船舱落座，拖轮就“突突突”叫唤着开出码头。

这一段属内海航道，海面还算平静。船老大将拖轮开到11节，不快不慢，船头起伏着，如犁田般破开海面，船舷两边卷起斜面的雪浪花，煞是好看。雾气茫茫、水天一色。远处岛屿隐隐约约，如静止的巨轮；两侧巨轮时隐时现，又如移动的岛屿。恍惚之间，笔者一时分不清哪是岛屿、哪是巨轮。

潘国华告诉笔者，从码头到引航点锚地，大概需3个多小时，有点长哩！

“那就趁此机会，采访采访您吧？”

好啊！潘国华快人快语，在拖轮上展开他的回忆和叙述。

令笔者没有想到的是，潘国华的话题竟从报告文学《哥德巴赫猜想》开始。那时潘国华还在读高二，知青身份的姨夫经常给他带些书刊回来，其中就有《哥德巴赫猜想》。潘国华当时一口气把它读完，从此知道了“哥德巴赫猜想”是数学皇冠上的明珠，记住了数学家陈景润，激发出他一个农村孩子的梦想。他想飞，梦想当个飞行员。潘国华最初的梦想通过阅读文学作品发现的，这，让笔者有点欣然。

高考时，潘国华幸运地考上了武汉海运专科学校。更幸运的是，这一届居然是培养引航员。这是中国有史以来第一次在学校培养引航员，他潘国华是第一班的一员。仅凭这一点，足够潘国华骄傲一辈子。

1985年，潘国华毕业后来到宁波港务局引航科，排序第12，于是编为12

号。这个12号后来就成为另一个潘国华，甚至，比潘国华本人还有名。在宁波舟山港，很少有人不知道这个12号。12号代表着安全、高质量，代表着没有困难、问题和风险。有些进港船舶，指名要12号引航。世界上那艘最大最漂亮的“泰欧”轮，一共来过4趟中国，其中3趟是潘国华引的航。

当然，这些荣誉和声誉，不是凭空来的。他潘国华跟着师傅张锁珍，经历了惊涛骇浪。张锁珍是全国劳模，待人蛮好，但特严格。潘国华干了4年学徒，成为三级引航员，开始独立引航。5年后晋升为二级引航员，再过4年，成为一级引航员，又过了3年，成为高级引航员。也就是说，他花了16年时间，才有资格引航40万吨级以上的油轮。这中间，九九八十一难啊，今天哪里说得清、说得完！引航员是与大海打交道的人，要有大海般宽阔的胸怀。

说到这里，潘国华略一停顿，习惯性地朝舱外望一望。见一切正常，继续他的叙述：

“陈老师您别笑。我潘国华叫“四会”引航员：会做，会说、会写、会喝。会做就不必说了，被评过“引航绅士”“十佳引航员No.1”。论讲话，讲上半天不用打草稿，保证观点正确、思路清晰。至于写文章嘛，自然不好跟您比，但阿拉在学术期刊上也发过论文，还编写过教材。说到喝酒，引航员这一行是体力活，一趟引航，来回10多个钟头，有时一天一夜两艘。下班回家后，需要喝点小酒解解乏、祛祛湿，也不算什么大错吧？”

当然，当然。笔者真心赞同。

给陈老师讲个引航故事吧！潘国华的兴致越来越高，看得出，颠簸起伏的拖轮，对他根本没有什么影响。他，如履平地。

引航员最怕台风。记得有一年过中秋节，引航站计划搞个歌唱比赛，潘国华报了名，准备拿个名次回家，向老婆显摆显摆。谁知那天傍晚，台风加剧，一艘在外海锚地抛锚的外国油轮，禁不住台风猛烈冲击，居然缓慢移位，也就是业界所说的“走锚”。外轮英国籍船长担心油轮会被台风卷走，就向宁波港引航站紧急求援，希望派出经验丰富的引航员，把油轮引航到安全地带。引航站领导想到的第一人选就是潘国华。

接受引航命令后，潘国华背起引航包，立刻奔赴锚地。此时，台风已开始显威，风浪一波波冲击着油轮。潘国华凭借过硬本领，攀援上油轮，全身衣服已被海浪打了个半湿。他顾不得擦把脸，就与那位英籍船长分析台风状况，选择油轮避风路径。当时，台风中心已到琉球群岛，直奔舟山群岛而来。航海界有个不成文规定，船舶抛锚点必须离开台风中心150海里以上。

那位英籍船长忧心忡忡，问潘国华怎么走。潘国华凭着自己多年的引航实践和对台风的研究，分析比较着几条路径。往东吧，有可能将油轮置于台风右半圈。往北走，说不定与台风走势相同，会被台风撵着跑。只有往南，才可能避开台风中心。潘国华把自己的思考和判断告诉英籍船长，那位英籍船长望着比自己年轻得多的引航员，果断地下达起锚南下的指令。

后来，台风行踪与潘国华分析的完全一致，油轮终于避开台风中心，安全抛锚。等台风一过，潘国华又把这艘油轮安全引航到原油码头。

三天三夜，潘国华一直待在油轮上，下不来、离不开。这可把他爱人吓坏了。一个大活人，怎么人不见，连个电话也没有。她把电话打到引航站，同事们告诉她，潘国华随船出海了，一直在海上漂着呢！潘国华回家后解释，漂得那么远，哪有什么手机信号嘛！

爱人抱怨，那位英籍船长却十分感激。等到油轮卸油完毕，他打开船上的烟酒仓库，让潘国华自己随便挑选，还要送潘国华500美元。

美元显然不能收，接受瓶小酒还可以吧？潘国华随手收了一小瓶洋酒，然后回到单位，用来犒赏同事们。那天晚上，潘国华一边与同事们喝着洋酒，一边讲述着他的历险故事，喝着喝着，他和同事们都有点嗨啦！

哈哈哈……听潘国华讲到这里，拖轮里的人禁不住都笑出声来。好可爱的潘国华啊！

不知不觉间，拖轮已驶入著名的虾峙门航道口。虾峙门航道是进入宁波舟山港的主要通道。航道口水深流急，隘口宽度仅700米。在陆地上，700米已足够宽敞，但在茫茫无际的海面上，700米犹似一条细线。隘口左边就是金庸小说中描写过的桃花岛，右边是虾峙岛，远远望去，犹如两扇洞开的门。船到此处，人们自然会想起李白那句名诗："两岸青山相对出，孤帆一片日边来。"

拖轮驶出虾峙门口，才算真正进入东海海域。一艘艘巨轮宛若一条条巨鲸，在洋面上游弋穿梭，你追我赶。

此处，风浪显然大了许多，从船舱望出去，可看见海面上一波波白色浪花。潘国华告诉笔者，能看见白浪花，就说明浪比较大了。可不，此时，拖轮开始剧烈地摇晃起伏。小葛已有点晕船反应。好在笔者出生在杭州湾畔，也曾出过海，还没出现晕船状况。

潘国华和小李、小赵自然更没事。师徒们不仅没事，而且还利用这风浪，在目测海面上的船舶。据小李介绍，多年引航实践，让潘国华练就一手绝活：能远距离目测船舶长度和箱量。

"潘师傅，您目测一下对面开过来的那艘'中联86·马钢物流'轮，多少？"笔者有点似信非信，便撺掇潘国华一试身手。

潘国华站定，眯一下眼，随口报出：这是一艘7.5吨到8万吨的杂货船，长228米、宽37米。

真的吗？小李用手机一查资料，精确符合。

笔者有点惊奇。心想是不是蒙对啦？"潘师傅，再试一艘？"

"好！请陈老师选一艘！"潘国华显得胸有成竹。

"那艘，就那艘法国达飞公司的集装箱船。"笔者从进入视线的众多船舶中，故意挑选了一艘距离较远的船舶，想考一考潘国华的道行到底有多深。

潘国华憋住气，眯细眼睛，瞧了一会。回头告诉笔者：船身全长400米，甲板上7排箱。

还未等笔者回过神来，小李已从手机资料库查出精确数据：此船长399米，7排装箱。

天呐！在差不多五六海里的距离上，目测一个物体，相差仅1米，真神了呀！

潘国华嘿嘿一笑，这不算什么，这不算什么！

谈笑间，拖轮渐渐靠近锚地。大海呈现出它原有的博大和壮美。海水变蓝了，海面犹似铺了宽阔无边的蓝色绸缎。阳光从云隙中探出，海面波光闪烁，像少女的皮肤般光鲜。三三两两的海鸥，扑闪着银白色双翼，在这匹巨大的蓝色绸缎上翩翩起舞，显得那么飘逸和优美，使拖轮上的人几乎忘了此行的任务。

联系一下吧！还是潘国华先醒悟过来，对小李发出指令。

小李立即用手机联系对方：我们现在在2号浮标位置，预计11点15分抵达锚地。请你们起锚，向我们靠拢！

手机中传来对方回音：明白！

经小李指点，笔者看清远处有个小黑点正在向我们这艘拖轮移动。渐渐地，小黑点变成一艘小船。接着，小船的轮廓慢慢变大、变大，越变越大，最后，变成横亘在拖轮前的一道山梁。那情景，有点像电影中的推拉镜头。

潘国华用望远镜观察，并用手机呼叫对方："凯歌，凯歌，宁波引航12号呼叫！"

对方回音："明白！"

"流量大，请注意速度！"潘国华补上一句。

"明白！"对方的回答简洁而清晰。

两艘船说话间靠近。与庞然大物的集装箱轮相比，笔者乘坐的拖轮简直连小舢板都算不上。

本来，潘国华等人打算从"凯歌"轮左边上船。船老大敏锐地发现，"凯歌"轮左边浪头比右边大，就与潘国华商量。潘国华迅速决定，并立刻通知

"凯歌"轮，他们从右舷上船，请船方做好配合。

似乎是为了考验潘国华他们仨，此时"凯歌"轮四周已是滔天巨浪。一波波浪头击打巨轮，被弹回来，冲击着笔者所在的拖轮。拖轮犹如一片浮叶，被波涛轻轻抛起，又重重摔下。潘国华他们仨要在这种海况下登上"凯歌"轮，笔者真的为他们仨捏一把汗。

潘国华已拍完照，穿好防护服，候在拖轮船沿上。拖轮靠上去，被冲开，再一次靠上去，终于接近"凯歌"轮。此时，从"凯歌"轮上放下一部舷梯。舷梯下是翻卷着的巨浪，耳旁是咆哮的涛声，真容不得半点闪失。只见潘国华瞅准一个时机，一把抓住舷梯，迅捷翻身上梯。"噔噔噔"，一眨眼工夫，潘国华已站到"凯歌"轮甲板上，然后大步流星地向驾驶舱走去。身手的敏捷程度，与他的年龄真不相称。只能说是台上三分钟，台下十年功啦！

笔者原想跟着潘国华他们仨到"凯歌"轮上，目睹潘国华引航。但鉴于疫情期间严禁人员与外轮接触，故只好抱憾留在拖轮上。

拖轮返航，行驶在前。"凯歌"轮紧跟在后，相隔两三海里。船老大通过手机与潘国华他们保持着联系，获悉引航一切顺利。

笔者站在拖轮甲板上，朝前欣赏着宽广壮美的大海，朝后回望遥遥跟着的巨轮，想象着潘国华引航的情景，一时遐思联翩。大海，以永不停歇的动力，保持着自己的生机和活力，昭示着"海纳百川"的姿态。后浪推着前浪，前浪让着后浪，仿佛无数人在进行一场永无止境的竞赛。引航员就是其中一支竞赛队伍。他们是出征的战士，也是走向世界的形象大使。他们自信的眼神、坚定的步履，不正是中华民族走向世界舞台、走上复兴之路的象征吗？

此刻，笔者想起那首《祖国不会忘记》的歌词：

在茫茫的人海里，我是哪一个？

在奔腾的浪花里，我是哪一朵？

在征服宇宙的大军里，那默默奉献的就是我。
在辉煌事业的长河里，那永远奔腾的就是我。
不需要你认识我，不渴望你知道我，
我把青春融进祖国的江河。
山知道我，江河知道我，
祖国不会忘记我！

用4000万元引来的人才

在宁波舟山港的企业高管中，远洋公司总经理徐宗权也许是最富有传奇色彩的人物。

原先以为，徐宗权肯定是一位五大三粗、满脸络腮胡子的人。一见面采访，才看清对方竟是一位清秀精瘦、谦逊温和之人。说话轻声细语，有时声音低到笔者都有点听不清。办公室正面墙壁上，贴着几张远洋公司生产进度表，标注着远洋公司20余条航线的目标值和进度数，给人一种身临战场指挥所的感觉。

徐宗权的故事得从2002年开始说起。之前，徐宗权在浙江省航运公司所属宁波远洋公司工作，2002年企业改制，宁波远洋公司成为股份制企业，民营控股、国有参股，徐宗权仍当他的总经理，但有了8.8%的股份。股份公司有3艘船，3万吨左右运力。船况不太好，曾被宁波港一些员工戏称为“破船”。生意也做得不咸不淡，吃不饱、饿不死。

2004年后，宁波航运市场发展迅猛，竞争越来越激烈。中远、中海、东方海外等先后登陆宁波港，开辟航线，揽货组团。一块蛋糕，被分割成若干块。这就是当时徐宗权的感受。作为徐霞客后代的宁海人徐宗权，当然看到了这个发展趋势，他产生了危机感，担忧被挤出航运市场。他很想加大投入，喝到“头口水”。他与经营团队商议，大家一脸苦兮兮的相，经营上没有赚多少钱，大家拿什么投资呀？折腾了一段时日，只好作罢。

徐宗权仍心有不甘，到处打听着各种机会。后来，有朋友告诉他，宁波港集团总裁李令红正在筹划发展集装箱船队，你不妨去找找他。

还未等徐宗权找李令红，李令红倒自己先来了。

李令红告诉徐宗权，宁波市政府提出以港兴市、以城促港，几年下来，宁波－舟山港集装箱航运发展很快，只是腹地跟不上，集装箱量不够多。他就想到自己组建一支船队，但又苦于没有专业人才，遂四处寻觅，准备在社会上招聘一位总经理。听说徐宗权这边有意向合作，再一了解，徐宗权科班出身，专业是船舶驾驶，揽过货，干过船舶代理，管过航运，是个人才，便主动找上门来，并抛出一个方案。

方案很绝。宁波港集团招聘徐宗权，年薪50万元，让徐宗权把3艘破船卖掉，把经营团队解散，到宁波港集团重组集装箱船队，把附近喂给港、支线港的集装箱都组织到宁波－舟山港来。

这个招聘条件，在当时的物价条件下不可谓没有诱惑力。更何况，原本就在宁波港工作的爱人闻讯，也极力撺掇徐宗权“弃暗投明”。

徐宗权考虑再三，还是拒绝了这个方案。他觉得不能离开那些弟兄们，不能让远洋公司这百来号人作鸟兽散。

这使李令红感到有点意外，就一次次与徐宗权交换看法，探讨合作。徐宗权明确表示，李总裁如果真的想让他到宁波港，那就让宁波远洋公司整个经营团队都去，他一个人绝对不去！

面对着如此固执甚至有点顽固的徐宗权，李令红有点无奈，也有点感动。人才难得，他李令红就作个让步吧！来，来，大家都来！宁波港欢迎你们！

已拿定主意的李令红仍面对着一些风言风语。什么宁波港拿4000万元，买了3艘破船啦；什么一个人不够，还带来一帮弟兄。李令红也不客气，公开说，宁波港就拿4000万元，“买”徐宗权一个人！其他的人，留也好，走也罢；其他的船，卖也好，用也罢！

李令红再用一招激将法：3年时间，投入10个亿。之后，继续滚动投入至30个亿，建立集疏运网络，把远洋船队发展起来、做大做强。

这一下，也把徐宗权逼上了梁山。他退无可退，只有像过河卒子，一个劲地往前拱。

徐宗权毕竟是徐宗权，很快显示出他的经营才能，借梯登高、借船出海，凭借宁波港的巨大优势和巨资，建立起一支小规模船队，把附近小港口的集装箱集中运到宁波港，再把宁波港卸下的集装箱运往各地。

最佳机遇来自浙江海港一体化。徐宗权一下子有了经营上的“野心”。他根据集团发展定位和布局，把全省港口，甚至把长江沿线都纳入自己的视野范围，开辟浙江港口南北两翼航线，开辟长江沿岸航线，协助集团实现战略意图。

嘉兴乍浦港，是徐宗权航线布局中一个重要支点。徐宗权开辟一条条内江内海支线，然后千方百计降低运费。他拿出当年股份制公司那套灵活多样的经营策略，根据客户大小、箱量多少来确定运价，平均下来，每只集装箱运费比常规便宜四五万元。然后定点定班，把船运做得像集卡，甚至像公共汽车那么方便，集装箱能随到随走。这就对客户产生了足够吸引力。作为客户，谁不想价格便宜些、交货方便些？徐宗权抓住客户的这些“软肋”，口口相传，消息不胫而走，使集装箱支线运输生意如滚雪球般越滚越大。2019年，远洋公司一家在乍浦码头就做到90万标箱，占了乍浦港集装箱吞吐量的60%。

内陆，也有大量集装箱，徐宗权盯住不放。他理解，中央提出经济双循环、以国内大循环为主体的方针，就意味着内贸量会大量增加。现在，内贸中航运才占15%，这就给内贸航运，或者直接说是给他徐宗权提供了极好机遇。

所谓危机危机、危中有机，变局变局、变中布局，大概就是这个道理。在人家大幅度撤并航线时，徐宗权逆势而行，拼命布局新航线，向内陆延伸，向长江沿线拓展，先后开辟了武汉线、福州线、温州线。

还有海外哪。远洋公司先后开辟了日本神户港、大阪港、横滨港和韩国釜山港航线，使公司近洋航线占到10%。徐宗权把原先那些令人望而生畏的外国港口，转变为宁波舟山港的喂给港，变被动为主动，变随从为主导。

在徐宗权眼里，航线与船队，好似鸡与蛋的关系。不必去纠结是先有鸡还是先有蛋，徐宗权擅长的是借鸡生蛋、借蛋孵鸡。眼下，远洋船队初具规模，共有船舶62艘。其中，自有34艘，总运量40万吨，租赁28艘，开设航线20条。2019年，远洋公司集装箱吞吐量为333万TEU，利润3.5亿元，总资产33亿元，净资产20多亿元。在世界集装箱航运公司中排名第32至第34位，在国内排序第6，在浙江排名第一。

从2009年远洋公司并入宁波－舟山港起，徐宗权用10余年时间，证明宁波舟山港没有“买”错他，也证明他当年坚持带团队过来这步棋没有走错。

有人说：徐宗权成功，主要靠宁波港支持。对此，甬港公司老总陆俊成认为：这话只说对了一半，换作你试一试，行吗？徐宗权的确是个人才。

2020年初秋的一个下午，笔者找到这位传奇式人物徐宗权，请他谈谈国有企业与民营企业的异同，还有，这十几年来的酸甜苦辣。

徐宗权谈得理智、客观、平和、低调，没有高谈阔论，没有怨妇心理。在他看来，国有企业和民营企业各有优势，要客观认识这个问题。国有企业具有资源优势，民营企业经营上比较灵活。譬如宁波舟山港，大港口、大客户、大货源，这些就是它的优势。远洋公司这几年之所以发展得比较快、比较好，是因为背靠大树好乘凉。如果撇开宁波舟山港，远洋公司肯定不是今天这副样子。民营企业不可能享有这些资源，但在经营上的确有许多灵活之处，用人就是其中突出一条。远洋公司保留了这一条，搞“一船两制”。除徐宗权外，过来的员工，都保留原先股份制企业职工的身份，人员能进能出、薪酬能高能低，绩效部分占70%，让人员和薪酬像一渠活水，而不是一潭死水。

说到自己的待遇和收入，徐宗权说得很坦然。他感觉，到国有大企业后，社会地位不一样，说起话来底气足了。民营小企业时，身段低，感觉直不起腰。当然，国家对国有企业管理人员要求也高、约束也多。他感觉自己前后变化最明显的是，朋友间聚会少了许多。一些知根知底的朋友理解他、谅解他，也有一些朋友抱怨他、责怪他。“知我者，谓我何忧？不知我者，谓我何求？”真是那样！

至于待遇，国有企业和民营企业没有可比性。民营企业收入是波动的，有时发得极高，一年按36个月发，还有股份分红。当然，发不出工资的时候也有。现在收入很稳定，每月可预期。要清醒对待这件事，不能身在国企工作，心想民企薪酬。世界上哪有那样的好事？对这一点，徐宗权看得透彻，想得明白。

笔者之所以不惜笔墨描绘徐宗权和他的远洋船队，是因为此人除有人才意义外，还有多重含义。人们可从他身上读出，怎么认识国有企业和民营企业的优势及特点，各扬其长，发展各种形态、各种结构的混合所有制企业；国有企业怎么融合民营企业灵活的经营机制，民营企业怎么借鉴国有企业的制度规范；国有企业高管如何正确对待自己的职责与待遇，民营企业家怎么珍视政府创造的营商环境；等等。

自然，这些命题，似乎都已超越本报告文学的主题范畴，笔者只是随机提及，就此打住罢！

第八章

有一种整合叫水乳交融

问渠那得清如许，为有源头活水来。

——朱熹

流淌在心灵港湾的那一片红

5年多来，宁波舟山港的整合，可谓大开大合，却为什么波澜不惊？宁波舟山港的改革，可谓闯关夺隘，却为什么如履平地？宁波舟山港的发展，可谓好戏连台，却为什么不露声色？

这是笔者，也许是社会各界都想对宁波舟山港进行探究的三大课题。

在集团党委设置的“红色港湾”，党群部主任陈建良，一位脸上总是带着微笑的中年人，面向着“红色书吧”和“蓝色影墙”，从他所从事的党群工作视角出发，概括了3个关键词：政治，团结，激励。归结到一点，新时代的海港坚持“红色引领”。如果借用诗意语言表述，那就是让那一片红永远在职工心灵的港湾流淌。

正处于年富力强人生阶段的陈建良，思维敏捷、逻辑严密。他说，从宏观上看，集团整合期是在党的十八之后。2016年10月10日，中央召开全国国有企业党的建设工作会议，明确国有企业党建工作的地位和作用，将国有企业党建融入公司治理结构和体制机制中。因为有这个大背景，因为有这样的体制机制作支撑，集团党委在贯彻落实省委决策时，才能做到不折不扣、政令畅通，才能保证在这么大的整合中稳定和谐、有序过渡。与此同时，在整合过程中，集团党委成员讲团结，率先垂范。加强对下属单位、团队和全体员工的引导与激励。提炼并确立“服务创造价值、奋斗成就梦想”的企业共同价值观和“强港梦”的愿景，做到合心合道合力。还有，在整合中，不忘同步提高职工收入和福利，让全体海港人分享改革发展成果，感受到一体化带来的变化和实惠，从根本上调动企业干部职工的积极性、主动性、创造性。

陈建良的上述分析论证，理性、客观，也让人信服。

似乎是为了证明自己言之有据，陈建良给笔者介绍了3个案例。

第一个案例：根据浙江省国资委统一部署，集团党委围绕“强党建促发展”这一课题进行探索，对重点环节作出制度安排，紧扣项目攻关、企业文化建设、党建带群建，开展了若干个具备典型性、代表性、示范性的试点，并形成可借鉴、可复制、可操作的方案和经验。集团这一探索取得成功，证明党建具有生产力、凝聚力、创造力作用，被浙江省国资委作为全省国有企业党建“十大样板”之一汇编成书，向全省国有企业推介。

笔者在采访期间，看到了由浙江省国资委编写的这本书，内容丰富、数据翔实、图表简洁。笔者还看到了可作为本书注脚的另一本小册子《“强党建促发展、做模范促争先”专项行动项目成果汇编》。从中可看出，集团党委如何将企业党建与企业发展紧密结合、高度融合。各级党组织书记领办项目，党组织成员攻关项目，上下同心，协力攻关，突破海港在发展和改革中遇到的难题与瓶颈。譬如党委书记、董事长毛剑宏领衔的《推进长三角港口一体化发展》《防范化解镇海港区危化品安全风险》《加快推进中印尼项目》，时任集团党委副书记、总经理蔡申康牵头负责的《马迹山三期40万吨级铁矿石码头项目》，时任集团党委专职副书记陶成波牵头攻关的《省属企业“强党建促发展”工作》《深入推进集团企业文化建设》，宁波舟山港股份有限公司党委书记、总经理宫黎明领衔的《以“标准化”引领“四化”管理，为持续构建“四梁八柱”夯基垒台》，集团党委委员、机关党委书记叶志航领衔的《境外培训模式优化提升项目》，等等。

第二个案例：着力建设海港文化——强港文化。2019年，时任集团党委副书记、董事陶成波牵头，举办集团微电影节，发动职工自编自导自演，取得良好效果。强港文化似春风化雨、润物无声，让整合变得水乳交融，而不是生拼硬凑。陈建良随口举例鼠浪湖码头拍摄的那部微电影说，很不错。

是的，真不错！笔者赞同陈建良的评价。这部微电影名叫《三天》，片名灵感大概来源于一部爱情大片《失恋33天》吧。笔者在采访鼠浪湖岛时欣赏过。它以鼠浪湖码头青工叶金哲、盛夏逸斯的爱情故事为原型，真实反映了理想与现实、爱情与生活的矛盾，形象表达了年轻一代海港人敬业奉献精神。盛夏逸斯在微电影中扮演爱情女主，演得很逼真、很投入，流了许多眼泪，博得观众好评。

第三个案例：陈建良随手从“红色港湾”书柜上抽出两本书给笔者，并介绍说，浙江省委书记袁家军在中央党校中青年干部培训班上提出了具有浙江辨识度的9张“金名片”，我们宁波舟山港就是其中一张。宣传推介这张“金名片”，使之更加熠熠生辉，是党群部的重要职责。因而，他们在新时代浙江海洋港口一体化5周年之际，创意策划了两件事。一是编写《说一句话纪念册》，从集团高层，到普通员工，共有1.2万人说了话；二是编印《合一次影纪念册》，从集团领导班子，到基层每个部门班组，合影留念。

文集和影集简朴、大气、厚重、新颖。笔者翻看着，欣赏着。只见文集《序言》描述道：一句句滚烫话语、肺腑之言，一声声真知灼见、由衷感言，道出了浙江海港人心底的声音。字句间渗透的是海港人对企业的热爱、对强港的追求，笔墨间挥洒的是对当下的珍惜、对明天的憧憬，篇章间传递的是一体化发展5年来共同记忆的缩影、共同书写的“未来宣言”。影集《序言》热切地写道：一个个激情洋溢的团队，一张张幸福满满的笑脸，一双双饱含赤诚的眼睛，一颗颗爱港爱企的真心，一个个凝心聚力、众志成城的瞬间……正是这些可爱的人，创造了新时代浙江海洋港口一体化改革发展的优异成绩，奏响了集团高质量发展的时代强音。

一万余人一句话，真正称得上“万人书”。这是一些朴实的语言，也可以说是诗意的语言，更可以说是对浙江海港人精气神形的描绘。

集团党委既注重顶层设计和面上活动，更重视“强党建促发展”的主题向基层辐射和渗透，每年在全港选择培育N个具备典型性、代表性、示范性的单位，形成可借鉴、可复制、可操作的样本。

北仑第一集装箱码头公司党委即是其中之一。

在宁波舟山港所属码头中，北仑第一集装箱码头公司大概最为错综复杂。它由3家不同所有制、不同股权比例的企业构成，其中有一家是集团与和记黄埔港口合资的码头公司，叫NBCT。

2017年始，宁波舟山港推行一体化，在股比不变、产权不变、人员关系不变的前提下，码头生产经营实行统一管理。这就给新上任的码头党委书记金国义出了个难题。

金国义一深入了解就很快发现，在这家甬港合资的码头公司里，党组织处于“地下党”状态，党员自然就成为“地下党员”。“地下党”和“地下党员”，只能在“地下秘密活动”，明显制约党组织作用的发挥。

将“地下党”转为“地上党”，公开亮出旗帜和牌子，是金国义跟港方代表打的第一仗。形容为“打仗”，真的一点不夸张。原来，集团与港资股比近似，任何事都要两家商量一致才有效。开始时，港方代表根本不予考虑，不光不予考虑，甚至连见也懒得见。金国义当然不会放弃，他一趟趟找港方代表，跟他讲道理，告诉他这是中国特色的企业制度，不设党组织不行，党员不公开活动不行。这些投入是值得的，相当于企业买吊机、买软件。同时，金国义自信满满地对港方代表说，党建也是生产力，企业设立党组织后，他保证把企业搞得更兴旺。

港方代表经不住金国义三番五次、软磨硬泡地说，更明白金国义背后有宁波舟山港撑着腰。他不希望自己与整个集团作对，更不愿意放弃这个肥得流油的码头，于是，开始松口，说可以考虑。

口头允诺不算数，得把这些原则要求写入合资公司章程，成为法律依据。金国义时时追踪、步步紧逼。精明的港方代表偷偷去调查了同类合资企业情况，了解到多数合资企业也是那样做的。金国义还将合资企业中那些表现突出的党员职工一一向港方代表作了介绍，港方代表也认可这些人是企业骨干。于是，他同意将这些写入公司章程，同意在企业设立党组织，明确党委在企业治理结构中的地位，同意配备专职人员，党群部门工作人员数量原则上不少于其他业务部门，并拨付必需的活动经费。

合资企业章程写入了，港方代表也做到了。全部压力反弹到金国义这一边。是啊，港方代表届时会反问：尊敬的金书记，我都按您的要求做到了，你说的那些效果在哪里呢？这，不是他金国义个人的信誉问题，而是关系到党的影响与形象。

长年从事财务和审计工作的金国义，把全局性理念和财务思维运用到企业党建工作中，努力解决企业党组织边缘化、弱化、虚化现象，开始有板有眼地探索企业党建工作，走出漂亮的三着棋。

第一着棋是重新构建组织架构。3个码头实行统一管理后，人财物仍分开管理、各自为政。金国义认为，党员可以合为一体、统一管理，与经营管理实现无缝对接。他把3家公司210名党员的组织关系全部转到码头党委，设立2个党总支、8个党支部，把全体党员纳入党组织的管理范畴。

第二着棋是配备专职支部书记。没有人做党的工作，光靠党委书记在台上讲讲喊喊，党的工作肯定是虚的，肯定落实不到每个党支部。金国义按照合资企业章程规定，经与港方代表商量，配备了7名专职党支书和几名专职干部。他一改以前由党务干部搞党务的惯例，选择中层管理人员和业务骨干来当专职党支书。金国义的“理论”是，党建工作也是一门专业，也要有人像做专业那样去做工作。由有专业背景的人来做党务工作，他会知道生产经营的关节点在哪里，企业党建如何围绕和配合这些关节点开展工作。同时，让这些专业干部增强党的意识，逐步成为复合型人才。日后，他们中有的人可提拔至高一层级当业务领导，届时能意识到“一岗双责”，做到业务和党建两手抓、两手硬。这样，就能实现企业党政干部培养的良性循环。后来的实践证明，金国义这个“理论”至少在北仑港第一集装箱码头公司是成立的。

第三着棋是基层党建工作标准化、精细化。金国义带着人，先把党的基本理论知识、企业基层党组织的工作任务、程序、规范，做些什么、怎么做、谁来做等搞清楚、弄明白，编印了一本《基层党组织标准化手册》。这本小册子通俗易懂、可操作性强，谁都看得懂，谁都能使用。

当然，上述棋子、步骤都是基础，或曰条件。港方代表，尤其是金国义本人，要看到实实在在的效果，要看到企业效益。于是，由工程技术部党总支首创、后来在全码头推开的创新活动——“挂牌摘牌”活动，由蛹化蝶、如笋出土，应运而生，遍地开花。

“挂牌摘牌”活动，有点类似于古时的“揭榜”。每年初“挂牌”的几十个课题，由党总支与业务领导商量提出，都是企业发展中的一些难点、重点、痛点、焦点问题，将它们一一写在类似于贺年卡的硬纸上，制作成“牌”。然后，召开支部大会，支书作动员讲话，再由党员自愿“摘牌”。金国义参加过几次党员大会“摘牌”活动，看到场面很踊跃，党员们还争先恐后。

“挂牌”课题被党员们认领后，党支部积极跟踪推进，及时通报进度，督促检查，抓好落实。年终时，组织评委会评题。每个“摘牌”党员，都要把自己“摘牌”课题的结果亮出来，接受评委会评议。评委会成员有公司领导、业务处室负责人和专业技术人员，有时还邀请港方人员参与，现场打分。这样，形成“挂牌摘牌”闭环管理。

在“挂牌摘牌”活动取得显著效果的同时，金国义因势利导，将党建活动拓展到其他领域。针对码头大型设备多、老化陈旧严重的状况，他在机械设备系统党支部内广泛开展党员“机长制”活动。党支部搭台，党员唱戏，每个党员能手认领一台机器，担任“机长”，平时像抚养小孩般养护设备。这样做，明显减少了机器故障率，提高了利用率。

几年下来，公司党组织围绕码头生产经营开展活动，搞得有声有色、红红火火。在党组织和党员中形成了你追我赶的热烈氛围，为企业攻克了许多难关，创造了可观的经济效益。

在事实面前，港方代表不得不服气，不得不承认企业党组织的作用，不得不服气那些党员为他赚了钱。有一次聚餐时，那位港方代表半认真半开玩笑地问金国义：“我也想加入你们这个组织，可以吗？”

金国义心里一乐、呵呵一笑。知道这位港方代表未必当真想过，但他对码头党组织和党员的欣赏却是由衷的、真实的。

党建共建，也是宁波舟山港基层企业强党建促发展的一个经验。

金秋的某一天，海风送爽，波涛舒缓。金塘港区大浦口集装箱码头二阶段项目启动建设，同步启动的，还有项目党建共建活动。甬舟公司作为业主单位，携手海港建设、工程管理、中交三航宁波公司等单位党组织，建立项目共建党组织。确立“工程优质、干部清廉、党员先锋、职工先进”的共建目标，发挥项目一线党组织战斗堡垒作用，推进重点工程项目建设，就像战争年代的火线临时党组织那样，成为烽火中飘扬的旗帜。

4家建设单位党组织负责人和几十名党员建设者参加启动仪式，签订共建协议。集团党委专职副书记章建成向刚组建的大浦口工程项目临时党支部授牌，向青年突击队授旗，并作了简短而富有鼓动性的讲话。他指出，这次大浦口工程项目党建共建活动启动，标志着又一个重点工程项目中的“红色引擎”正式发动。这是全体海港建设者牢记习总书记“硬核”嘱托，争创“优异”建强港、勇当“重要窗口”先行官的实际举措。希望项目党支部通过党建共建，做到项目共推、清廉共筑、品牌共建、成果共享。

人们看到，金塘港区工地上党旗飘扬，建设人群中党徽闪亮，泊位工程在快速推进。

企业的传承与融合，本质上是精神和文化的传承与融合。笔者在宁波舟山港采访和生活，视线总被一种到处存在、时时显现的红色所冲击，心灵总被一种有形无形的红色基因和拼搏精神所震撼。在采访所到单位，在目光所及之地，见到的是一个个红码头、一个个“红色港湾”。它，是一种色彩，更是一种精神和文化，让人沉浸其间，进行体验式融入。

先请读者跟随笔者步履，去“红码头”北仑矿石码头公司看看吧。

北仑矿石码头，在宁波舟山港集团中属于老一辈。北仑港的开发建设就从北仑矿石码头起步，因而，北仑矿石码头拥有集团多个“第一”。说起这些“第一”，北仑矿石码头职工们和党委书记梁炎平很是自豪。

梁炎平50多岁，个子不高，身材偏瘦，早年当过团干，经过多个岗位历练，两年前调任此职。

北仑矿石码头开展“红码头”文化建设已有数年。梁炎平简要介绍了当时的背景：在宁波舟山港整合时，对下属企业也进行了合并重组。北仑矿石码头与北仑港第二港埠公司合并，成立新的北仑港矿石码头公司。名称是合起来了，但更重要的是人心要合起来。人心合起来的前提是，文化要融合。码头公司党委发动员工们开展讨论：北仑港矿石码头公司应该是一个什么文化什么色彩的码头？大家讨论来讨论去，觉得应该把原先两家公司的“牛文化”和“求实”精神融合到一起，提炼出一种新的精神内涵和文化标识。大家赞同统称为“红码头”精神和文化。

梁炎平随手从办公桌上拿起一本薄薄的《红码头职工读本》，给笔者诠释“红码头”的含义：红，是人们最喜爱的颜色之一。红色的设备、红色的工作服、红色的铁矿石；红码头，是一种精神传承，老一辈革命家把人们聚集在红色之下，改天换地；老一代建港人炸山填海，肩挑手拉，把荒芜的海滩建设成现代化港口；新一代港口人接力长征，负重进取，持续创造新的优异成绩。红码头，是一种正能量的象征，红码头有一批劳模、工匠、标兵，他们是红码头的代表，同时又激励更多的人成为劳模、工匠、标兵。红码头，也是一种希冀：职工热情似火、激情澎湃，企业红红火火、兴旺发达。

注解这些含义的文字，有点像诗，也有点像火。

笔者听完梁炎平激情四溢的介绍后，又到码头现场实地踏看。

真的，北仑港矿石码头公司，就是一座红码头。橘红色的吊机、宫墙红的巨轮、暗红色的输送带、紫红色的矿砂、橙红色的工作服、红黄相间的办公室墙壁。还有，独具港口元素的文化公园，长达两公里的文化走廊，形象生动的车站文化墙。还有，漫天的夕照和晚霞，把眼前景物融为一派红色。

北仑港矿石公司建设“红码头文化”的创意和做法，得到领导部门的肯定，被交通运输部评为全国交通企业文化建设优秀单位，2020年有可能获得更高荣誉。

“那是什么荣誉呀？”笔者有点好奇。

“现在还说不好，前不久刚来人考察过。”梁炎平似乎卖了个关子。不过，自豪之情溢于言表。

笔者写到此处时，荣誉已有定论。北仑港矿石码头公司荣获“2020年度全国交通运输文化建设卓越单位”称号。同时，笔者还获悉：截至2020年11月18日，北仑港矿石码头公司2020年货物吞吐量累计完成1亿多吨，较2019年提前11天突破亿吨大关，这也是历年来最早突破亿吨大关的一年。

厉害了，红码头！

微信公众号，是近年来兴起的新媒体样式，浙江海港微信公众号独树一帜、自创品牌，其影响不容小觑。

采访期间有两件小事，使笔者对浙江海港微信公众号留下深刻印象。

一次是广发英雄帖，请集团全体员工和关心海港发展的外界热心人士参与开发“强港文化树”开枝散叶活动。活动配有一则短文，说得极为形象生动：“强港文化”俨然为一棵参天大树，承载着全体海港人的“强港梦”。其“主文化”可比喻为主树干，是以“服务创造价值、奋斗成就梦想”核心价值观为主导的理念体系，以及强港事业行为规范和统一的视觉系统。其“类型文化”可比喻为枝干，是包括融合文化、品牌文化、创新文化、安全文化、廉洁文化、工匠文化等在内的各种亚文化、子文化。其“特色文化”可比喻为绿叶红叶，是集团各系统各单位各领域结合自身特点和历史传承所形成的特色文化。这个“强港文化”体系所呈现出来的强大竞争力、生命力和驱动力，实质上是浙江省海港集团、宁波舟山港集团的质量文化。

此期公众号一经推出，底下跟帖无数。

另一次是“七夕”之夜海港人的“花式”告白。集团文化新闻中心编辑孙耀楠向笔者细述了这期微信公众号推出的全过程。

庚子年“七夕”节快到了，孙耀楠负责编写这一期公众号文章。她翻阅了不少有关“七夕”的材料，盘点了集团文化新闻中心往年有关“七夕”节的报道。她想编一期与众不同的微信公众号文章。它要具备“七夕”节特定内涵，体现人间爱心，具有海港岗位特点，又符合新媒体快速阅读习惯。总之，她给自己设置了许多目标和要求，能不能实现，她不知道。但不试一试，怎么知道呢？于是，她向中心主任胡泽波谈了自己的设想与创意，并获得支持。之后，她开始向各单位负责宣传报道的小伙伴们征文征图。然后，她又和大家一起，从大量来稿中精心遴选，反复修改润色，使图文接近完美，最后推出。

这期微信公众号文章名为《见过吗？海港人的“花式”告白太甜、太酥啦》：

远控龙门吊司机告白：两年前，我和你初次相遇。你门字形的蓝色身影，在我脑海里挥之不去。我们之间如此默契，只要轻轻一点，你就懂我心意。

桥吊司机告白：你是“盖世桥吊”，每天都身穿红装，迎接我上班，目送我下班。我们携手相伴十多年。如果非要给这份爱加一个期限的话，我希望是一万年。

调车员告白：我想与你长长久久在一起，从清晨到深夜，不舍亦不弃。哪怕解开车钩彼此相离，我的心里也都是你，看到的远方还是你。

机修工告白：穿上这身工服起，你就成了我世界里的山河草木，保你健康、护你周全，是我爱你的使命。那朵朵炽热的焊花，是我送你的节日礼物。

监理员告白：虽说，我是比钢筋还坚硬的直男，不太懂浪漫。但你知道吗？在我心里，你是棱镜，我是全站仪，我的眼里只有你！

财务会计告白：我想和你谈一场很长很长的恋爱，一起从原始凭证成长为会计账簿，一起从在建工程转入固定资产，一起折旧，一起推销，一直到最后的合并报表。长长久久、永永远远。

船员告白：我们每一次出行，都是甜蜜旅途。我们一起去乘风破浪，一起看潮涨潮落。这辈子，我愿做你一个人的海龙王。

保安告白：爱你，是不错过任何细节；爱你，是不放过任何角落；爱你，是用心摸排；爱你，是细心检查。最美的表白不是说出来的，而是只要你需要，我就会出现在你身边。

集卡司机告白：你，胸膛上躺着名为希望的集装箱，陪我领略凌晨码头的星光；你，牵着我掌握方向盘的手，陪我从羞涩少女晋升为坚强母亲。我的过去，你完整参与；你的未来，我奉陪到底。

这样的“花式”告白，传达出海港人对海港、对职业、对人生、对社会的领悟与憧憬，充满温馨、温和、温柔、温情、温暖，令人读之动容动情动心。

精神和文化，看似无形，实质却有神有力。

在宁波舟山港整合融合全过程中，在融合后建设强港的征程上，文化犹如入夜的春雨，滋润万物；宛若流动的血液，给生命以动能；也似拂面的春风，给人以惬意。

催生“后浪”的第一朵浪花

2018年初夏的某一天，新加坡管理大学校园内树木葱茏、繁花盛开，各种新颖别致的校园建筑，吸引着外来人的眼球。狮城略高的气温，似乎在陪衬新加坡人的热情。

浙江省第一期涉海涉港境外培训班的23名学员，在校园的美丽风景中迎来了浙江省海港集团党委书记、董事长毛剑宏。

那天，毛剑宏从公务出访新加坡的紧张行程中特意抽出半天时间，赶到新加坡管理大学，看望在这里接受培训的境外培训班学员。

当天下午，毛剑宏满面笑容，听取培训学习情况汇报，与学员们开展座谈交流。座谈会上，毛剑宏讲了一些鼓劲的话，还风趣地把第一期涉海涉港培训班称为浙江省海港集团的“黄埔一期”。学员们听了很高兴，也感受到压力。最后，毛剑宏送给学员们两句话：“不忘初心，求知若渴勇担当；牢记使命，不负青春好时光。”

说起这期境外高端人才培训班，集团党委委员、组织部部长、人力资源部主任叶志航给笔者讲述了蕴藏在背后的一个小故事。

人到中年的叶志航坐在办公桌边，白衬衫映照着他那张略瘦而清秀的脸。

目光如炬，语言精练、语速颇快，不时将双手作刀，在办公桌上轻轻切着。说到自认为满意之处，会大笑出声。

2017年底，到任不久的叶志航，一边熟悉集团情况，一边抽空走访省级有关部门。叶志航在省级机关工作多年，自然熟悉不少人，他希望能找到一些对集团有用的资源和机会。

杭州已是一片寒冬景象，一阵阵北风刮来，灌进衣襟，使人禁不住打冷战。叶志航一家家走着、交流着。

那天，叶志航走进省外国专家管理局副局长奚灵平的办公室。老朋友见面，谈得热烈、放松。知晓叶志航来意后，奚灵平稍加思索，向叶志航推介了一个外国专家管理局主管的境外培训项目，询问叶志航对此有无兴趣。

凭着组织人事干部的职业敏感，叶志航当即意识到，这对于海港集团干部来说绝对是个好通道。

奚灵平见叶志航兴趣颇浓，就说：那，我帮着联系一下，具体的，你去找周银波商量吧！

周银波是省人社厅人事教育指导服务中心主任，也是一位热心人。接了奚灵平的电话，又见到怀揣希望而来的叶志航，周银波对项目非常赞同。当下在办公室，两人喝着龙井茶，就培训项目具体事宜展开商讨。你一言我一语，相互启发、相互补充，从对象、人数、时间、地点到内容、形式、经费等，一个小时后，一个初步方案形成，名称为浙江省境外涉海涉港高端人才培训班。培训总人数100名，分3年进行。两人还商定，由周银波向省人社厅汇报，请奚灵平向国家外国专家管理局报告，争取经费支持；由叶志航向集团党委汇报，赶紧确定方案和人选。

叶志航心里装着方案，急匆匆返回集团，抓紧向党委书记毛剑宏和时任专职副书记陶成波作了汇报。两位领导大表赞同，毛剑宏还明确此培训项目由叶志航全权负责、一抓到底。

拿到了尚方宝剑的叶志航，紧锣密鼓开始筹备。周银波那边也利用中午、晚上和周末时间，加班加点、汇报请示。省人社厅党组研究后认为，这个项目符合海港一体化战略和“一带一路”倡议，决定给予大力支持，并列入省级培训项目计划。

项目尘埃落定，但选些什么人去培训呢？叶志航开始反复思考。在叶志航心里，标尺和起点都很高。选学员，不仅仅是选几个人，而是在为集团孕育今后的接班团队，把他们放到一个与以往完全不同的环境里，亮相、受戒、淬火、锤炼、成长。这些人的思想境界、学识修养、思维模式、处事风格，将决定浙江海港的未来面貌，将决定海港事业能达到多高、走到多远；同时也告诉全集团的人，海港未来需要什么样的人来接班，引导更多的人向这些方面看齐靠拢。叶志航自己则跟境外班每位人选谈心聊天，从中感受这些人的思想境界、目标追求、个性风格。他要用组织部长这双眼睛，发掘有潜力的高端人才，淘汰素质平平的庸才，从而提高培养的精准性。叶志航知道自己想得有点太多、太远，但既然在其位就得谋其政。他相信那些被选中的人，现在在各个不同岗位上或许并不引人注目，但既然面向大海，总有一天会春暖花开，并结出果实。

根据这些标尺，叶志航和部门同志一起，从集团3万余名员工中，挑选出23名培训对象，清一色的“80后”，现任相当于企业科级管理干部。集团组织部副部长王建成任带班团长。

2018年6月11日，浙江省涉海涉港境外培训班在苏州正式开班。在苏州一周时间，培训班邀请具有海外教学和研究背景的专家学者、企业高管讲授《大数据、供应链及区块链：港口贸易流通的思考》《新加坡经济转型和产业升级的启示》《如何打造高效团队》《现代港口与航运管理发展趋势及对接服务国家战略》《沪杭甬湾区经济的现状与未来》等课程，并实地考察中新两国政府合作共建的苏州工业园区。

一周后，学员们远赴新加坡，入住新加坡管理大学，邀请新加坡专家学者和企业高管讲授新加坡的电子政府、第五代港口与城市、自由贸易港、港口企业国际化、口岸便利化与管理、大数据时代的智慧港口、港口物流企业等课程，学员们到新加坡城市区重建局、中国银行新加坡分行大宗商品交易中心、新加坡港务集团和一些著名公司开展现场教学，学习领悟书本上、网络上没有的知识和信息。大家看到堆场轨道吊已实现远程遥控操作，1人可管理5台龙门吊。还考察了新加坡航运协会，看到这家规模宏大的协会有460家会员单位，却只有12名专职工作人员，其余均为兼职，在义务作奉献。现场考察后，大家深深感受到新加坡人的社会责任感和奉献精神。

考验是撰写论文。培训开始前，集团组织部请一位教授给学员们讲解了论文要求与格式。但真的开始选题和撰写时，学员们还是碰到不少问题。培训班规定，每位学员个人要撰写一篇论文，4个学员组每组形成一篇集体论文。每组的集体论文由A、B两队PK产生，以质优者为胜。这就意味着每个人在3周时间内至少需要撰写2篇论文，内容不能雷同，论题全属陌生。一波三折、三易其稿的，大有人在。

在境外培训班微信群里，带班团长王建成和班长杨帅在时时催促，微信每闪动一次，就敲击着学员们的小心脏。好在这些学员的确是优秀的“后浪”。他们多数是第一次出国，并没有心思去狮城各处逛逛，甚至没有与鱼尾狮雕像合个影。他们把时间花在课堂上，花在图书馆、网络、新闻媒体上，查阅各种已发表的同类论文，尽量避免撞车。多数人放弃驾轻就熟的传统论题，有意脱开本职工作，另辟蹊径，作出新的观察与思考。

第一组论文以新加坡淡马锡模式公司治理结构为切入点，分析其成功经验及对浙江省国企改革过程中公司治理结构层面的指导意义。第二组论文分析新加坡船用燃料的政策环境、价格品种、服务商、税收政策、管理标准和交易市场等产业生态链，提出浙江自贸区进一步提升燃料油竞争力的建议。第三组论文对标国际最高水平，对比研究新加坡自由贸易港建设模式，分析其特征、特色及与浙江的差异，提出建设浙江自由贸易港的建议。第四组论文详细分析了新加坡交易所的发展及经验和当前浙江大宗商品交易中心建设的主要不足，探讨并提出在自贸区新形势下浙江加快大宗商品交易中心发展的方向与对策。

不必再去细究这些论文的具体内容，人们只要从论文概要上就可以看出，经过3周培训，这23位学员的视野和学识已发生了什么样的改变，或曰飞跃。

2019年境外班在比利时举办，同样获得成功。

两个境外班57位学员有点情不自禁，商量了一下后，给时任浙江省委书记车俊写了一封长信，汇报学习情况和收获，还别具创意地将57人的签名作了造型设计，形似拍岸的波涛，也就是网络语言“后浪”。车俊书记看了信，作了批示，认为培训有效果，建议有价值，符合省里战略规划。省委办公厅还给学员们回信，给予肯定和勉励。

在叶志航心中，对青年高端人才培养，是个突破口，但仅是集团党委抓干部队伍建设的妙招之一。

宁波舟山港乃至浙江海港一体化，对集团各项工作来说都带来新的课题，组织和人力资源当然也不例外。集团党委与组织人事部门同志一起谋划了几着棋。

第一着，让机构设置更加科学合理，适应一体化需要。科学划分集团与股份公司彼此职责，明晰事权界限，使集团更为宏观、股份公司更为专业。集团设置了13个部门，配备了120人，管理全港域的宏观事项。几年实践下来，效果不错。

第二着，让领导班子精干高效。重在树立用人导向，坚持德才兼备。将一批多年在宁波港锤炼、具有丰富管理经验和实际操作能力的优秀干部，交流到各港区各单位任职。犹如将原先蓄积的高原水库的水打开闸门，放水给需要的田野和沟渠。把有担当作为的干部如丁送平、长期扎根鼠浪湖码头的朱伟达等人提拔起来，委以重任。

在党委委员、组织部长叶志航看来，领导干部交流，实际上是一种思想和文化的重新融合。人都有惰性，干部有个舒适区。换一个岗位，换一个环境，逼着你去重新思考：集团为什么要让你干这个，你打算干些什么；也逼着你提起精气神，与不同经历、不同脾性的人合作共事。这其实对事业、对干部本人都有好处。

通过交流、转岗，把大家的思想和才能转到集团战略上来，然后，统一到省委乃至中央确定的目标上来。对于去交流的干部提出的这种那种困难和问题，叶志航的体会是，思想工作要做，但规矩要立。让这些干部明白，不去不行，去了不好好干也不行。目前集团上上下下有很多交流干部，大家都深有体会。不能说家庭没有一点困难，身体也不是没有一点毛病，但阿拉都是党的干部，都得服从事业需要。说到底，干部的交流，是为他们好，是在给他们提供机会、创造条件。集团党委要做的是，坚持公正公平地对待每一位交流干部，把正确的用人导向树立起来，把干事干净的环境营造出来，达成共识，形成氛围。几年来，集团党委将自己管理的249名干部，调整交流了217名。没有一个干部不服从，且现在表现都不错。

第三着，让“后浪”形成梯队。港口是个传统行业，跟其他行业不一样的是属于劳动密集型，跟其他行业一样的是事在人为，提高效率的前提是提高人的素质。

那天，集团组织部副部长王建成坐在办公室，像财务会计一般，给笔者算了一笔账：集团在编职工19932名，多样化用工13463人，合计起来有33395人，每年人力成本约为60亿元。这是企业的一笔巨大开支，也是一口具有无限潜力的深井。人力资源部门有责任把这60亿元用好，用出最佳效益。一体化以后，人力资源配置优化，效率提升很快。5年时间，员工人数仅增加17%，全港业务量增加30%，营收增加72%，利润增长56%。这，就是一体化带来的红利。

哈，人力资源还真的可以这样算账！笔者又长见识啦！

叶志航对此的说法是，人力资源存量部分，尽量就地成才、原地拔高；增量部分，尽量按照未来设计塑造。

2020年，集团招聘新人，都是全国重点院校毕业生。收到求职申请简历2万多份，人力资源部门从中遴选了41人，500∶1。

说明随着港口发展，企业吸引力在增强，进人门槛在提高。放在过去，谁能想象，名校名专业的大学生，会来当“码头工人”？

叶志航自嘲比较喜欢“折腾”，就是想出各种各样的点子，让年轻人不能安耽，不满足于现状。大学生入职培训，算是叶志航“折腾”新来大学生的招数。

来集团工作几年后，叶志航发现，按往常做法，大学生一来报到，就直接分到各单位，固定岗位工作。一些新来的大学生因此可能大半辈子不再跟别的单位、别的岗位打交道，一直默默无闻。叶志航觉得这个程序要改一改，应该先给他们办一个培训班，告诉他们集团的定位、概况、目标，让他们从宏观上对集团全局有所了解，这对打开年轻人的视野有好处，对他们今后的发展有好处。

叶志航的想法得到党委会一致赞同。办这类培训班时，毛剑宏每次必到必讲，总经理陶成波、副书记章建成等也很重视，有请必到。这样，集团最高层与年轻人直接面对面交流，结合自己的经历给年轻人讲课，有用有效。

叶志航记得，在2019年培训班上，毛剑宏与新来的大学生们座谈交流。有位从浙大来的大学生站起来提问，说自己是理工男，到海港来是不是进错了门？在港口，工科生有前途吗？毛剑宏笑着回答，他也是学工科的，现在当董事长啦！你看，学工科的行不行呀？叶志航还补充了一句：毛董还是你师兄呢！大家都笑了，那位新来的大学生也舒心地笑出声来。

听到这里，笔者忍不住想找些新来的大学生聊聊。

第一位坐在笔者面前的女生叫尚文静。人如其名，戴着一副文静的眼镜，扎着马尾辫，脸上是满满的胶原蛋白，开朗，爱笑，笑时两道长长的眉毛斜斜地伸向青春的鬓角。在秋阳下，像一棵稚嫩但已开始生根的绿植。

尚文静是湖北荆州监利人，农场职工子女，读的是人民大学工商管理和法学专业。毕业前，她想搞互联网，曾去美团实习过，毕业论文做的也是第三方网络支付使用的意愿研究，获得人大本科生毕业论文一等奖。但她又想结识新的城市，于是，就跑到杭州人才大会上寻觅适合自己的单位，由此知道了宁波舟山港。后来，宁波舟山港在北京搞了一次招聘活动，她心里一动，就投了简历。

恰巧此时，京东和美团先后发出了录用通知。一周后，宁波舟山港人力资源部录取电话也接踵而至，尚文静一时有点纠结。她跟几家说，给我几天时间吧！

推后几天时间，是尚文静的一个小聪明。她没来过宁波，更没见过宁波舟山港的模样，她要亲眼看一看，感受一下。于是，她一个人跑到宁波，找着人力资源部的小郑。小郑领着她，在宁波市区和港口转了一大圈。尚文静看到，宁波市区比北京也差不到哪里去，看看街上市民的文明素养也不错，吃的穿的，自己也能习惯。最主要的，网络平台还是没办法跟海港实业比。尚文静内心的天平自然向着宁波舟山港这头倾斜。当她把自己的选择发到微信朋友群，居然得到170多个点赞，尚文静的内心之舟就开始荡漾了。

新入职大学生培训从8月17日开始，分成两个班，一共77人，尚文静担任一个班的宣传委员。这是一个忙活，每天培训结束后，她还要写消息、做微信公众号文章推送。

开班仪式很简单，主要是董事长毛剑宏讲话。毛董没有用讲稿，讲得很随意、很放开。他向尚文静他们介绍港口历史和现状，说了一大段寄语。她觉得有点受鼓舞。然后，就由哈工大毕业的胡王杰代表学员发言，讲得慷慨激昂、声情并茂。尚文静觉得这位代表选得很好，很能代表他们此刻的心境。

接下来是参观。看45楼调度指挥中心、智慧大脑，再去文化走廊，然后到达顶层，俯瞰宁波全景。尚文静是第一次站在这座宁波的最高建筑上，一下子觉得心胸开阔了许多。过去她总认为国企老旧、管理落后。现在看来，宁波舟山港还是蛮新潮蛮时尚的哩！

下午活动是“素质拓展”。既有团队合作的“穿圈”，也有个人突破的“高空抓杠”。尚文静本来有点恐高，怕自己抓不住高杠会跌落。同伴们就鼓励她、指点她，尚文静终于抓住了高杠。在抓住高杠的刹那间，尚文静突然明白了一个道理：你的潜能远远超过你自己的认知，以后不要为自己设限。

第二天开始，是授课板块。内容很丰富，讲集团战略，讲企业发展与职业生涯规划。与优秀人才对话，尚文静一下子明白了许多问题，迅速了解了集团的昨天、今天、明天，别人的经验、教训、方法，自己的职业、目标、途径。

最后是“知行合一”环节，尚文静他们一组到江苏太仓武港码头和万方码头体验，码头高管给他们详细讲解两个码头不同的运营方式、作业经验、业务布局。学员们提了许多问题，有些问题在尚文静看来有点幼稚，甚至是傻问题、伪命题，但人家都非常认真而耐心地作了回答。这种沉浸式体验，与学校那种走马观花式的调研完全不一样，看到的是实情，取到的是真经。尚文静将自己在考察调研中的认识和理解写成一篇文章，提炼总结了港口生产运营的6条基本经验，获得好评。

培训下来，尚文静觉得自己收获满满。她认为，海港这个行业大有干头，宁波舟山港这个企业大有希望，自己个人大有发展空间，自己选准了，来对啦！尚文静悄悄告诉笔者，她计划先干上两三年，然后报考在职研究生，争取机会“上挂下放”，使自己成为新一代优秀的海港人。

另一采访对象也是位女生，姓与名都比较独特：戎晨珊。她是宁波慈溪人，在人民大学英语系读完本科，考入中国传媒大学国际新闻专业，读研究生。按照业内不成文规矩，这种女生理所当然应去做媒体、搞国际宣传。戎晨珊开始应聘时的选择也是那样，她向人民日报社、新华社投了简历。她通过了人民日报社的招聘考试，在新华社招聘考试中，面试第一、笔试第二。这成绩想要进新华社，用宁波闲话讲，叫作“三个指头抲田螺，十拿九稳”。

但戎晨珊却作出了到宁波舟山港的选择。父母希望她回到老家，是其中一个原因，另一个原因是她对宁波舟山港的喜爱。还在很小时，她就听长辈们不时念叨宁波港，为此还做过一些梦。现在长大了，毕业了，她想到宁波舟山港试试身手。

报到后，戎晨珊被分至北仑港第三集装箱码头，尚未定岗。码头对他们这些新来大学生很不错，先给他们搞了3天培训前的“培训”，然后，才参加集团组织的入职培训班。戎晨珊被推举为班长、党支部书记，这是她没有想到的事，当时她有点发蒙。她在学校时，只是一名普通学生党员，从来没有当过什么“冒号”。说句实在话，开始时连主持一个会议也不会。6个支委、21名党员，一开会，大家七嘴八舌，显得有点乱哄哄。但想想，既然组织这么信任，就没有什么理由推托，那就试试自己的智慧吧！戎晨珊很快进入角色，给支委们分了工。每次会前，先考虑好会议主题，临场掌握住会场，让大家有秩序地发言，最后，以多数人意见作定论。

听到这些，笔者打趣道，无师自通，戎晨珊具有领导天赋呀！

戎晨珊见笔者如此说，开心而无邪地笑出声来：是吗？

是不是，看今后呢！笔者在心里回复她。

培训最大的收获是能力提升，戎晨珊说出这话时，是真诚的。那么多内容、那么多项目，那么多人员，要安排得井井有条，对于第一次“当官”的戎晨珊来说，太不容易。不过，戎晨珊慢慢树立起威信，大家愿意听她，也愿意帮她，培训和活动进展得都挺顺利。当然，戎晨珊是有实力的，也喜欢接受挑战。在集团举办的英语演讲比赛中，她毫无争议地获得第一名。

看来，到宁波舟山港，还是来对啦！采访快结束时，戎晨珊给自己下了个定论。

最后，笔者问及她的职业生涯规划，戎晨珊显得胸有成竹，打算在对外传播方面发挥自己的作用，与大家一道，把宁波舟山港打造成世界知名品牌。

此刻，金色的秋阳透过玻璃窗，喷洒进写字楼，给戎晨珊漂亮的眼镜和俏皮的马尾辫涂抹上一层光亮，更加衬托出她的纯真。笔者从她的瞳仁中，读出了这个年龄段才会有的向往与自信。

向东是大海，向前即梦想。尚文静、戎晨珊，还有许许多多没在这里出现名字的宁波舟山港“后浪”，努力啊！

一体化浪潮中的罗曼蒂克

爱情，是人类永恒之主题，是人生毕生之必需，是人间最美之传说，也是作家应时刻关注之题材。

相爱，具有普遍性；但谁与谁相爱，却有着极大偶然性。宁波舟山港一体化，就带来了别一样的爱情。

这是笔者采访宁波舟山港的一点小领悟。

现在，请允许笔者把前文提及的微电影《三天》的男女主角请出来，与读者见个面。

男主叫叶金哲，一位高高大大、充满阳光的小伙子，岱山人，现在鼠浪湖码头任斗装班班长，公司装卸一线主力队员。女主叫盛夏逸斯，对面衢山岛人，生得清清秀秀，一头长发，小鸟依人，在鼠浪湖码头公司做核算工作。

故事的起始时间在2015年9月，“一体化”刚开头。具体哪一天，连男女主角自己也忘记啦!

只记得那天很热，真的像煞“盛夏”。鼠浪湖码头向社会公开招聘新员工，人们从四面八方赶来报名。其中，就有叶金哲和盛夏逸斯。这本来不奇怪，叶金哲从岱山赶来，衢山岛是必经之路。奇怪的是，他俩和另一位报名者居然拼坐一辆出租车，赶往衢山渡轮码头。更奇怪的是，本来说好AA制，待到码头付款时，盛夏逸斯手机里居然一时没了钱，稍显囧状的盛夏逸斯只好羞红着一张小脸，嗫嚅着对叶金哲说："能不能帮忙先垫付一下，到时候微信转你？"

本来，叶金哲垫付就垫付吧，也没有多少钱。何况，还是一起来应聘的工友，说不定，今后抬头不见低头见。即使不还，也没什么了不起。坏就坏在那一刻，叶金哲抬头仔细打量了一眼盛夏逸斯。原来叶金哲坐在副驾驶位子上，并没有回头去看后来拼车的女生。这一看，就"坏"了。叶金哲看到了一位略带羞涩感的女生，个子不高，文静清秀，一头黑发，梳成两条辫子，极自然地披落在肩上。特别是那双眼睛，宛若一潭秋水，有点深不可测。电闪雷击一般，叶金哲立马被迷住了，心底里一下子就喜欢上了这位女生，开始动"歪脑筋"。

这算不算一见钟情？叶金哲不知道，但瞬间喜欢上盛夏逸斯，却是叶金哲至今都愿意承认的事。

有意思的是，盛夏逸斯为了还钱，当时主动要求加上叶金哲的微信。后来，盛夏逸斯才明白过来，当时自己的举动傻哈哈，给叶金哲后来提供了机会。

盛夏逸斯后来当真用微信向叶金哲还钱，叶金哲自然没有收。这怎么可以？盛夏逸斯坚持要还款，叶金哲坚持不收钱，一个送，一个退，来来回回，微信就多了起来。微信多，自然话也多，话一多，叶金哲就慢慢透露出自己的爱慕之情。

也难怪叶金哲，那时码头还没有开始装卸作业，新招员工尚处在培训阶段，有的是大块时间，有的是见面机会。岛上青年男生多，女生少，像盛夏逸斯那般漂亮的女生就更少。码头上有些男生也在追求盛夏逸斯，有人给她打电话、发微信。叶金哲就盯住不放，猛打猛攻，务求拿下。

也不知从哪里打探到，说盛夏逸斯喜欢韩国明星权志龙，爱屋及乌，乃至喜欢权志龙专用香水。叶金哲专门托人买了这款香水，还买了权志龙专辑送给盛夏逸斯，用心可谓良苦。人非草木，盛夏逸斯自然感觉得到，也有点小感动。于是，相互之间话越说越多，微信聊天时间越来越晚，有时甚至聊到深夜十一二点。

码头正式投产后，工作节奏就像上足了发条的机器，立马快了许多。岛上生活单调、空间有限，叶金哲就鼓动盛夏逸斯出门散步。盛夏逸斯觉得叶金哲说话幽默有趣，做人做事很踏实，有安全感，就答应与他一起散散步。他俩聊得最多的是美食，因为盛夏逸斯比较喜欢吃，叶金哲自然附和她，专挑她喜欢的说。

鼠浪湖码头散步条件倒是蛮好。开始时，盛夏逸斯还感觉有点不好意思。两人用微信约定时间，叶金哲从3号楼出门，盛夏逸斯从1号楼出门，装作在路上邂逅的样子，然后，沿着码头通道，再沿着堆场，慢慢绕到海边。然后，坐在海边看日落。那时，他俩眼前会有三两只海鸥飘逸地飞过来、飞过去，偶尔在礁石上停留片刻。一波波细纹般的波涛涌过来，温柔地抚摸着海滩，仿佛热恋中情侣深情的吻。这是盛夏逸斯当时的比喻和感觉。不知不觉间，她轻轻地说出了口。谁知，叶金哲领会错了，或者是故意错的，他居然趁着海边的暮色亲吻了盛夏逸斯，把她吓了一跳。

这一来，两人开始在一起吃饭，向同事们公开了他俩的小秘密，引来不少羡慕嫉妒恨的目光。

这种羡慕嫉妒恨的目光，自然没有影响他俩的爱情，但却影响了叶金哲的计划。原本计划过几年再结婚，看到那些目光后，叶金哲决定提前结婚。一提出，盛夏逸斯没有答应，说她年纪还不大，要先好好工作，同时玩上几年。这些观点，叶金哲本来也赞成，只是怕夜长梦多，他要先下手为强，把生米做成熟饭。叶金哲“别有用心”地安排了一次厦门游。他俩在浪漫的鼓浪屿转圈、在厦门大学校园草坪上拍照，心理感觉越来越美妙，情绪上也更加浪漫起来。某天晚上，叶金哲编了个理由，预订了一个0房间。在盛夏逸斯懵懵懂懂之中，把那个问题解决啦！

结婚的步伐骤然加快，2019年6月领证结婚，3个月后举办婚礼。小家庭的新房就在对面衢山，127平方米，足够大。两人的爱情结晶是个男孩，眼下半岁，放在衢山盛夏逸斯老妈家里抚养，他俩每周去衢山看望一下，反正也蛮方便。

这些故事及细节，是叶金哲和盛夏逸斯亲口告诉笔者的，笔者自然为他们祝福。看着他俩那么幸福恩爱的样子，笔者竟产生了一种好奇心，询问他俩能不能沿着当年的“爱情大道”，来一次“情景再现”。

没想到，他俩居然大方地答应了。

晚上7点多，鼠浪湖岛夜幕降临，叶金哲和盛夏逸斯走上他俩的“爱情大道”。

这是一条围绕着堆场而形成的宽阔马路，全长4公里，疾走一圈需时40分钟，情侣的步履约需1小时。马路两边是山坡和海堤。此刻，一弯弦月斜斜地悬挂在海岛上空，码头正在作业，被灯光照得明晃晃的。堆场内，转斗机正在“隆隆隆”地转动。马路上，都是来来往往散步的人。说实在的，这样的环境并不适宜谈情说爱，但叶金哲和盛夏逸斯的爱情之树，就在这环境里生长、开花并结了果。

除了回忆当年，叶金哲和盛夏逸斯谈得最多的，还是那部微电影《三天》。盛夏逸斯回忆自己被选中扮演女主时，正值孕期。开始担心自己演不了、演砸了。谁知，拍摄中很投入，完全忘掉了自己。随着剧情进展，想到孩子出生时，万一老公不在自己身边，心里就难受得不得了，居然真哭了，眼泪夺眶而出，感动了许多观众。叶金哲实话实说，鼠浪湖岛的生活真的有点单调，待长了，免不了产生压抑感，自己也曾想过调离。所以，微电影《三天》中的情节真实，自己的事自己演，肯定逼真、自然，所以掉了不少眼泪。叶金哲演完后，也比较满意。微电影是拍完了，但岛上青年人的婚恋还是个问题。叶金哲现在管理着4个工班，平均年龄26岁。他除了管好工作外，还得想办法，让这些青年人工作之余有活动可搞、有对象可谈哦！

诚哉斯言！

在宁波舟山港集团本部，笔者一问一体化受益者，人们都会不约而同地提及集团文化新闻中心的胡锦渠，说他是宁波舟山港一体化“最大受益者”。此话怎讲？什么叫“最大”？人们告诉笔者，胡锦渠不但拿到了更多酬薪，而且获得爱情，“骗”到一位美女老婆。

这是真的？胡锦渠自己点着头回答笔者，是，是，陈老师，是真的！语气中半是自豪半是难为情。

金秋的一个周末，笔者赶赴舟山，造访这个小家庭。因胡锦渠爱人俞咨羽现在在舟山港公司工作，“爱巢”筑在舟山。

这是一处漂亮的住宅小区，房子簇新，空间布局和环境绿化都不错。胡锦渠引笔者推门进入。没想到，他两岁半的儿子胡腾元正站在门口，手里拿着一根塑料红萝卜，奶声奶气地唱着国歌。见笔者进门，“嘟嘟——”小家伙噘起小嘴当喇叭，表示欢迎。

俞咨羽正在室内忙碌着。虽说已为人母，穿着一身家居服，但仍掩饰不住她匀称的身材和姣好的面容，满满的胶原蛋白泛着青春的光泽，一双杏眼藏着娇嗔和满足。

像寻常小家庭一般，室内略显杂乱。大堂一角，安放着一架钢琴，表明了女主人的爱好。中间是用塑料板围挡起来的“旅游岛”，花花绿绿的儿童玩具七倒八歪，大大小小的婴幼儿读物撒满一地，看得出胡腾元这小家伙的顽皮和活泼。

“坐下来，开始你们幸福的回忆吧？”笔者提出要求。

俞咨羽脸上现出难为情的表情，一边嘟囔着小嘴：“这怎么说呀？”一边让阿姨把小家伙领开。胡锦渠倒是一副盘点胜利果实的神态：“没关系，没关系，说说吧！”

以下便是他们夫妻俩回忆对话的实录。

胡锦渠：那是2015年12月24日，也就是圣诞平安夜吧？集团在9月29日宣布一体化之后，快到年底，集装箱突破2000万箱，集团工会组织了一场立功竞赛晚会。宁波港、舟山港两港第一次联合搞活动，所以印象特别深刻。

俞咨羽：当时我在舟山港海通驳轮公司工作，被公司指定来参加演出，一道来的还有两位热心的大哥。

胡锦渠：我在宁波轮驳公司工作。陈老师可能不知道，宁波轮驳公司办公楼在镇海海员俱乐部。我那时在集团工会帮忙，搞搞摄影什么的。俞咨羽他们来参加演出，吃住在我们公司，而我是接待人员之一。

俞咨羽：胡锦渠这人超热情，连同来的两位大哥都说这个人好。

胡锦渠：陈老师问那时有没有“不良企图”？当时暂时还没有。

俞咨羽：当时好像没有？（俞咨羽说完这话，侧脸斜睨了一眼胡锦渠）

胡锦渠：当时的确还没有。

俞咨羽：这里有精确时间。（俞咨羽说着打开手机，翻看着）

胡锦渠：啊？居然手机上还有记录？这太可怕啦！

俞咨羽：那可不！（语气略显娇嗔和霸道）

胡锦渠：第一次是在看他们彩排时。

俞咨羽：是的，我们在宁波市歌舞团场地排练男女声二重唱《我的未来不是梦》。

胡锦渠：那天晚上，我跟随工会办公室吴俊杰老师一道到彩排现场，准备拍几张照片。我在现场待了差不多半小时，轮到俞咨羽出场了。

俞咨羽：因为是领导审看节目，所以化了妆，还有点浓。我与一位大哥搭档，演唱《我的未来不是梦》。边唱边摇晃着。

胡锦渠：我当时一看，眼睛就直了。陈老师问有没有像探照灯？我不知道，反正眼睛离不开了。在舞台上彩排的俞咨羽，一身黑衣服，连鞋子也是黑色的，真的漂亮极啦！在人群中，能感觉出她的特别，浑身似乎散发着一种令人无法抗拒的光芒。我从来没有看到过这么漂亮的女孩！当下就有了陈老师说的“不良企图”。

俞咨羽：陈老师您看，这就是我当晚彩排时的照片。（俞咨羽翻出手机上的照片，递给笔者看）

胡锦渠：彩排结束后，我一门心思琢磨着怎么认识认识、加深加深，就找了吴俊杰老师，问，能不能请人家吃个宵夜，叫上那个小俞！我这么一说，吴老师恍然大悟。他说，先得问清楚人家小俞有没有男友，如果没有，才可以。

俞咨羽：陈老师您看，这个人套路还蛮多的呢！

胡锦渠：不是什么套路，人家是真心诚意的嘛！吴老师自己也没有把握，不过，他答应试一试，帮我搞定。吴老师问清俞咨羽还没有男友后，就给她打了个电话。（胡锦渠说到这里，偷笑了一下）

俞咨羽：哪敢呀？人家一个女孩子，总有点戒备心理嘛！人地生疏的，吃什么宵夜呀？当时感到有点莫名其妙。

胡锦渠：幸亏吴老师头脑灵光、反应快，懂得女孩子心理，就改口说，请你们舟山港来的3个人，那总没问题了吧？

俞咨羽：那顿宵夜，吃的时间比较长，也聊了不少，彼此慢慢有点熟络起来。

胡锦渠：又得感谢吴老师。宵夜快结束时，吴老师提出，大家彼此加个微信吧，便于今后联络。对呀！我正发愁下一步怎么走呢？还是吴老师善解人意啊。他一提，正中下怀，我顺坡下驴。当然，“不良企图”不能暴露太早，我装作先加了两位大哥的，然后，才走到俞咨羽边上，希望加上她的微信。

俞咨羽：这时，我已起疑心了，这家伙动机有点不纯吧？但当时场景下，拒绝他感觉会使他难堪，就半情愿半被迫地加了微信。这就留了“后患”。

（说到此处，俞咨羽显得一脸无辜的模样）

胡锦渠：有了微信，就找了个由头，开始聊天，还用车子接送他们。

俞咨羽：我们住地离剧场并不远，步行也就5分钟。胡锦渠说要用车子接送我们。第一次，我很实在地回绝了。他第二次又提出来接送。恰巧那天下大雨，我一犹豫，就答应了。这又算给他创造了一次机会。

胡锦渠：车上其实没有聊什么，因为另外两位大哥一道搭的车。

俞咨羽：但他确实蛮细心，每个细节都考虑得蛮周到，特别会照顾人。看上去很阳光，很开朗。而我比较内向，有点社交恐惧症。

胡锦渠：演出很成功，我也拍了很多照片。不是工作效率问题，而是急于想表功。不过，后来都删除了！

俞咨羽：才不，我这里留着呢！（说着，俞咨羽打开手机，递给笔者看，以示佐证）

胡锦渠：我是步步为营、做好铺垫。（说到这里，胡锦渠哈哈大笑起来）

俞咨羽：那时，还是他一厢情愿。我只当交了一个很热情的朋友。至于异地恋，真的没想过。

胡锦渠：说实在的，我也没有想过异地恋。但人有了情感，异地不异地的，就由不得自己啦！

俞咨羽：女孩子顾虑更多些吧。过了没几天，就是元旦。元旦晚上，胡锦渠发微信给我，说要到舟山找我玩玩。找我玩？猛然记起，演出结束离开时，自己曾说过有空到舟山玩。当时就那么随便一说，这家伙居然当真啦？

胡锦渠：当然当真啊！第二天，我就真的去了舟山。约好在小区门口新华书店见面，就像当年搞地下工作一样。那是我第一次过跨海大桥，开始我们的“跨海之恋”。后来，单位同事帮我算过账：一次“跨海之恋”得250元，过桥费200元，汽油费50元。每周一次，每月1000元，一年1.2万元。原来，爱情也是有代价的啊！

俞咨羽：那天，胡锦渠自己开着车来了。拉开车门，像个老熟人一样，喊着我俞老师，就来握手。我当时心里想，这人怎么这样，自来熟吗！

胡锦渠：她穿着一件白色羽绒服，像个白雪公主。

俞咨羽：哈哈哈……我们先去朱家尖玩，东拉西扯，什么都聊。

胡锦渠：在车上培养气氛呗！后来，我将车开上大青山，转到著名景点朱家尖乌石塘鹅卵石沙滩。

俞咨羽：那一刻，我至今还难以忘记。时间快到傍晚，太阳开始落山。我俩坐在那些黑色鹅卵石上，望着远处的海面，那感觉，有点像电视剧里的场景。以往看电视剧时，觉得导演拍摄这样的画面很傻，而此刻，却觉得这画面很美，甚至感觉到自己就在演电视剧。28岁高龄的自己，似乎找到了初恋的感觉。

胡锦渠：我陪在她身边，听着耳机里的歌，很平静，很柔软，像变了一个人似的。看着眼前的阳光、海浪、沙滩，转眼欣赏着身边文文静静的美女，感觉环境很美、人生很好。当时心里就作出决定，这辈子就是她啦！下决心把她追到手。

俞咨羽：第二天，我就把这事告诉了我妈，我妈很开明，非常喜欢音乐，个性开朗，舞跳得好，是个小网红。她知道我一般不会跟异性出去玩，出去就是不一般，就说让小胡来见见面吧！谁知，父母一见他，立马就认可了。说这小伙子"三观"正，人热情，解决问题能力比较强，也有魄力。后来，邻居们都说，小胡不像女婿，倒像你爸妈生的儿子。这样夸你，你好意思吗？（俞咨羽说到这里，用手捂住嘴，给胡锦渠抛去一个媚眼，露出两个小酒窝）

胡锦渠：我本来就是这么一个人嘛！你父母比较客观。（胡锦渠一副扬扬自得的神情）

俞咨羽：陈老师问"跨海之恋"中间有没有波折？当然有的呀！

胡锦渠：有吗？我怎么不记得啦？

俞咨羽：有啊，有啊！2016年4月份吧？胡锦渠那天开着我的新车，不知怎么回事，他开得特别猛，转弯时转角选得过小，结果，“砰”的一下，车被撞得很厉害。恰巧那天我在生理期，胃疼，心情也不好。两人就你一言我一语地吵起架来。再想想，宁波、舟山两地，也很麻烦，分手算啦！

胡锦渠：真想不起来那天有什么烦心事，但车被撞是事实。我一个劲地道歉、解释，就是想快点开，把她送回家，没想到出了点事故。

（这里须补充一个小情节，是工会干事吴俊杰“揭发”的：自从胡锦渠跟俞咨羽开始“跨海之恋”后，胡锦渠差不多每周向吴俊杰“汇报”一次情况。有段时间，吴俊杰突然发觉胡锦渠不但不来汇报情况，而且整个人都蔫巴巴的、无精打采、失魂落魄。吴俊杰就请胡锦渠喝酒、了解情况，才知恋人间发生了一些口角。他力劝胡锦渠不要放弃，还鼓励他，两港一体化后，人员可以流动，异地居住问题不是不可以解决。并告诉胡锦渠，碰到这种情况，男人要主动要诚恳。在“爱情指导师”吴俊杰的点拨下，胡锦渠打起精神，重新开始穷追猛打。有一天，吴俊杰接到胡锦渠电话，说他终于把她搞定啦！）

胡锦渠：吴老师说得对。两港都已一体化了，两个人为什么不能“一体化”？

俞咨羽：被胡锦渠骗得昏头转向后，我就去问我妈该怎么办。你知道我妈怎么回答我？她说，这个问题不应该问问你自己吗？她把皮球踢还给我。我想想也是，这个问题最终还是要由自己来回答。后来想想，这纯粹是个交通事故，胡锦渠并不是故意的。更主要的是他那副穷追猛打的劲头，真受不了。天天夸我长得漂亮，夸外貌，夸眼睛，夸鼻子，夸衣饰，我在他的夸赞声中，渐渐迷失了自我。这是不是男人的套路？但愿不是吧？不过，能骗我一辈子，就是真的啦！

胡锦渠：彼此相处了两三个月，感情越来越好。我就想着对俞咨羽表白。但我这个人不够浪漫，没有仪式感，也不太讲究。

俞咨羽：他说，你做我女朋友吧？我说好的。就那么简单。我也无所谓，他甚至连“求婚”都没有。还是我提出来，胡锦渠，你总得意思意思吧？他才“被迫”了一下。哼！（说完，俞咨羽噘起小嘴，不过很快又笑了起来）

胡锦渠：那天，两人坐在车里，第一次拉手。哇！这手怎么那么粗糙？没有那种软绵绵的感觉。一问，才知俞咨羽在家什么活都干，根本不做护理。心里一热，觉得这女孩特别适合做老婆，就一下子把她抱住，亲吻起来。

俞咨羽：他第一次吻我，觉得既害羞又蛮开心。

胡锦渠：后来想想，自己表现得很绅士，接吻时间不长，吻得也很轻柔。

俞咨羽：这家伙，得了便宜还卖乖呢！不过，当时真的喜欢上他啦！

胡锦渠：后来，进展得很快。双方父母见面，筹办婚礼，在舟山买了新房。从看到第一眼到结婚，前前后后8个月时间，把一切都搞定啦！

俞咨羽：看他那副嘚瑟相！结婚那天特搞笑。我爸根本不按婚礼程序走，也没有交接仪式，把我一送上车，哈哈大笑着说，终于把你嫁出去啦！我也哈哈大笑，再见啦，再见啦！我们父女俩的对话，惹得在场亲朋好友一起哈哈大笑。车到新房，胡锦渠唱着歌迎接我，我唱着歌走出车门。那才是真正喜庆的婚礼呢！

胡锦渠：说句心里话，我俩是两港一体化最大的受益者。就是因为两港一体化，才有那场晚会；正是那场演出，让我遇到了俞咨羽，娶到这么好的老婆。（胡锦渠说这些话时，显得真诚、自然，一点没有做作感。俞咨羽在边上也频频点头，表示赞同）

采访告一段落，笔者提议他们一家三口合唱一首歌。

在俞咨羽欢快跳动的手指下，钢琴声响起，《歌唱祖国》的旋律在房间内萦回。胡锦渠浑厚的男中音，夹杂着胡腾元稚气的童音，形成一种独特的合唱。

落地玻璃窗透进金秋阳光，室内显得特别明亮。看着这欢乐、和美、甜蜜、温馨的一家，笔者忍不住为他们点赞！

第九章

又一个春天的故事

好雨知时节，当春乃发生。

——杜甫

从疫情中苏醒过来的大港

2020年1月20日晚上9时30分，央视《新闻1＋1》节目连线著名病毒学家钟南山院士。面对名嘴白岩松犀利的提问，钟南山院士确认发生在武汉的新型冠状病毒疫情肯定存在人传人。

自此，一场猝不及防的疫情灾害，以令人恐怖的态势在世界各地蔓延开来，波及所有人群与行业。

西班牙《经济学家报》网站2月23日发表《新冠肺炎疫情影响世界海上运输业》，指出高度依赖中国贸易的海上货物运输业受到新型冠状病毒疫情的严重打击。来势汹汹的疫情导致中国港口经济活动减少和对原材料需求降低，世界贸易有可能因此受到冲击。被认为最具市场代表性的波罗的海干散货指数，前一周创下自2016年初以来的最低水平。

后来的实际情况远比这篇文章预测的要严重得多。新冠病毒成为人类迄今为止发现的最狡猾、最诡异、最厉害的病毒。新冠肺炎疫情使得世界自由市场如自由落体般坠落。全球市场通常需要数年才能实现的里程碑，现在数小时或数天内就像多米诺骨牌那样倒下。全球投资者普遍恐慌，历史上最严重的全球衰退到来。以至于见多识广、阅尽沧桑的美国资深政治家、外交家基辛格博士也忧心忡忡地撰文称，新冠大流行将永远改变世界秩序。

人类发展，来到一个生死攸关的节点。

在中国，习近平总书记亲自指挥、亲自部署，领导14亿中国人进行了一场没有硝烟但同样悲壮激烈、不见敌人但同样可歌可泣的抗疫斗争。

1月23日清晨，武汉宣布封城。

同日上午，浙江紧急召开防控工作视频会议，率先在全国启动重大公共突发卫生事件一级响应，整体推出“十个最”防控举措。之后，全国各地纷纷宣布疫情一级响应，采取严格隔离措施。

迅猛前进中的中国被迫按下暂停键。

在浙江，省疫情防控工作领导小组统一指挥，逐步构建起一整套具有鲜明浙江特色的量化细化、闭环管控机制。

平时被人们视为物流末梢的港口，瞬间成为抗疫一线。犹如后方基地兀然变成战斗前哨、殿后部队转身为尖刀班一般。一场严峻而实在的考验，摆在港口人面前。

宁波舟山港集团党委迅速而果断地站出来，在关键时刻吹响抗疫集结号。

1月21日，集团成立疫情防控领导小组，分设8个工作组，搭建起组织网络，迅疾布置开展疫情防控工作。随后，发出一道道指令，内防扩散、外防输入，从而赢得主动。

于是，一则则具有港口节奏、夹带着涛声的抗疫故事由此上演。

庚子春节来临，全国人民都在团聚过年。港口不能闭港，但显然放慢了节奏，港口管理人员多数尝试居家办公。不少港口人自嘲说，几十年梦想的不出门上班，因新冠疫情而一夜成真。话是这样说，实际上港口作业居家办公不一定能完全做到。

疫情初期，主要防控疫情重点地区来的船和人，湖北自然是重中之重。码头一听闻有湖北船舶靠泊，就明令船员不准上岸。不上岸，怎么交接货物呀？

大家都没有经验，甚至是懵懵懂懂。码头人员也没有什么高招，只好采用最原始的办法，派人站在岸线边沿，用竹竿系着一只竹篮，让船上的人将货物交接单放在竹篮里，然后收回竹篮，用戴着手套的双手将货物单拿过来，翻看几遍，签上字，再用竹篮把货物单送回船上，算是一次交割完毕。到后来，觉得这办法实在太土太慢，才开始研发电子签单软件并投入实用，很快实现全程无纸化。

那时，最缺防疫物资，什么消毒药水、测温仪等，尤其是口罩，可谓“一罩难求”。国内不少地方及世界各国开打口罩仗，网上经常流传着某地口罩被某地抢购拦截、某人被某人骗了巨额口罩款等。总之，奇闻百出，见怪不怪。宁波舟山港3万余名员工，又处在抗疫第一线，口罩需求量自然很大。集团有关部门满天下找口罩，买口罩，向有关船公司收集募集，还把下属制服厂紧急转产成口罩厂。

一次，集团采购人员好不容易在湖北仙桃一家口罩生产厂家订购到30万只口罩，这事像个特大喜讯一样在集团内传播开来。为保证这拨口罩安全及时运回来，采购人员不惜本钱、不辞辛劳，亲赴仙桃接货，一路押送到杭州。抵杭后，还觉得不放心，居然请出武警战士押运，直到这30万只口罩装进港口仓库，采购人员才把心放回自己肚里。

自然，后来人们像讲笑话一样讲这个故事，但当时人们对口罩的期待和珍视就是如此，并无夸饰。

港口，是水陆交通的集结点和枢纽，它像温度计、晴雨表、风云图、新引擎，反映出经济兴衰与物流走向。港口不能停摆。集团领导班子清晰意识到宁波舟山港所处的位置和应承担的责任，率先向省政府提出复工复产要求，并详细列出了复工复产的条件及打算采取的“两手硬、两战赢”的举措。省政府旋即同意。

港口复工复产遇到的难题是集卡司机。按照以往惯例，港口3.5万多名集卡司机多数都已回家过年，而这些司机多在外地农村，家住宁波的集卡司机少之又少，一般要到春节假期结束才陆续返回。今年发生了疫情，湖北籍集卡司机肯定指望不上，一些疫情重点地区的集卡司机无法如期返回，不是疫情重点地区的集卡司机也在等待观望，或被当地乡镇封闭在家，出不了门。

春节早已过完，但按期返回港口的集卡司机寥寥无几，集卡运送一时成为“肠梗阻”。码头上集装箱越堆越高，堆场就像一位快临近产期却又无法自然分娩的孕妇，肚子越撑越大，行动越来越不便。不及时手术引产，不是肚子爆裂，就是胎死腹中。集团领导真的急了，港口是个物流链，仅有泊位、吊机不行，必须恢复物流链才行。集团将情况报告给上面，省市领导也着急呀，指示要千方百计突破这个关隘。

召集集卡司机成了燃眉之急。毛剑宏急匆匆赶到易港通公司，与易港通公司总经理童建忠商量对策。一向态度随和的毛剑宏，此时也显得严肃焦急。他三言两语说明自己的来意，要易港通公司研发一种司机专用码，联系上全部集卡司机，动员大家迅速返回港口工作。省市有关部门要求，至少得请回3000名集卡司机。

童建忠说：“那就让我们试试看？”

毛剑宏问：“需要多长时间？”

童建忠回答：“三五天吧？”

毛剑宏立刻打断他：“不行，太长了，就给你一个晚上！现在，马上，立刻开始！一分钟也不得耽搁！”

一个晚上？天哪！童建忠忍不住想说点什么。他一抬头，看见了毛剑宏眼神中的焦急和期待，就把想说的话咽下肚里。二话不说，赶紧让办公室通知有关人员当夜加班。

说来也真令人惊叹。一个通宵达旦，易港通真的把毛剑宏寄望的集卡司机专用码研发出来。这种司机专用码有疫情地区分类，能与卡口检查站相连，一旦发现与健康码不符，会提示报警。此种集卡司机专用码系全国首创。

那晚，童建忠一边组织人员研发，一边起草给集卡司机的微信。童建忠明白，集卡司机会不会回港，就看这封信对他们有没有说服力和吸引力。所以，童建忠在这封微信中，除简要介绍宁波舟山港疫情外，着重嵌入了一些足以打动集卡司机的话语。譬如，目前港口集卡运输市场火爆，运费比平时提高若干，地方政府还会安排专车迎接，等等。反正找准集卡司机的痛点，把他们心里挠得痒痒的，睡不着觉才好！

结果，散落在全国各地的集卡司机闻讯后纷纷返程。2月16日，复工司机2061人；20日，5896人；26日突破1万人。至3月20日，宁波全市超过1600家集卡企业复工，复工率96%以上，每日集卡进出宁波港域集装箱闸口活跃度达37127车次，很快恢复至平常光景。

集卡司机还在陆续返程路上，而中策橡胶却率先告急！

如同港口集卡一样，受春节假期和疫情影响，地方车队大部分集卡司机尚未返岗，地方运力严重短缺，国内橡胶行业龙头企业中策橡胶集团大量轮胎积压，公司将面临巨额罚金和信誉受损。无奈之下，中策橡胶公司老总找上门来，希望宁波舟山港帮忙，为中策橡胶开辟绿色通道。集团领导设身处地为客户着想，急人所急、解人所难。当即指令易港通平台协调，决定动用宁波舟山港所属集运公司车队，为其开辟“绿色通道”，运送中策橡胶轮胎。2月17日，宁波舟山港集运公司28辆集卡组成浩浩荡荡的车队，驶入中策橡胶集团新湾仓库，往返15批次，将中策橡胶公司积压的430箱出口轮胎如期运至码头，然后，让它们搭乘远洋货轮出口至南美和欧洲，解决了中策橡胶公司的“燃眉之急”。

几乎同时，武钢也频频告急！

武钢“无米下锅”，看上去合乎常理常情：武汉是全国疫情中心，一段时间内，人们闻“鄂”色变。地处武汉的武汉钢铁集团，自然也在让人们“色变”的行列。从武汉运送出来的货物，被人们拒收；去往武汉方向的船，人们唯恐避之不及。渐渐地，武钢集团急需的一些矿石原料出现短缺，开始影响生产。武港向有关港口求援，也包括宁波舟山港。

武钢不能停产，武钢不能没有矿石。宁波舟山港在武钢危急关头挺身而出，加入保供行列，指令所属太仓武港码头“送米”上门。2月19日凌晨2时许，“北仑16”号轮缓缓靠上鼠浪湖矿石中转码头，装上4万余吨铁矿石，经长江武港码头周转，运抵武钢青山基地。几天时间，武港码头先后为武钢紧急保供145万吨铁矿石，缓解武钢原料短缺问题，得到武钢人点赞！

2月24日，宁波舟山港—义乌海铁联运班列恢复常态化开行，列车载着大批义乌小商品抵达港口，通过海运发往海外市场。3天后，海铁联运班列及成组线路全部恢复运行。

但港口形势依旧严峻。2月份宁波舟山港集装箱吞吐量一路下跌，同比下降20%。这是宁波舟山港自开始集装箱运输以来从未出现过的数据。一向沉稳的毛剑宏也开始焦急。

3月7日，浙江省委副书记、宁波市委书记郑栅洁带领宁波市有关部门领导专程赴宁波舟山港，检查指导境外疫情输入防范工作。他在宁波舟山港调度指挥中心认真听取毛剑宏的详细汇报，并通过视频连线的方式，察看鼠浪湖码头、远东码头、外洋锚地实时作业情况。他对集团疫情防控和复工复产情况表示肯定，对引航员等一线人员的辛苦表示感谢。他说，从这场特殊大考中，可以看出集团的管理能力和水平。希望宁波舟山港进一步规范流程、畅通信息，完善机制，把疫情防控工作抓实抓细抓到位，坚决守住防范境外疫情输入的海上防线。

根据省市委关于抗疫的要求和部署，集团迅速调整防控体系，将疫情防控重点由对内转向对外。

恰在此时，国外疫情一波高过一波，先是日韩等国，后是欧美地区，外防输入转而成为防疫工作重点。

外防输入难度更大。外轮多、频次密。每一艘船都去管控，港口显然力所不逮，唯一办法是选择重点。集团生产安全部与海关、海事部门密切沟通，每天跟踪了解这些船舶有没有到过中高风险国家，船上有没有来自中高风险国家的船员。然后，将来自疫情国度船舶标示为红色；将虽来自疫情国度，但已在我国其他港口靠泊作业过的船舶标示为黄色；将其他船舶标示为绿色，分隔靠泊，分类管理。信通公司快速研发上线了“船舶防疫管理平台”，实现对境外船舶的精准智控，及时向调度、引航、外理、船代、码头等各方提供第一手防疫信息，对有疫情风险的岗位合理排班，提前落实防疫措施，为疫情期间港口高效调度提供便利。

外防输入，首先要注意的是引航。

笔者在前文已介绍过宣晓东、潘国华，相信读者对引航工作已有所了解。但新冠疫情的确给引航工作增添了新的难度，带来了新的矛盾。引航员要在口岸卫生检疫部门尚未得出结论前，登船引航，感染风险极大。再说，引航员一般是轮流作业，以保证引航员有足够休息时间，恢复体力精力。但轮流，就意味着有更多人被传染的风险。同时，为外防输入，港口规定引航员必须穿防护服上船，并尽量避免与外方船员直接接触。本来，空手空脚攀援舷梯、登上那么高的巨轮就已十分危险，现在要穿上厚而笨重的防护服，引航员仿佛成了笨拙的大熊猫，上下舷梯成了高危动作。噫吁嚱，危乎高哉！登梯之难，难于上青天！

面对疫情险情，引航站党委根据集团提出的抗疫要求，多次研究对策，制订防疫生产两不误、两仗赢方案。

那天，引航站召开战时动员会。党委书记汪旭东和站长鲍冯军坐在台上。汪旭东宣布，根据集团毛剑宏董事长的意见，疫情期间引航站设立专人专班专船制度，10天一班次。被列入专班的引航员，实行“闭环管理”，每天只能是

“酒店—外轮—酒店”，10天期满后换班。经核酸检测阴性，方可回到普通岗位工作。大家都明白，这种引航充满风险，所以，专班人员采取自愿报名方式。

说完这些，瘦削而严肃的汪旭东睁大眼睛，目光炯炯地扫视了一眼会场。

还未等他喝一口茶，只见会场上齐刷刷地举起一片手。

“我是共产党员，我先上！”

“我也是党员，算我一个！”

“我不是共产党员，但我也报名！”

…………

在鲍冯军眼里，这一片手，犹如山野上的树林、黑夜里的光柱、波涛中的救生衣。瞬间，他觉得自己的眼眶有点潮湿。

会议气氛一下子由沉重变得热烈甚至激烈，人们有点争先恐后。全站166名引航员，一个不落都举手报名，请战参加专班。原先准备再动员动员的汪旭东，现在需要转身来安抚那些争着去的人们。这种转身自然令人欣慰，它说明引航站平时所做的党员教育和思想政治工作起了作用，关键时刻显示了效果。平时看得出来，关键时刻站得出来，生死关头豁得出去，不正是我们党对党员干部先锋模范作用的标尺吗？

引航站党委对每位引航员的思想状况、工作情况、家庭困难等作了摸排，选择33名党员引航员组成第一个工作专班，由共产党员、三科科长张健担任专班班长，开展疫情期间引航工作。引航站购买添置了多种防护设备，确定合适的宾馆，做好后勤保障工作，让引航员尽量没有后顾之忧。

3月17日，集团防控领导小组接获情况通报，宁波港域将应对一位不速之客——“古杰多马士基”轮。该轮先后有9名船员出现发烧、咳嗽等症状，高度疑似感染新冠病毒。不让靠泊吧，肯定不行。国际航运界惯例，任何港口不得拒绝有患者的船舶靠泊。让靠吧，病况不明，风险极大。集团及时向上级防控工作办公室汇报请示，连夜与宁波市有关领导开会研究，做好靠泊后诊断、救治的应急预案。

派哪个引航员上？引航站站长鲍冯军获悉这个消息后的第一反应是人选。他在脑海中把引航专班几十号人逐个过了几遍，这个人慢慢就清晰起来。对！张健肯定行！

19日下午5点多，张健刚完成一趟引航任务，正在返回途中。站长鲍冯军给张健打来电话说，明天有条船，船上可能有问题，问张健明天有没有空，能不能去。张健听完电话，毫不犹豫答应自己上。他明白，从现有情况看，这是一艘具有高度风险的货轮。他是共产党员，是第一专班班长。他不上，谁上？

张健答应站长后，开始认真准备。他先跑到市场，买了一双高筒雨靴，考虑把双脚保护起来。然后与市防控部门联系，拿来一人份的医用防护服、护目镜、口罩、手套等。对引航过程的所有细节，张健都考虑到了，做好最坏打算。但他没有将真实情况告诉爱人。他想，告诉她于事无补，反而白白让她担心，不如不说！

20日清晨，天气很好。张健把自己“全副武装”后，从梅山登上16米长的引航艇，一人一艇，义无反顾，向着“古杰多马士基”轮快速驶去。

只见张健站在舷窗口，双目看着远处，一次也没有回头。海风卷起一袭白色“战袍”，与船边雪浪花融为一体。他的背影变幻着，时而清晰，时而模糊。

明明知道是一艘具有高度感染风险的货轮，明明知道他将近距离接触疑似新冠肺炎患者。“明知山有虎，偏向虎山行。”明知征途有艰险，越是艰险越向前。这话说出来容易，真正做到并不容易哦！

人们遥望着渐渐远去的张健的背影，极自然地联想到三国故事中单刀赴会的关羽、上甘岭战役中用胸膛堵枪眼的黄继光……

张健穿着笨重的防护服，像只大熊猫般登上“古杰多马士基”轮。他按照事先确定的方案，改变原先乘坐电梯的过程，步行登梯，气喘吁吁地爬到设在船舱第7层的驾驶台，沉着冷静地开始引航。除必须使用的船载雷达外，他尽量避免接触船上的人和物。四五个钟头坚持不吃不喝不拉，终于将“古杰多马士基”轮安全引领到北仑锚地。

口岸卫生检疫人员迅速上船，对全体船员进行检测，用负压转运车将10名疑似患者送往医院就诊，并对全轮进行消杀。

张健同时也被送到隔离点。其间，接获“古杰多马士基”轮多名船员确诊新冠肺炎的消息。虽然，张健已有心理准备，但一旦确信，心里还是不免“咯噔”了一下。此时，张健接到了很多问候电话，领导、同事、朋友、家人，还有朋友的朋友，他心里感觉到不一样的温暖，一下子觉得自己很健康、很安全。

集团防控领导小组经过与上级有关部门沟通协商，决定将“古杰多马士基”轮靠泊到梅山7号泊位卸箱。正在隔离中的张健获知了这一信息。他想，如果让别的引航员去，又会增加他人感染的风险，自己已冒过一回险，就不怕再冒第二回。深思熟虑后，他主动向引航站领导打电话请缨，要求继续引航此轮。引航站领导被张健感动了，破例同意了张健的请求。

张健依然一人一艇、白衣为甲，再次往返于隔离点和“古杰多马士基”轮之间。

直至“古杰多马士基”轮卸货完毕，全部患者康复回船，张健第三次引航，一声悠长汽笛，“古杰多马士基”轮缓缓驶离梅山港区。

张健告诉笔者，当“古杰多马士基”轮即将驶离东海海域时，那位洋人船长显得很激动。他真诚地对张健说：“28号，您3次引航“古杰多马士基”轮。因为疫情，我没有请您吃什么。您下次再登上“古杰多马士基”轮时，我一定请您喝杯咖啡！”

这是国际上有报道的船员罹患新冠病毒肺炎并得到及时救治的第一个案

例，获得广泛好评。马士基航运公司向大港引航站赠送锦旗，对圆满处置该公司涉疫船舶引航工作表示真诚感谢。

宁波舟山港以逆行者的姿态，快速摆脱新冠疫情的梦魇，开始全面复苏。

总书记在春雨中再次来到港口

2020年3月29日下午3时10分。宁波舟山港人将永远记住这个日期、这个时刻、这些场景。

庚子阳春，习近平总书记到浙江考察调研，首站便来到了宁波舟山港。

对此次为世界所瞩目的考察活动，《人民日报》2020年4月2日在《冲寒已觉东风暖》报道中写道：

3月29日下午，宁波舟山港穿山港区码头，春雨沥沥。

习近平总书记撑着雨伞，举目眺望，远处舟山群岛依稀可见。

眼前的宽阔水域，一年进出大型商运船达4.2万艘次，是名副其实的“黄金水道”。

在行政办公楼12层的室外平台，总书记在雨中俯瞰港区全貌，整齐的集装箱连片堆放，巨型桥吊林立，一眼望不到边，作业现场紧张忙碌而又井然有序。“看看这壮观的场面。”总书记高兴地说。

宁波舟山港集团董事长毛剑宏向总书记汇报：“去年我们宁波舟山港完成货物吞吐量11.2亿吨，已经连续11年位居世界第一，集装箱吞吐量2753.5万标箱，跃居全球港口第三位。”总书记说：“这真是了不起的成绩！”

宁波舟山港一体化，是习近平在浙江工作时谋划推动、牵线“联姻”的。2006年12月，港口集装箱年吞吐量突破700万标准箱，是他亲自到场启动了第700万箱起吊按钮。

港口是经济发展的晴雨表。大量货物进出，国际联系广泛，也是疫情防控的重要防线。

“现在疫情怎么检查？”“是上船检查吗？”“船员能上岸吗？”总书记问得十分详细。

港口负责人介绍，现在港口严防境外疫情输入，加强船舶风险等级管控、引航作业和船舶作业防范、自有船舶和人员管理等措施，我方引航和检验检疫人员一律穿着防护服，外方船员一律不下船，筑牢了海上防线，目前尚未发生经港口输入的疑似或确诊病例。“3月1日到26日，货物吞吐量为去年同期的95%，集装箱是去年同期的99%。”

“你们既抓疫情防控，又抓恢复生产，港口正常作业恢复得很好。从目前看，各方面数据在第二季度保持比较大幅度的回升还是具备条件的。我看好你们！”总书记勉励道。

当前疫情形势怎么看？经济形势如何发展？在港口行政办公楼一楼大厅，总书记同职工代表进行了面对面交流，向他们表示慰问。

…………

“大家在这里工作的意义在哪里呢？”面对精神昂扬的港口职工，总书记称赞他们，“港口是支撑经济发展的基础性、枢纽性设施，你们是一支非常硬核的突击力量。”

“长三角一体化发展、建设粤港澳大湾区、京津冀协同发展等，这些都是我们国家发展的重要引擎。一个个引擎都加快转动起来，中国经济持续健康发展就势不可挡。”

从一个岗位谈到一个港口，从一个区域放眼整个国家，意味深长、饱含激励的话语，为大家阐明了平凡的工作在当前复工复产大局中的关键作用。

“祝宁波舟山港全体员工一切顺利！希望大家在战胜各种困难之后，仍然能够取得优异的成绩，打造世界一流强港，为祖国和人民作出新的贡献。”话音甫落，掌声热烈响起。

陪同在总书记身后的毛剑宏牢牢记住了总书记说的这番话。他从内心感受到，总书记看事物看问题高瞻远瞩，对宁波舟山港充满感情。这种感情特殊而浓烈，好像自己一手带大的子女，也好像自己殚精竭虑创作的作品。宁波舟山港，就是按照总书记的战略理念和构想建设发展起来的。它必将成为世界上独一无二的港口。毛剑宏对此充满信心。

他在事后接受媒体采访时动情地说：这是总书记第十次到我们港口。宁波舟山港复工复产工作，得到总书记充分肯定，这对我们是巨大鼓舞！总书记在这里对我们提出了希望和要求，希望我们港口人发挥优势。特别是在目前防疫期间，怎样使我们物流体系能够更加畅通。因为，我们是外贸的一个重要的节点和通道。总书记的到来，使我们更加坚定了保港口的信心，也感受到一份沉甸甸的责任。我们要牢牢把握好“优异”“硬核”“强港”3个关键词，进一步握指成拳，为服务国家战略作出更大贡献！

同样激动的，还有全国劳模、“大国工匠”竺士杰。当时，竺士杰在员工代表队列中站在第一位置。竺士杰想起2006年12月27日，时任浙江省委书记习近平亲赴穿山港区，揿下宁波－舟山港700万标箱的起吊按钮。而负责现场起吊的，正是竺士杰。时隔多年，再次与总书记面对面，竺士杰掩饰不住内心激动。尽管当时总书记戴着口罩，但竺士杰仍看到了他的微笑。事先，听说总书记要见他们，竺士杰准备了很多话，想当面向总书记汇报。但时间实在太紧张，竺士杰只说了一句话，我们在这里工作很自豪。总书记亲切地看着竺士杰，笑着点点头。大家簇拥着送总书记上车，竺士杰也走在其中。没想到，总书记停住脚步，转身对竺士杰嘱咐道：要发挥好劳模作用，带出更多劳模！竺士杰当即大声回答：我一定不辜负您的期望，努力工作！

媒体广泛深入地报道了习近平总书记考察调研宁波舟山港的消息。

正如人们所说，没有一个冬天不会过去，没有一个春天不会降临。春天的步伐任谁也阻挡不住，春天的美景任谁也改变不了。现在，我们需要的是自信沉着、努力奋斗，把冬寒的损害减少到最低，让春天的美景美到极致。

长风破浪会有时，直挂云帆济沧海。

建设一流强港之役在庚子年打响

建设世界一流强港之役在庚子年正式打响。

战略目标：与病魔较量，与世界比赛。复产达能，争取优异成绩。

宁波舟山港蓄积了几十年的潜能、显能，因总书记的到来和鼓励，瞬间迸发。

集团党委、董事会明确提出，必须谋全局、谋长远，做到两手硬、两战赢。根据省委、省政府“争先创优”行动的部署，审时度势，集团决策开展“稳增长、创优异”专项行动，并同步推出考核方案。锚定季目标、压实月度抓、联动专班干、奖罚重激励。大疫之年，坚持全年“稳增长”目标不动摇，底线是“跌要跌得比人家少，升要升得比人家快”。

喊出这个话，需要底气和勇气。2020年2月，全港集装箱量下降20%，3月份也仅为平常年份的90%，部分船公司撤掉了宁波舟山港三四十条远洋干线。

显然，全港员工、领导班子已无退路。正所谓，狭路相逢勇者胜，两军对垒智者赢，置之死地而后生。

决策一定，集团党委、董事会立即采取部门联动、专班化运作方式，将全港领导力量和业务部门分为4个专班：生产业务专班、投资建设专班、节支增效专班、政策保障专班，并形成相应的推进机制。

集团党委、董事会还提出内挖潜力、外拓市场，主动融入双循环经济新格局，把开拓市场作为重中之重，把抢占集装箱货源作为关键一招。手中有箱，心里不慌啊！

宁波舟山港犹如一列目标明确、动能充足的高铁，开始呼啸前行。

集团党委副书记、董事陶成波刚于4月下旬走上总经理岗位，可以说是受命于危难之际，恰也正好一试身手。一向给人以儒雅、稳重、低调之感的陶成波，清醒意识到此身此时的职责和担子，他时时自省，要到位而不越位、补位而不主位。他认识到总经理的主要任务，就是将集团党委、董事会的决策贯彻落实到日常生产经营活动中，使决策产生看得见、摸得着、能考核的具体成效。他给自己确立了“八字工作原则”：务实、创新、团结、奋进。他根据党委、董事会和毛剑宏的要求，每季、每月主持开好经营班子会议，听取汇报、分析情况、研究问题、落实措施，并将生产经营中出现的一些具体问题，向党委和董事会提出对策建议。

陶成波深知，货源是港口生产发展的“牛鼻子”，在大疫之年尤其如此。他精心贯彻集团腹地拓展战略，把目光锚定货源市场。他要求生产业务部门紧盯重点区域和大客户，分别成立揽货小组，加强走访调查梳理。他强调要摸清重点区域有多少外贸量，哪些大客户有多少量，是什么货源，运往哪里，货运价格如何，客户的主要服务需求是什么。由此，既明确了主攻区域和主攻客户，也明确了市场拓展目标。然后，他再将任务分解落实到具体小组和人员身上，做到精准揽货、量身定制物流模式。

一段时间内，董事长毛剑宏、总经理陶成波、董事宫黎明和副总蒋一鹏等纷纷带着业务人员出门，西拓、北上、南进，开拓市场。按照倪彦博的说法是，人人都成了“揽货员”。他们从省内跑到省外，远至江西、河南、重庆，找到那些重点出口企业，与企业高层洽商，深入调查询问：是什么原因不走宁波舟山港？是路线不方便，还是价格原因，或是我们服务存在什么问题？怎样才能使你们走宁波舟山港？一企一策，设计最佳路径，确定最惠价格，提供定制式配套的优质服务，提高每个运营环节效率。把这些组合起来，再加上宁波舟山港人特有的热情和真诚，就构成了核心竞争力。仅此一招，就增加了四五十万只标箱。

随着集装箱量快速增加，一些远洋航线逐渐恢复。2020年5月1日，国际劳动节，下午4时许。在引航员引领下，装载着23964标箱的“现代阿尔赫西拉斯”轮稳稳地靠泊上梅山港区7号泊位。远远望去，“现代阿尔赫西拉斯”轮蓝色船舷上，巨大的HMM字母闪烁着银灰色的光。船上集装箱如积木般堆垒着。

“现代阿尔赫西拉斯”轮是韩国现代商船公司计划下水的12艘同级别巨轮的首艘，设计载箱量为23964标箱，打破了此前23756标箱的全球最大集装箱载箱量纪录。该轮在宁波舟山港装卸超过5000只标箱，之后，沿着“21世纪海上丝绸之路”驶往欧洲港口。

为迎接这艘海上巨无霸，梅山港区初具规模的智慧码头系统首次投入使用。在7号泊位上，工作人员控制着8台远程遥控桥吊，将船上集装箱卸载到集卡上。随后，这些集装箱被集卡运送至远程遥控龙门吊堆场，12台龙门吊在操作系统指令调配下，自动完成集装箱吊装，整个作业过程紧密衔接，高效运转，实现了宁波舟山港码头作业工艺再升级。

这是全国新建最高等级集装箱泊位与全球首艘最大集装箱轮的第一次亲密接触，彰显了疫情中的宁波舟山港对世界航运业的巨大吸引力。

到6月底，宁波舟山港调度指挥中心的显示屏显示，全港集装箱吞吐量止跌回升，指示箭头由蓝转红。这是标志性转折点。

自此开始，宁波舟山港恢复上升势不可遏，渐入佳境。

“佳境”也有“佳境”的问题。下半年，集装箱运输异乎寻常地闹猛，全球航运价格飙升，集装箱空箱和箱位严重不足。这的确出乎人们预料，自然也出乎陶成波的预料。

面对新问题、新矛盾，陶成波没有畏难，更没有手忙脚乱。他沉下心调研，掌握第一手材料，然后向毛剑宏反馈，与经营班子沟通，采取一系列举措，催促船公司加快周转，提升码头装卸效率，再协调口岸单位配合。总之，把一切相关要素重新进行排列，努力做到最佳最优。

在抓好当前防疫情、促生产的同时，陶成波还要兼顾港口、航运、建设、金融四大板块协调发展，将目光投向更远的未来，尽量让强项更强、短板补齐。那种日夜鏖战的情形，有点像在前方指挥所用兵打仗。

2020年8月中旬，地处浙江中部地区的义乌热气蒸腾、骄阳似火。陶成波奔赴义乌调研，实地考察苏溪国际枢纽港项目。

规划中的苏溪陆港，是义甬舟大通道的起点。建成后，将首次采用双层高箱班列，目标愿景实在诱人。

空旷的露天里，盛夏的阳光尽情地泼洒着威力，每个人的额头都是汗涔涔的。陶成波却似乎毫无感觉，他只顾观看排放在空地上的示意图，向义乌港负责人详细了解该项目的布局、进展情况。随后，陶成波来到义乌港直通仓现场，听取义乌港直通仓现状和运营模式汇报。

大半天时间的考察调研，使陶成波感触颇深。他对义乌港近年来开设直通仓、推进海铁联运的做法很满意，作了充分肯定。但2020年是非常之年，现在是非常之时，陶成波希望义乌港做得更好、发展得更快。在座谈会上，他要求义乌港进一步增强发展的紧迫感、使命感，围绕集团党代会提出的“将义乌港打造成为区域性内陆综合物流枢纽”的目标定位，发挥优势，加快发展，把义乌港做大做强。要加快推进苏溪站项目建设速度，积极争取铁路系统和当地政府支持。在工作中，加大创新力度，不断延伸产业链，探索构建“物流＋科技＋金融”的智慧物流平台。陶成波同时要求随同调研的集团有关部门，加大对义乌港的支持力度，加强业务联动，共同推进陆向发展，在疫情之年，交出一份漂亮的答卷。

过后不久，有关陆向方面如何发挥铁路运输稳定便捷优势、持续推进海铁联运业务快速发展的一系列举措推出。集团新开发浙江诸暨、河南信阳、江西宜春等海铁线路，新开行达飞轮船义乌精品海铁联运班列，着力打造内外贸、进出口、过境双向双通道；新启用铁路穿山站，让海铁联运班列直抵港口，提高运输时效。

9月份，全港月度海铁联运业务量首破10万标箱。

金秋十月，毛剑宏率队西行，飞赴太原，探索海铁联运西进路线。队伍中有集团分管海铁联运业务的副总经理蒋一鹏、生产安全部主任倪彦博、集团办公室主任张书谨、已调任股份公司副总的丁送平等，笔者跟随采访。

钱塘江浪潮造型的萧山国际机场正在扩展延长，似乎真想与钱江潮连成一体。阳光特别灿烂，毫无顾忌地透过舷窗射进来，形成一道金色光瀑，给每位乘客的脸上涂上一层亮色。每个人看上去都显得神采奕奕。

毛剑宏穿着一件半旧的深色西装、淡蓝色衬衣，看上去蛮精神。蒋一鹏则套着一件黑色夹克衫，两人坐的都是经济舱，连笔者3人，空间有点逼仄。大概他俩早已习惯这样，神态自如、动作敏捷。

登机，找到位子，落座后，毛剑宏就开始工作。只见他拿出一副小巧的眼镜随手戴上。接着，把座位前的小桌板摊开，然后，从随身带来的皮包中拿出一沓材料认真阅看起来。笔者斜斜地瞟了一眼，见是一份《浙江省海港集团月度工作汇报》。从毛剑宏一连串熟练而连贯的动作看，他对这种机上办公方式和办公环境早已习以为常。

笔者从中感受到国企干部的忙碌程度和精神状态。

飞机飘浮在雪一般白的云层上，有些颠簸，机舱内有些嘈杂，还有小孩的哭叫声。但这一切似乎都没有关系，毛剑宏和蒋一鹏只顾自己看材料，偶尔交换一下看法。

从片言只语里，笔者听出，他俩在商量内河运输之事。

笔者前些时间采访过内河公司总经理施学军。知道在浙江海港“一体两翼多联格局”中，内河航运是极其重要的“联”的对象。浙江境内水网密布，历史上内河航运曾十分兴盛。集团制定了内河水运复兴计划，提出有条件的地区，都要通江达海、弃陆从水，把全省内河码头串联起来，形成内河航运网络。内河公司与杭州交通投资集团合作，成立内河航务公司，开疆拓土，陆续恢复或新建了兰溪、龙游、衢江、德清、长兴等地的内河码头，现在发展势头不错，已初具规模。目前面临的难题是：一些地方要求将原有码头职工统统并入内河公司，这显然不符合当下国企用工制度。

他俩商量的正是此事，蒋一鹏感到有点头疼。

蒋一鹏将自己思考的初步方案跟毛剑宏说了，然后，他用征询的目光看着毛剑宏。

毛剑宏略作思考：“这个思路可以。你们搞个具体方案，开会议一议。”

“好。”蒋一鹏答道。然后说，“董事长，还有一事先口头向你汇报下。现在感觉远洋公司运力不够，他们打算再买2条船。你看怎么样？”

毛剑宏蛮干脆地答复：“该买就买，没有问题。不过，你们要明白，总的方向是，利用远洋公司这个平台，发展具有自己特色的航运。”

蒋一鹏见毛剑宏态度很明确，就进一步敲实：“如果董事长同意的话，我就让他们开始做前期工作啦？”

毛剑宏点点头：“可以的，可以的。”

说完，他开始闭目养神。也许，他真的有点累，应该休憩一会。

笔者见蒋一鹏精神尚好，就抓紧有限的时间，在万米高空中进行了一次特殊采访。

在宁波舟山港，有几位土生土长的企业高管。用员工们的话说，他们是喝着码头的潮水、吹着东海的风长大的。他们既像一线职工般朴实率真、刻苦耐劳，又具备高层管理人员的见识学养、领导能力。这些人在职工的中人缘和口碑极好，蒋一鹏便是其中之一。

蒋一鹏是慈溪观城人，1988年技校毕业。他说自己是背着书包招工进港，做普通工人，起点很低。后来才逐级提拔，成为宁波舟山港领导。这大概是因为自己比较爱港敬业，追求完美，善于学习各种知识，尽量让自己的站位高一些，在工作中敢于创新。当副职时，有全局视野，但做好助手工作；当正职时，敢于担当，信任副手。当然，宁波舟山港企业文化有格局，风气很正，在这里干事创业很舒心，放得开手脚。

说到2020年的疫情和复工达产情况，蒋一鹏真有说不完的话题和故事。

最先碰到的是关于年度目标的问题。疫情出来后，大家一时有点发蒙。眼看着码头产量逐月下降，有人对能否完成全年任务指标发生了动摇，有人主张修改降低任务数。说人家兄弟港都调低10%啦，我们港也跟着调整几个百分点吧？宁波舟山港到底调不调，关系到全局，关系到军心士气。关键是一把手，一把手要有胆魄，要准确判断和把握。一把手退一分，下面就会退两分，层层递减。毛董明确表态：坚持年初确定的任务目标，不减不退。尤其是总书记来了后，给大家鼓劲提气，大家自然更要创造优异成绩，年终向总书记报告。

光有决心当然不行，还要分析形势，看准问题，快速作出反应。工作举措确定后，集团领导带头实施。他是分管领导，自然义不容辞。他今年大概有一半时间都在出差途中。

前段时间，他带着一拨人赶往河南驻马店地区走访客户，找到一家生产休闲用品的企业，产量蛮大，一年几万只标箱。原先公路运货，走别的港口，费时费力又费钱。人家见他们那么路远迢迢找上门去，态度又那么诚恳，很是感动，允诺将货柜转给宁波舟山港。他们就帮这家企业重新规划运货路径，连接海铁联运，服务到每个细小环节，并确保准时出柜。这算是成功一例吧？

“我们绝对不打无准备之仗。”蒋一鹏颇为自得地说。譬如这次毛董带着他们到山西太原，与西部地区政府和企业探讨海铁联运模式，蒋一鹏事先派出小组，做了大量调研和准备工作。2019年，山西全省外贸进出口总额1456亿元人民币，其中50%是富士康生产的电子产品，20%是太原钢铁厂生产的特种钢管，其他各类产品占30%。蒋一鹏说，要着重摸清对方需求是什么，痛点难点在哪里，自己能做什么。宁波舟山港将与山西综合改革示范区进行宏观层面对接，建立起各种沟通联系管道。他们还找了4家不同类型、不同需求的山西企业，洽谈具体合作项目。

听着这些数据和情况，笔者真心感到佩服。一个外省港口企业，却把一个西部省份的外贸结构和目标对象搞得这么清楚，真是不易，真是用心啊！

这不算什么。蒋一鹏微微一笑，有点不以为然。贸易是个系统工程。山西的优势是资源，宁波舟山港的强项是物流体系，强强联手，又具有针对性，合作成功率就高。山西党政领导那么重视，听说楼阳生书记还要亲自参加工作会谈，不认真不行啊！

采访尚未结束，飞机已抵达太原机场。

行程安排得很紧凑。当日下午，毛剑宏一行与山西转型综合改革示范区领导进行工作座谈。

山西综合改革示范区实际上是个超大型开发区，由7个开发区和1个大学城合并而成，规划面积600平方公里，重点打造先进制造、新能源、新材料、电子信息、健康医疗、文化创意等6大专业化产业园区。山西人简称为“综改区”。

走进综改区，一股热气腾腾的创业浪潮扑面而来，使人感觉热火朝天、热风化雨。

在综改区办公楼二层，一个狭长形会议室里，双方介绍各自情况，开展理念碰撞，寻觅合作契机。

毛剑宏如数家珍，思路清晰、要言不烦，向对方介绍了宁波舟山港概况，重温习总书记3月29日调研宁波舟山港时的重要指示精神。

蒋一鹏具体介绍了海铁联运的做法和现况，提出山西煤炭和其他产品“散改集”（散装改为集装箱）、链接海铁联运的建议。

综改区负责人明显感觉到，宁波舟山港人有备而来、弹无虚发，命中目标、击中痛点。他们介绍了综改区的情况，表达出强烈的合作意愿。

毛剑宏表态说，彼此首先建立一套机制。宁波舟山港这边由蒋一鹏负责，综改区是否由艾主任牵头，再商量具体方案。艾主任前不久已去考察过宁波舟山港，第一次叫“一见钟情”，第二次该叫“再见钟情”了吧？

满座大笑。

第二天一大早，毛剑宏一行又与山西华远国际陆港公司座谈。华远公司领导班子成员悉数参加，足见重视。双方讨论的议题广泛而深入，有说不完的话，似乎相见恨晚。

山西之行的高潮是在13日下午。山西省委书记、省人大常委会主任楼阳生和山西省副省长王一新等与毛剑宏一行举行工作会谈，笔者叨光陪坐。

简单寒暄毕，毛剑宏向楼阳生简要汇报了山西之行的初衷，一天半考察的收获，已达成合作意向的目标，重点谈了山西煤炭与海铁联运的对接。然后，他请楼阳生书记作指示。

楼阳生并没有长篇大论。他着重阐述了国家“十四五”时期山西转型发展战略，然后他明确要求，山西综合改革试验区与宁波舟山港的合作协议能在元旦前后签署。

“1月1号？”蒋一鹏轻轻重复了一句。

“对！有难度吗？”楼阳生用目光锁定毛剑宏，追了一句。

“没有，没有！我们一定按照楼书记确定的时间，保证完成！”毛剑宏赶紧把话题接过来，斩钉截铁地回答道。

“好，那就好！”楼阳生笑着，逐个跟大家握手。

山西之行，满载而归。

新闻链接：一元复始，万象更新。2021年1月1日，山西全省开发区2021年第一期项目集中签约一批、开工一批、投产一批活动在各市同步举行，以项目建设新高潮迈好新年第一步。山西省委书记楼阳生在主会场出席活动并讲话，向签约、开工、投产项目表示祝贺。此次全省签约项目共413个，宁波舟山港与山西综改区战略合作协议是其中之一，毛剑宏在协议文本上郑重签字。大概是为凸显宁波舟山港的位置吧，当晚播放的《山西新闻联播》，似乎特意给了毛剑宏董事长特写镜头，镜头中的毛董笑得一脸灿烂。

签约仪式之后，毛剑宏、蒋一鹏、倪彦博等人赶赴太原中鼎物流园，举行“一带一路”晋浙物流大通道建设暨“中鼎物流园—宁波舟山港”铁海联运班列启动仪式。第一列满载着火车轮对和太阳能光伏板的班列从太原首发，3天后将抵达宁波舟山港，之后坐船远航，奔赴澳洲和南亚等地，山西物流由此直通“出海”。

宁波舟山港人，如期兑现了向山西省委书记楼阳生作的承诺：2021年1月1日，开出第一趟班列。

2020年10月份，宁波舟山港集装箱吞吐量、同比增幅均创历史新高。换句话说，宁波舟山港不仅恢复了健康，而且体能达到一个新的标尺。

11月20日19时，梅山港区传来喜讯：该港区接卸“古塔马士基”轮2779标箱后，累计完成集装箱年吞吐量480.2万标箱，超过2019年全年总量，成为全港第一个超越2019年的码头。

11月29日，一艘“普兰帕莱”轮驶入老塘山码头，舟港公司累计完成粮食货物年吞吐量741万吨，超过2019年全年总量。

12月1日，喜讯开始在镇海港区传开。当人们卸完“盛达6”轮装载的1.7万吨煤炭时，一计算，发现截至此日，镇海港埠公司已完成年吞吐量1796万吨，提前30天超过2019年全年总量。

12月15日凌晨零时25分，宁波舟山港调度指挥中心大屏幕显示，年集装箱实时生产数据跳过27534917标箱，超过2019年全年集装箱吞吐总量，实现集团确定的第一个目标值。

12月21日，同样是调度指挥中心显示屏显示，宁波舟山港生产数据跳过2800万标箱，站上了2800万标箱的台阶，继续稳居全球集装箱港口吞吐量第三位。

2020年12月31日傍晚。年末岁初、辞旧迎新。

宁波环球航运广场45楼，宁波舟山港调度指挥中心。

地球图示：260条长短不等的航线，犹如从宁波舟山港发射的红色箭镞，飞向世界各个角落。巨型荧屏上，跳动变幻着红色、橙色、黄色、白色的各种数据。视频实时镜头里，出现暮色中的码头、移动的集卡、装卸的巨轮。

笔者略仰着头，目光注视着屏幕。

根据交通运输部规定，每年12月31日下午6点，是全国港口一年吞吐量截止时间。

每年都是这个时刻，最终盘点港口人一年的收获，就像农民将收割、晒干的稻谷送进粮仓，也像工人将制成品捆绑结实后送给用户。港口人一年的努力、辛劳、拼搏，在此刻定格为一组数据。

2020年尤为特殊，国罹大疫、世呈衰相，柳暗花明。相信在场的人，此时此刻肯定会浮想联翩，肯定有许多话想说。

“快到时间啦，快到时间啦！”调度指挥中心工作人员提醒在场的人们。

10，9，8，7，6……开始倒计时。就像卫星发射中心发射火箭时的倒计时那样。

5，4，3，2，1……！

“咔嚓”，有人眼疾手快，用手机拍下荧屏画面，将之定格。

货物吞吐量11.72亿吨，同比增长4.7%；集装箱吞吐量2872万标箱，同比增长4.3%。

这是全球大疫之年、世界经济断崖式下跌之际，宁波舟山港人交出的一份高分答卷！

了不起呀，宁波舟山港！大家禁不住欢呼起来！自豪、振奋，拍照、留念。

众人刚一眨眼，荧屏上时间翻篇、数字清零。

新年度、新纪录由此开始。

多么富有象征意味和哲思意义的画面！

新时代的强港之梦

2021年元旦，清晨。

新的一天、新的一年、“两个一百年”交汇之际，笔者再次来到梅山港区。

晨曦微露，笔者登上54米高的桥吊，面向东海，以观日出。

地球转动，海天苍茫。一条云带缠绕着对岸六横岛上的山峦。大海宽阔而平静，舟楫悠然而有序。

兀然，海天连接的界面上，推出一块扇形的玫瑰色光屏，映红海面。瞬间，2021年第一缕炽红、金黄、鲜艳、清新的阳光穿透云峰交界处，光芒万道，喷射东海。它似乎镌刻着新年标记，很快点燃微澜的海面，涂抹航行中的船只，抚摸岸边高大的桥吊。整个码头被新阳所普照，犹如一座金色的巨型群雕。

壮美的东海日出，让人感受到太阳的永恒活力和磅礴伟力。

笔者全身心地欣赏着、体悟着，思绪伴着海浪，飞翔到很远很远……

2020年8月，盛夏酷暑季节。习近平总书记赴江淮大地考察调研，并在合肥主持召开扎实推进长三角一体化发展座谈会。会上，总书记就扎实推进长三角一体化发展发表重要讲话，要求长三角地区紧扣一体化和高质量这两个关键词，以一体化的思路和举措打破行政壁垒，推动长三角一体化发展不断取得成效。

20天后，长三角地区三省一市主要负责同志专题视频会议召开，深入学习习总书记重要讲话精神，研究共同答好总书记交给长三角的“答卷”。一个个新思路、一条条新举措通过各种媒体，传遍海内外。

长三角一体化进程骤然提速，产业科技合作、绿色共建示范区、小洋山港口合资合作项目、社保医保一体化方案相继推出。

人们对长三角港口一体化问题的热议和思考也随之升温。

一体化，意味着用更宽广更长远的眼光，重新审视一个区域内的自然禀赋、物质资源、人才资源、社会资源、文化资源，然后进行战略性重组，形成新的经济结构、产业结构、人才结构和文化认同，让物流、人流、资金流、信息流更加科学、合理、有序、快捷地奔涌，从而产生更佳的经济效益、社会效益，乃至溢出效应。

人们自由随意地议论着，畅想着未来国际航运中心的结构，勾勒着未来长三角港口的模型。上海港集群、浙江海港集群、江苏港集群、安徽港集群，或将实现更高层次、更优质量的一体化。

届时，行政区划界线将逐渐淡化乃至隐去。数以百计的港区、数以千计的泊位，调整、编排、重组，宛如一颗颗散珠，经匠心独具的艺术家重新构思和琢磨，形成T形珍珠链，完美主钻与灿烂辅钻搭配得从容而优雅，镶嵌在中国东部沿海和长江口岸。临港产业园、工业带、保税区，助力长江经济带如珠穆朗玛峰般崛起，如雪浪花般美丽。数不清的远洋干线、江河支线、公铁专线、航空飞线、信息波线，连接成万物互联的物流网络，通达五湖四海的每一个角落，覆盖神州大地的每一寸土地。由东方大港发布的航运指数、物流指数、价格指数，宛如长袖善舞的蓝色精灵，闪烁跳跃在全球每一个港口、每一艘轮船的荧屏上。一座座港城，以不同定位、不同风貌拔地而起、雕塑而成，变幻的霓虹与自然的海天相映生辉，人们宛如置身于海市蜃楼之间，自由游弋于汪洋大海之中……

这是无与伦比的“东方大港”、世界强港！它，是新时代中国人再次构筑的宏伟梦想，是孙中山先生擘画的东方大港的5.0版，是习近平新时代建设海洋强国的实践与物化，也是中国港口符合历史轨迹和经济逻辑的延伸与推进。

笔者囿于知识和想象力，实在无法预测并描述那时的“东方大港”。故，只能借用伟人雄文《星星之火可以燎原》中的一段话，来形容未来“东方大港”的孕育与诞生：“它是站在海岸遥望海中已经看得见桅杆尖头了的一只航船，它是立于高山之巅远看东方已见光芒四射喷薄欲出的一轮朝日，它是躁动于母腹中的快要成熟了的一个婴儿。”

深信国人也与笔者一样，期待着那个更大更强更美的世界级港口群出现在世界的东方。

为此，笔者写下《东方大港之歌》：

我们从遥远的河姆渡走来，
几度迁徙，奔向浩瀚的东海。
多少载栉风沐雨，
镌刻创业者豪迈；
无数人结缘海港，
奉献奋斗者大爱。
啊！横空出世的东方大港，
百年圆梦，惊艳中外！

我们从蔚蓝的深海走来，
自信从容，拥抱崭新的时代。

孕育硬核力量，
鼓荡先行官情怀；
矗立优异标杆，
合奏新丝路节拍。
啊！巍然屹立的世界强港，
面向大海，春暖花开！

· | 写在后面 | ·

2020年与2021年的连接点，成为中华民族历史上一个特殊的时间节点。2020年，一场突如其来的新冠肺炎疫情肆虐全球，中国经受住了考验，巍然屹立，交出了一份令世界惊愕、让人民满意的历史答卷。2021年，是中国共产党成立100周年，又是中华民族由全面小康走向全面现代化的百年交汇点。

没有任何一个时间节点，会比它更特殊、更有价值。

作为中华民族的普通一员，作为有着47年党龄的党员作家，在这样的特别时刻应该写点什么，应该留下点什么？

笔者选择采访创作长篇报告文学《东方大港》，愿以此献给中国共产党百年华诞。

笔者试图通过《东方大港》说明：

第一，实现中华民族伟大复兴的梦想，从提出到实现，需要漫长时间。但一个民族不能没有梦想，没有前瞻性。宁波舟山港人一直有着绚丽的梦想：亿吨港梦、大港梦、强港梦。一个民族非常需要有仰望星空的人、登高望远的人，需要科学理论的指引。习近平总书记就是新时代中国梦的擘画者和领路人。

第二，一个伟大梦想的实现，需要诸多条件，有政治的，经济的，社会的，也包括人的因素，但在其间起决定性作用的，是一个社会的政治制度和政治力量。在当代中国，是因为有了中国共产党领导，有了中国特色社会主义制度，才使一个个梦想变为现实。宁波舟山港的勃兴，是中国改革开放的一个生动缩影，是中国特色社会主义制度优越性的一个成功样本。“东方大港”梦的实现，充分证明了中国共产党的领导力、执行力，充分证明了中国特色社会主义制度的优越性、生命力。

第三，一个伟大梦想的实现，还需要持之以恒的努力，需要无数人为之奋斗和牺牲。需要一张蓝图绘到底、一代接续一代干。平凡铸就伟大，英雄来自人民。否则，梦想始终囿于梦想，还是水中月、镜里花。艰苦奋斗、持之以恒，是中国共产党人的红色基因，也是中华民族极其宝贵的精神品格。而这种红色基因和精神品格，在新时代，仍有它不可或缺的价值及意义。

第四，一个伟大梦想的实现，还有机遇和窗口。古人云：成大事者，须天时地利人和。其中，天时是第一位的。空想与蓝图的区别，就在于其是否具备实现的机遇。孙中山先生当年提出《建国方略》的“实业计划”，曾被世人讥为“疯子”，就因为那时机遇并不属于中国人。只有当中国和世界具备了必要环境后，梦想才能变为现实。

第五，一个伟大梦想能否实现，说到底，还在于中国人自身。操之在我，则胜；操之在人，则败。实现美好梦想，自然需要对外开放，也需要国际支持。但那些毕竟是第二位、第三位的事。天上不会掉馅饼，世界没有救世主。国际财团不会白送中国一个现代化，抱有修昔底德陷阱思维的人还会竭力阻碍中国现代化。只有自立自强基础上的对外开放，才是中国最终取胜的不二法门。在云谲波诡的世界现实面前，认清这一点，至关重要。

上述背景与思考，使得笔者在这次采访创作中具有了强烈的责任意识与紧迫感，也有了鲜明主题、独特视角和新颖写法。

案头准备工作从2019年底业已着手，笔者端坐在北京国家图书馆窗明几净的座位上，拜读领悟孙中山先生的《建国方略》，查阅摘抄有关宁波港、上海港、广州港、古泉州港的史料，广泛浏览有关海港的专业书籍报刊，充实自己的相关知识。

开始采访时，恰逢北京第二波疫情来袭，全国人民的神经再次绷紧，各地防疫措施也立马加强。宁波舟山港办公大楼电子屏幕上，整天滚动着“勤洗手、戴口罩”之类的提示语。笔者从北京开完“两会”抵达宁波后的第一件事，便是核酸检测、咽拭子、抽血，直到结果出来为阴性，才放心采访。不过，整个采访期间，仍戴着口罩。那副模样，只觉得自己像个出诊大夫，而不是一位作家。

这次采访，与以往迥然不同。大多是在码头现场和作业一线。谓之跋山涉水，一点也不算夸张。有时，为体验生活，还登上几十米高的岸吊，俯瞰海上70米长的桥吊悬臂，感受桥吊机的震颤与风险。更多的时间，是与那些日夜坚守在港口作业岗位上的基层领导和普通员工交流交谈，请老领导、老同志、老员工回忆昔日的峥嵘岁月，从中获取鲜活的素材和闪光的理念。晚上和休息日，则认真学习领悟习近平总书记有关海洋港口发展的重要思想，埋头于那些发黄的档案文献中，翻阅几十本装订成册的《宁波港报》（后改名为《宁波舟山港报》），梳理宁波舟山港的历史轨迹与发展轮廓。记录摘抄的笔记本竟达12本之多，连笔者自己也颇感惊讶。

真正打开电脑开始创作时，季节已进入深秋。笔者陋室的窗下，正是杭州古运河。今日杭城长大了，也长壮了。昔日绕城而过的运河，现在变为大隐于城中。两岸树叶已呈现出浓重的秋色，河上，船舶络绎不绝、百舸争流，甚是繁忙。采访过浙江省海港集团内河公司后，再来看窗下的运河和船舶，竟有了一种“看河不是河”“看船不是船”的境界，看到它们是物流的重要一环，更是宁波舟山港的组成部分。这样一看一想，似乎宁波舟山港整日整夜在陪伴着笔者创作，那些宁波舟山港人在欣赏着或监督着笔者创作，因而笔者丝毫不敢懈怠、不敢虚饰。敲击键盘时必须倾注上情感和温度，出现在电脑荧屏上的每个字，都必须对得起那些为之付出青春乃至毕生心血的海港人。因此，笔者始终处在一种激动甚至亢奋状态，也促使自己加班加点，以尽可能快的速度完成初稿。

在拙稿完成之际，觉得要感谢许多部门和许多人。

首先，要感谢浙江省委宣传部和浙江省国资委，是他们的支持和鼓励，让笔者有勇气有信心尝试这个颇具难度的题材。

其次，要感谢宁波舟山港毛剑宏董事长及整个团队。毛剑宏董事长不仅诚邀笔者前往创作，在繁忙工作中几次接受采访，而且还出面协调有关部门，联系落实采访对象。陶成波总经理极为赞同创作计划，并大力玉成。章建成副书记明确要求集团所属各单位各部门予以配合，党群部陈建良主任为笔者采访创作提供了诸多条件。正是因为集团领导高度重视、有效协调，才使笔者4个多月、203人次的采访得以顺利进行。笔者所到单位或企业，大多由主要领导出面介绍情况。还有，集团离退休管理中心汪文庆主任不厌其烦，多次帮助笔者约见老同志。集团文化新闻中心胡泽波主任克服人手紧张困难，指派葛天立同志陪同笔者采访，还做了大量沟通协调工作。葛天立同志则每天陪着笔者，早出晚归、风雨无阻，兢兢业业、认认真真，有时还“私车公用”，让笔者领略了新款特斯拉的风采。由特斯拉自然联想到集团车队，笔者轮流着几乎坐遍了车队全部车辆，司机们守信准时、和善快活，给笔者留下深刻印象。

再次，要感谢一批特殊的采访人物。他们中有浙江省政协副主席、原浙江省副省长兼海港委主任孙景淼，浙江省政府原副秘书长、海港委常务副主任夏海伟，原浙江省交通厅长邵尧定，宁波市委副书记、原宁波舟山港集团董事长宋越舜，原宁波港务局局长叶信虎，原宁波港务局局长、宁波港集团总裁李令红，等等，他们的回忆、介绍和修改意见，使笔者获益匪浅。

还要感谢红旗出版社领导的高度重视和编校人员的倾力付出。感谢挚友闲鹤先生向笔者力荐这一题材，并感谢他视同己事、多处协助。感谢友人、著名书法家萧风先生为拙著题写书名，感谢友人徐纪平介绍浙江省交通运输厅老干部处处长李晓霞负责代为联络。有友如斯，夫复何言？！

陈崎嵘

2021年5月10日

写于杭州运河之畔